CW00507651

*E 4803

6251

THÉORIE

DES RÉVOLUTIONS.

THÉORIE
DES RÉVOLUTIONS,

RAPPROCHÉE

DES PRINCIPAUX ÉVÉNEMENS

QUI EN ONT ÉTÉ

L'ORIGINE, LE DÉVELOPPEMENT OU LA SUITE;

AVEC

UNE TABLE GÉNÉRALE ET ANALYTIQUE;

PAR L'AUTEUR DE L'ESPRIT DE L'HISTOIRE.

Quare fremuerunt gentes, et populi
meditati sunt inania! *Ps.... II.*

TOME I.er

A PARIS,

CHEZ L. G. MICHAUD, Imprimeur - Libraire,
rue des Bons-Enfans, n.° 34.

DE L'IMPRIMERIE ROYALE.

1817.

AVERTISSEMENT.

SANS prévoir que je serois condamné à passer la seconde moitié
de ma vie dans les révolutions, j'ai
senti de bonne heure la nécessité
de réfléchir sur ces terribles fléaux.
Elles n'étoient pas encore commencées en France, ou du moins elles paroissoient à peine confusément dans
le lointain, que déjà j'étois frappé
des dangers au-devant desquels nous
allions nous précipiter. Des hommes
qui ne les voyoient pas, ou qui peut-
être les voyoient trop bien, me re-
prochoient alors mon exagération,
lorsque je n'ai à me reprocher moi
que d'être resté fort au - dessous
de la vérité. Leurs reproches ne

m'empêchèrent pas de consacrer tout mon temps, pour arrêter ce que je n'avois pu prévenir, pour diminuer le mal que je n'avois pu empêcher. Brochures, mémoires, lettres particulières, tout ce qui est sorti de ma plume et de mon cœur depuis 1787, a eu pour but de rendre à ma patrie et à l'humanité le service de les garantir contre les calamités qui les menaçoient. Ces travaux me conduisirent à écrire l'*Esprit de l'Histoire ;* et c'est en composant cet ouvrage que j'eus les premières idées de celui que je donne aujourd'hui. La nature de ce premier ouvrage me ramenoit perpétuellement sur des faits qui devoient m'indiquer le second : je cherchois dans les annales de tous les peuples, pour voir ce qu'avoient été leurs révolutions; quand je croyois en avoir découvert l'origine, j'en suivois les développemens, j'en examinois les suites. Cette étude, répétée souvent pour mon instruction personnelle, m'a convaincu que les révolutions sont une maladie morale, attachée à tous les empires, comme les maladies physiques le sont à l'espèce humaine. Alors il m'a semblé que les principaux événemens des révolutions pouvoient être ramenés à des maximes ou à des causes certaines qui les produisent dans tous les temps et dans tous les lieux, mais avec les modifications que les temps et les lieux peuvent suggérer. J'ai donc cru qu'on pouvoit faire une théorie des révolutions, comme on fait une théorie des lois, parce que j'ai vu que les révolutions avoient aussi leurs lois, c'est-à-dire leurs rapports entre les choses et les personnes; j'ai vu que, sous toutes les latitudes, l'homme en révolution étoit gouverné par les mêmes passions, dont les effets pouvoient varier, suivant les habitudes, les circonstances, la force ou la foiblesse du gouvernement. Alors j'ai cru pouvoir composer la carte synoptique des révolutions; c'est ce que j'ai fait dans la table générale, et dans la division de chaque livre. .

J'aurois pu multiplier beaucoup les faits que j'avois à citer à l'appui de chaque chapitre de la Théorie; mais j'ai pensé que l'ouvrage, plus volumineux, sans être plus instructif, ne rempliroit pas mieux mon but, qui est de faire réfléchir sur les révolutions, et de montrer comment toute personne qui se laisse atteindre par ce volcan, est entraînée par lui, et ne se reconnoît qu'après avoir roulé dans des abîmes d'erreurs, de calamités ou de crimes.

Sans doute l'homme sage qui a traversé les révolutions, sans jamais dévier de ses principes ni de ses devoirs, éprouve au fond de son ame une jouissance consolante dans l'honorable témoignage qu'il peut se rendre à lui-même, et que les plus grands partisans de la révolution ne peuvent lui refuser. Cette juste consolation est souvent le seul bien que les révolutionnaires lui aient laissé, parce qu'ils n'ont pas pu la lui ôter. Elle le confirme plus que jamais dans les principes qu'il a constamment suivis, mais sans l'éloigner des individus qui, après s'être éloignés eux-mêmes de ces principes, y reviennent de bonne foi, sinon avec un repentir sincère, du moins avec la ferme résolution de ne plus s'en écarter. Il leur pardonnera même l'injustice avec laquelle ils le jugent; parce qu'il impute à la foiblesse humaine la peine que doit lui faire le tableau de ce qui la condamne; parce qu'il n'est point étonné de voir de pareils hommes se refuser à croire à un pardon qu'ils n'auroient pas été disposés à accorder. Il ne faut pas se le dissimuler; ce sentiment, honteux pour l'humanité, tient à l'orgueil et à la jalousie, qui la dirigent trop souvent. Ces deux passions sont les plus grands, et presque toujours les premiers moteurs des révolutions: elles abandonnent rarement l'ame dont elles se sont une fois emparées; elles exercent encore leur pouvoir sur l'individu, même quand il ne leur soumet plus les intérêts politiques. Lorsque après une révolution on est arrivé à ce point, l'homme de bien doit être content, parce que ces deux passions ne peuvent plus agir que contre lui, et qu'il a toujours dû faire au bien public le sacrifice de ce qui lui est personnel.

Du moment qu'on se détermine à écrire sur les révolutions, on doit s'attendre à rencontrer plus souvent celle qui, à elle seule, semble avoir réuni les divers élémens de toutes les autres. Elle devoit me fournir tant de preuves à l'appui de ce que j'avance, que je ne pouvois me priver des affreux documens qu'elle nous a donnés: c'eût été laisser volontairement dans mon ouvrage un vide que rien ne pouvoit remplir, et qu'on m'eût repro-

ché avec raison. Sa date, malheureusement trop récente, ne pouvoit
pas être pour moi un motif de n'en
pas parler. J'ai donc dû, et j'ai voulu
en parler comme d'une histoire ancienne; et on ne doit lire ce que j'en
dirai, que comme on lira ce que je
pourrai dire sur des révolutions qui
ne sont parvenues jusqu'à nous qu'à
travers les siècles. J'ai écrit comme
si j'avois la certitude d'être lu par la
postérité; je demande que la génération actuelle me lise, ou s'efforce de
me lire, comme la postérité me lira.

Je sais que c'est beaucoup demander, dans un moment où chacun,
sorti, n'importe comment, de longues
et horribles tempêtes, voit ou croit
voir par-tout le tableau des impressions qu'il a éprouvées, la critique ou
l'éloge de ce qu'il a fait, la révélation

de ce qu'il a pensé. C'est-là une des plus fortes difficultés de tout ouvrage composé pendant ou après une grande révolution. En vain l'auteur aura-t-il toujours eu les yeux sur cette maxime, qui doit être celle de tout historien sage, *sine odio et irâ* (1); en supposant même que ce soit ainsi qu'il écrive, il est très-douteux que ce soit ainsi qu'on le lise; et il pourra réclamer inutilement de ses lecteurs, qu'ils fassent sur eux un effort, moins grand cependant que celui qu'il a fait sur lui-même.

Je m'étois d'autant plus fortement imposé cette loi, que j'avois terminé cet ouvrage en 1811, c'est-à-dire à une époque où je ne pouvois

_____

(1) Bien entendu que ces deux sentimens, toujours interdits contre les personnes, ne doivent pas l'être contre les choses.

penser à le faire imprimer. C'étoit bien réellement pour la postérité que j'écrivois, puisque l'ouvrage ne sembloit pas devoir paroître de mon vivant: il a fallu pour cela des événemens qui m'ont toujours paru assurés dans l'avenir, mais dont il étoit possible que l'époque n'eût lieu qu'après ma mort.

J'avois alors, et j'ai toujours eu l'intime conviction que le forcené qui prétendoit avoir fondé l'empire françois, en seroit le destructeur. Pénétré de cette idée, je la reproduisois dans toutes les parties de l'ouvrage où elle se présentoit naturellement. En le relisant, depuis la restauration, j'ai éprouvé, je l'avoue, une satisfaction secrète d'avoir aperçu dans l'avenir ce que tant d'hommes, plus clairvoyans que moi, affectoient de n'y pas voir. Par une suite de ce sentiment, dont je fais l'aveu, et pour lequel je demande grâce, je n'ai fait qu'avec regret le sacrifice de ces passages prophétiques (1): mais on n'auroit pas manqué de dire qu'il étoit aisé de prophétiser après l'événement. Il me suffit d'avoir vu se réaliser une chute que, d'après le caractère de l'homme, j'avois toujours jugée inévitable. Il étoit à craindre qu'il ne rendît cette chute effroyable; la providence a permis deux fois qu'elle ne fût que ridicule pour lui.

Le vaste tableau que je devois toujours avoir devant les yeux en écrivant cet ouvrage, me ramenoit souvent, même malgré moi, sur la

(1) Je n'en ai conservé qu'un , Livre VII, chapitre XXII, tome IV, page 57.

conduite de tous les cabinets de l'Europe jusqu'en 1814. Plus de vingt ans auparavant (ne cessant d'appeler de tous mes vœux, mais n'osant encore espérer leur glorieux retour aux bons principes qu'ils viennent de proclamer si noblement), je n'avois pas craint de publier mes tristes pressentimens; je les avois surtout fortement annoncés dans une brochure (1) imprimée à Neufchâtel en 1794, avec cette épigraphe, dont l'application me faisoit frémir : *Conturbatæ sunt gentes; inclinata sunt regna.* Irrité des ménagemens que l'on employoit pour traiter avec des hommes qu'on feignoit de combattre, effrayé des terribles résultats que l'Europe devoit en recueillir, je

_____

(1) *Considérations sur la Révolution sociale.*

m'écriois : *Que dirai-je enfin! En présence du genre humain, on pèse d'un
côté les devoirs de tous les hommes, de
l'autre les crimes de tout un peuple, et les
devoirs se trouvent trop légers!.. Grand
Dieu! prenez pitié de la postérité!*

Ce cri, qui s'échappoit du fond
d'un cœur profondément pénétré de
terreur, vient d'être entendu par
une providence bienfaisante, et par
les princes généreux qu'elle a avoués
pour ses agens. Il l'a été sur-tout le 26
septembre 1815, dans ce pacte, si
justement nommé la sainte alliance,
où sont consignés tous les principes
que, pendant tant d'années, j'avois
inutilement invoqués (1); et le sujet

_____

(1) Toutes les fois que, dans le cours de cet
ouvrage, je serai, par mon sujet, ramené à parler
de l'action de la politique extérieure sur la France,
depuis 1789 jusqu'au commencement de 1814,

fidèle, qui ne se lassoit jamais de dire des vérités qu'on paroissoit las d'entendre, s'est applaudi d'avoir toujours annoncé que leur triomphe pourroit être éloigné, mais qu'il étoit sûr. Quel changement dans la politique ! quelle heureuse et sainte révolution !

Les invasions du Nord et du Nord-Est avoient toujours jeté l'alarme dans l'Europe, avoient fait des révolutions dans presque toutes ses parties. La politique européenne avoit cru devoir s'appliquer sur-tout à empêcher que ces invasions ne se renouvelassent, et nous l'avons vue s'appliquer à les favoriser et à les

je demande à mes lecteurs de se rappeler ce que je dis ici, et de songer que cette année 1814 est pour l'Europe le commencement d'une nouvelle ère, qui laisse aux écrivains le droit de parler, sans inconvenance, de fautes honorablement réparées.

provoquer; et ce sont ces peuples du Nord et du Nord-Est, qui n'é-toient pas civilisés il y a cent ans, qui sont venus rendre à la civilisa-tion les habitans du plus beau sol de l'Europe, et arracher un grand royaume à une ruine qui paroissoit inévitable. Grâces à eux, on est re-venu aux idées saines et justes; et il y a lieu de croire qu'on y est re-venu pour long-temps. Sans doute, il eût été à desirer qu'on y revînt plutôt; que, pour y revenir, on n'eût pas traversé une mer de sang; et je ne puis me refuser à rapporter ici quelques réflexions que je con-signai dans l'*Esprit de l'Histoire*, en 1801.

Après avoir parlé des bouleverse-mens politiques qui annonçoient la destruction du traité de Westpha-

lie, je disois: « Lorsque ces longs
» et terribles bouleversemens arri-
» veront, il n'y aura plus de traité de
» Westphalie; mais ce ne sera point
» lui, ce ne seront point ses sages
» auteurs qu'il faudra accuser: il aura,
» pendant un siècle et demi, réglé
» les droits et les propriétés d'une
» vaste étendue du continent; il aura
» épargné à l'humanité le retour des
» désastres qui l'auront précédé, et
» dans lesquels elle ne retombera
» que pour s'être écartée de la route
» que ce traité lui avoit ouverte.
» Alors on feroit vainement des ef-
» forts pour y revenir: les temps,
» les choses et les personnes seroient
» entièrement changés; et sans ce
» triple accord, dont la providence
» est trop avare, le politique le plus
» sage et le plus instruit ne peut ja-

» mais faire un bien durable. Tous
» les États étant alors dans une posi-
» tion forcée, se heurteroient long-
» temps avant de trouver leur véri-
» table attitude : l'ancienne politique
» seroit oubliée ; il faudroit en cher-
» cher une autre. Mais cette pénible
» et difficile recherche ne peut se
» faire qu'au milieu d'une mer de
» sang, à moins que la découverte
» ne s'en fasse tout-à-coup par une
» de ces *illuminations soudaines*, par
» un de ces génies vifs et profonds,
» heureux et entreprenans, chez qui
» la réflexion est prompte comme
» le coup-d'œil, et qui, réunissant
» sous l'empire de leur pensée le
» passé, le présent, le futur, spé-
» culent, devinent, projettent, exé-
» cutent à-la-fois. »

Ce génie ne se trouva point : en

I. b

vain la sottise et la bassesse s'effor-
cèrent de le montrer dans l'être
idéal que j'appelois au secours de l'humanité; celui qu'elles proclamoient
avec emphase n'avoit rien de ce que
j'indiquois dans ce peu de lignes,
et l'événement l'a bien prouvé.

J'ose demander que mon ouvrage
ne soit pas jugé avant d'avoir été ap-
profondi. Je l'ai médité long-temps
avant de commencer à l'écrire; et
le résultat de mes longues réflexions
a été de m'attacher davantage à la
force et à la vérité des principes
d'après lesquels on doit juger, je
dirois même, d'après lesquels on
peut préjuger les événemens. En
parlant de la fureur ou de la démence de nos plus fougueux révolutionnaires, encore vivans, je me
suis abstenu de les nommer, excepté

quelques misérables, voués à l'indignation universelle; les autres pourront se reconnoître dans le récit que
je fais de leurs actions et de leurs discours : s'ils sont repentans, je n'aurai
rien dit que leur repentir ne leur ait
dit bien plus fortement que moi.

Il me reste à justifier la division des
neuf livres qui composent l'ouvrage.

Le premier ne pouvoit être que
très-court, parce que je n'ai dû parler
des révolutions physiques que relativement à leurs effets politiques.

Le second ne contient qu'un
sommaire des principales révolutions ; il étoit nécessaire d'en donner
une idée, puisque je devois être
souvent dans le cas d'en parler.

J'ai consacré un livre entier aux
révolutions religieuses, sans cependant m'interdire de parler, à la fin,

de leurs effets politiques. Une division se présentoit naturellement; c'est celle que j'ai suivie en prenant la religion patriarcale, et marquant son passage par le judaïsme pour arriver à la révélation. Ce livre, qui contient quatre parties, m'a semblé devoir être traité séparément; et j'ai réservé les six derniers livres pour examiner les révolutions politiques sous toutes les faces qu'elles peuvent présenter. On verra la marche que j'ai suivie pour établir les révolutions politiques, ce qui influe sur elles, ce qui se passe pendant leur durée, ce qui les suit, et enfin ce qu'on peut espérer ou craindre d'une nation révolutionnée.

Ce dernier livre, et sur-tout le dernier chapitre, me présentoient un vaste champ, dans lequel beaucoup de probabilités s'offroient à mon imagination, et d'après lesquelles je pouvois offrir de grandes leçons à des lecteurs impartiaux. Mais le moment auquel cet ouvrage doit paroître me laisse bien peu d'espoir de trouver cette impartialité. Sans jamais avoir dévié de mes principes, sans jamais m'être écarté de la ligne que j'ai cru devoir suivre, j'ai senti, lors de la première restauration, la nécessité d'accorder aux circonstances ce qu'elles pouvoient exiger pour l'utilité même de la chose publique. J'ai toujours pensé qu'après une aussi effroyable révolution, il falloit faire la part du mal pour ne pas compromettre le succès du bien; qu'il ne falloit pas vouloir donner tout à la théorie, avec la certitude d'être arrêté dans la pratique ; qu'un

homme d'État, à quelque haute spéculation qu'il pût s'élever par la force
de ses méditations et de ses principes, ne devoit jamais oublier qu'il
lui faut avant tout fixer les yeux sur
ce qu'il trouve, parce qu'il n'est pas
en son pouvoir d'empêcher ce qui a
été fait. Jamais je ne me suis écarté
de cette règle; tout ce que j'ai dit,
écrit, proposé, soit publiquement,
soit dans le travail du cabinet, a
toujours été dirigé sur ce point de
vue: je méditois d'après les principes, je concluois d'après les circonstances. Il en est résulté que j'ai
dû souvent déplaire à ceux qui, ne
voulant jamais admettre de principes, ou qui, voulant toujours écarter
les circonstances, abattent ou mé-
connoissent les deux barrières en
deçà desquelles doit toujours rester

celui qui parle à une nation révolutionnée. Il est alors exposé à voir
accumuler contre lui, par les uns
et par les autres, les reproches les
plus contradictoires; et cette con-
tradiction seule, en prouvant la
futilité de ces reproches, le justifie
aux yeux de la postérité, qui verra les
choses dans leur véritable situation.

Le choc de tous ces jugemens
contradictoires ne seroit qu'un mal
passager s'ils portoient uniquement
sur les personnes; mais par malheur
ils portent sur les choses, parce
que le propre de l'esprit de parti
est toujours de juger les choses par
des personnes : méprise étrange,
dangereuse même quand elle est
involontaire, et bien plus encore
quand elle est le fruit et sur-tout
l'abus de la réflexion.

Cet état étoit malheureusement celui de quelques François après la première restauration : il l'a été d'un bien plus grand nombre après la seconde; et je détourne avec douleur mes yeux de ce qu'il peut produire en augmentant. Je me suis donc trouvé arrêté à chaque pas dans une partie de ce que j'aurois voulu dire; j'ai craint de donner à un ouvrage qui peut rester, la couleur d'une feuille éphémère. Ceux qui m'entendront bien devineront quelquefois ce que je n'ai pas voulu dire; et ils me sauront peut-être gré d'avoir su contenir ma plume, lorsque ma tête et mon cœur étoient si remplis.

INTRODUCTION.

~~~~~~

A PRENDRE le mot *Révolution* dans son
sens le plus étendu, tout est révolution
dans la nature. Il a été imposé à l'homme,
ainsi qu'à tout ce qui fut créé pour son
usage, ainsi qu'à tous les corps qui composent l'univers, de parcourir les temps
et les espaces ; et après s'être éloignés
du point de départ, d'y revenir, soit
par une suite non interrompue de mouvemens, dont la direction et la mesure
sont toujours les mêmes, soit par la
force, la rapidité de quelques élans,
dont la durée est aussi difficile à déterminer que les effets, mais dont l'action,
toujours violente, ne manque jamais
d'en produire de très - sensibles. Les
saisons, les astres, les planètes, les
comètes même, ont eu et auront tou-

jours leurs *révolutions* , connues , annon-
cées d'avance avec une certitude qui
ne se dément jamais.

Mais tout ce qui tient à l'ordre physique et politique du monde dans lequel
nous sommes placés , est sujet aussi à
un autre genre de *révolutions ,* qui , à la
vérité , ne sont pas inscrites d'avance
sur des tables astronomiques , et qu'en
conséquence nous attribuons au hasard
(parce que c'est à lui que notre orgueilleuse foiblesse impute tout ce qui la surprend , tout ce qu'elle n'a pas su prévoir);
mais qui , cependant , ne sont pas plus
que les autres l'effet d'un caprice du sort,
mais bien celui de causes faciles à saisir
après l'événement , quoique difficiles à
distinguer auparavant. Revenus de la sur-
prise , ou même de l'effroi qu'inspire un
grand événement imprévu , nous pouvons , en nous attachant à reprendre
ses traces dans l'ordre physique , politique ou moral, nous convaincre qu'elles
nous ramènent à une ou plusieurs

causes, et qu'ainsi, ce qui nous paroissoit un phénomène n'est que la conséquence d'un principe agissant depuis
long-temps, n'est que le fruit d'un germe
dont le développement n'a point été,
mais pouvoit être remarqué, annoncé
et même prévenu.

Il faut donc écarter d'abord le mot de
hasard, et fixer ensuite ce qu'on doit
entendre par celui de *fatalité.*

Le hasard, a dit Abbadie (1), *n'est,
à proprement parler, que notre ignorance,
laquelle fait qu'une chose qui a en soi des
causes déterminées de son existence, ne
nous paroît pas en avoir, et que nous ne
saurions dire pourquoi elle est de cette manière plutôt que d'une autre.* Il est bien
plus simple de ne pas rechercher ces
causes, et d'attribuer à un mot vide de
sens un fait dont on ne veut pas connoître l'origine.

Mais en convenant que tout arrive par

_____

(1) *Vérité de la Religion,* tome I.cr

un enchaînement de causes et d'effets, enchaînement que l'on appellera, si l'on veut, *fatalité*, il est important de savoir dans quel sens ce mot doit être pris.

Le matérialiste et l'homme religieux admettent tous deux une fatalité; mais celle du premier est une nécessité établie sur les ruines de la liberté; elle ne laisse ni volonté ni espérance; elle justifie le crime, sans honorer la vertu. Celle du second est ce que Leibnitz a si justement appelé *fatum christianum:* c'est l'ordre des événemens établi par la providence, ou la prescience de l'Être suprême (1); c'est le principe ou l'existence d'une force qui lie les causes particulières les unes aux autres, et qui, par-là, enchaîne tous les faits; c'est une loi de continuité d'action, d'après laquelle, au moral comme au physique, toute cause mise en action doit produire un effet,

_____

(1) Dont Saint-Augustin a dit : *Qui et cuncta scire antequàm fiant, et nihil inordinatum relinquere, optimè et veracissimè creditur.*

et toute modification en amener une autre. Si l'humanité n'aperçoit pas toujours les vrais rapports des causes aux effets, si elle ne peut pas toujours distinguer chacun des anneaux qui forment la chaîne des événemens, c'est que souvent (et nous ne pouvons nous le dissimuler), il entre dans les vues de Dieu de ne pas laisser cette prévision aux peuples, aux hommes les plus éclairés, lorsqu'il a décrété leur ruine, et lorsqu'il veut faire sur eux un grand exemple. L'Écriture est remplie de ces arrêts terribles, dans lesquels on voit, si j'ose m'exprimer ainsi, le Tout-puissant prendre des précautions contre sa bonté, et se promettre à lui-même de fasciner les yeux de ses victimes, de peur qu'elles n'aperçoivent les approches de l'abîme dans lequel il veut qu'elles viennent se précipiter. L'histoire de toutes les révolutions présente, à cet égard, une concordance effrayante avec ces prophéties sublimes où elles sont racontées d'avance. Dans l'*Esprit de l'Histoire*, j'en ai cité quelques-unes dont l'application se faisoit si bien à notre révolution, que nos révolutionnaires les plus forcenés m'ont accusé de les avoir désignés. Si j'ai en effet mérité cet honorable reproche, j'en dois reporter l'hommage aux Isaïe, aux Jérémie, aux Daniel de l'Ancien Testament. J'aurois même pu choisir mes exemples dans des prophéties beaucoup plus modernes, et proclamer la réalisation de celles que nous avons nous-mêmes entendues sans les comprendre. Cet aveuglement paroît réellement miraculeux, quand on relit, après les événemens, ce qui sembloit devoir les signaler d'avance. Sans prendre des exemples dans les orateurs de la chaire chrétienne du XVIII.ᵉ siècle, je me bornerai à quatre citations, qui sont frappantes, autant par la différence de leurs époques, que par celle de leurs auteurs.

Leibnitz, après avoir parlé des systèmes d'Épicure et de Spinosa, ajoute :

« Leurs disciples se voyant déchargés de
» la crainte importune d'une providence
» surveillante et d'un avenir menaçant,
» lâchèrent la bride à leurs passions,
» et tournèrent leur esprit à séduire
» et à corrompre les autres; et s'ils sont
» ambitieux et d'un caractère un peu
» dur, *ils seront capables de mettre le feu aux*
» *quatre coins de la terre.* J'en ai connu
» plusieurs de cette trempe.... Je trouve
» même que ces opinions, s'insinuant
» peu à peu dans les esprits, et se glis-
» sant dans les livres, disposent toutes
» choses à la *révolution générale dont*
» *l'Europe est menacée.* Si on ne se cor-
» rige pas de cette maladie d'esprit épi-
» démique, dont les effets commencent
» à être visibles, et si elle va toujours
» en croissant, la providence corrigera
» les hommes par la *révolution même qui*
» *doit naître.* » Jamais prophète n'a parlé
d'une manière plus positive : cette dernière prédiction s'est accomplie littéralement. La providence a voulu *corriger les*

hommes par la révolution; elle a même éclairé les princes. Leur conduite, leurs principes, leurs traités depuis le mois de mars 1814, sont l'heureuse et formelle condamnation de tout ce que les cabinets de l'Europe avoient dit, fait ou tenté depuis 1792 (1).

L'abbé Dubos, dans ses *Réflexions critiques,* annonçoit les mêmes calamités: « *L'esprit philosophique fera bientôt* » *d'une grande partie de l'Europe, ce* » *qu'en firent autrefois les Goths et les* » *Vandales...* Je vois les préjugés les plus » utiles à la conservation de la société, » s'abolir, et les raisonnemens spécu- » latifs préférés à la pratique. Nous nous » conduisons sans égard pour l'expé- » rience, le meilleur maître qu'ait le » genre humain; et nous avons l'impru- » dence d'agir comme si nous étions

---

(1) *Voy.* le Traité conclu à Paris le 26 septembre 1815, entre les deux empereurs d'Autriche, de Russie et le roi de Prusse, et le Manifeste d'Alexandre. *Journal des Débats,* 5 et 7 février 1816.

» la première nation qui eût su rai-
» sonner. »

Vingt ans avant la révolution, M. Sé-
guier, dans un réquisitoire contre le
Système de la nature et d'autres ouvrages anti-religieux, disoit : « L'impiété
» ne borne pas ses projets d'innovation
» à dominer sur les esprits, à arracher
» de nos cœurs tout sentiment de la
» Divinité; son génie inquiet, entrepre-
» nant, ennemi de toute dépendance,
» aspire à bouleverser toutes les cons-
» titutions politiques. Ses vœux ne se-
» ront remplis que lorsqu'elle aura
» détruit ces inégalités nécessaires et
» de rang et de conditions; lorsqu'elle
» aura avili la majesté des rois,
» rendu leur autorité précaire et su-
» bordonnée aux caprices d'une foule
» aveugle; lorsque enfin, à la faveur de
» ces étranges changemens, elle aura
» précipité le monde entier dans l'anar-
» chie, et dans tous les maux qui en sont
» inséparables. Peut-être même, dans le

» trouble et la confusion où ils auront
» jeté les nations, ces prétendus philo-
» sophes, ces esprits indépendans, se
» proposent-ils de s'élever au-dessus du
» vulgaire, et de dire aux peuples que
» ceux qui ont su les éclairer sont seuls
» en état de les gouverner! »

Enfin, le grand Frédéric, si exalté par
les encyclopédistes, mais qui les con-
noissoit bien, dévoiloit tous leurs projets, en disant : « Les gouvernemens,
» ils les réforment tous. La France doit
» devenir un État républicain, dont un
» géomètre sera le législateur, et que
» des géomètres gouverneront, en sou-
» mettant toutes les opérations de la
» nouvelle république au calcul infini-
» tésimal.... (1). Après qu'ils auront mis
» tout sens-dessus-dessous, ils appren-
» dront par leur expérience qu'ils sont
» des ignorans.... »

_____

(1) Cette prédiction a été littéralement accomplie par
Condorcet.

Certes il me paroît impossible de désigner avec plus de précision et plus de vérité la terrible théorie dont les régénérateurs du genre humain ont voulu faire sur lui l'application; et cependant il n'y a eu que cette application seule qui ait pu ouvrir nos yeux sur ce que nous aurions dû lire d'avance dans des menaces aussi prophétiques; et cependant encore, sans vouloir leur ôter de ce qu'elles peuvent avoir de surnaturel, il faut bien convenir qu'elles avoient une conformité parfaite avec l'enchaînement réciproque de tant de faits antérieurs dans les trois ordres dont je viens de parler.

Dans chacun d'eux, en politique et en morale, comme en physique, il y a entre chaque partie une liaison, une réciprocité, qui ne peuvent échapper à l'attention de l'observateur. Il y a, entre toutes ces parties, des rapprochemens certains, infaillibles, qui jettent sur l'ensemble une grande lumière. Ce qui d'abord, envisagé légèrement, nous paroît absolument fortuit, indépendant de ce qui a précédé, étranger à ce qui a suivi, vu ensuite avec plus de soin, détaillé avec ce tact sûr qui n'omet rien, avec cette sagacité qui distingue et classe tout, se présente bientôt comme conséquence et effet, qui deviennent eux-mêmes principe et cause d'autres effets, lesquels, à leur tour, scrutés et développés de même, donneront aussi des résultats dont l'enchaînement ne sera pas moins évident.

Les révolutions physiques du globe ont été produites par les feux souterrains, les inondations, les tremblemens de terre. Les révolutions politiques naissent du choc des passions des hommes, passions qui sont réellement les volcans de l'humanité. En physique, c'est toujours en étudiant les effets que l'on est parvenu à connoître les causes; et on les ignoreroit encore, si, content d'observer les divers phénomènes, on ne se fût pas astreint à les comparer, les réunir, les juger ensemble. En politique, on peut suivre la même marche. On a parcouru les volcans éteints : à force de recherches et d'observations, on en a dressé des cartes aussi exactes que celles qui nous retracent la superficie de la terre. On y a marqué leur naissance, leurs progrès, leurs développemens. De même, en scrutant les révolutions, on reconnoît leur principe éloigné, leurs causes plus rapprochées, leurs prétextes, leurs occasions. En examinant leurs suites, on peut marquer celles qui ne sont qu'accidentelles, prédire celles qui sont nécessaires, distinguer dans les unes et dans les autres celles qui seront durables et celles qui ne seront que passagères. Alors on est convaincu que les révolutions des empires, ces grandes commotions sociales, ont, ainsi que les révolutions volcaniques, une origine cachée, pour les unes, dans la nuit des temps, pour les autres, dans la profondeur du globe. Alors en s'avouant avec effroi qu'elles ont été préparées par l'action lente et progressive des siècles passés, il faut chercher, avec une humble et sage prévoyance, celles que leur action peut préparer aux âges futurs.

Il n'est que trop vrai qu'en étudiant l'histoire des révolutions, c'est-à-dire l'histoire de l'homme agité par les plus fortes passions, on est fréquemment repoussé par le spectacle toujours renouvelé de la corruption humaine: on l'est quelquefois autant en voyant l'homme tellement enclin au mal, qu'il abuse même du bien. Il trouve des moyens d'ajouter à sa misère et à sa perversité, dans les choses mêmes qui devroient le conduire au bonheur et à la perfection. Mais au milieu de ce douloureux spectacle, l'observateur surprend des points de vue ravissans, des effets de lumière qu'il ne peut se lasser d'admirer et d'étudier, des positions où la religion paroît avoir encore plus de

majesté, la morale plus de force, la politique plus de profondeur. Quelles
grandes idées il doit avoir alors de ces
trois guides de la société! Quelles leçons il doit puiser dans les vertus, et
même dans les écarts des hommes, à
qui le Roi des rois donne pour famille
tout un peuple, pour témoins tous les
peuples, pour juges tous les siècles, en
attendant le jour où, resté seul immuable au milieu de tant de ruines, il
jugera pour jamais et les familles, et les
peuples, et les rois! Comme, dans cette
étude, toutes les générations viennent
se presser autour de l'observateur attentif! comme, dans le silence religieux
de sa solitude, il entend des milliers de
de voix lui révéler de grandes vérités!
comme il se livre avec transport,
comme il s'arrache avec peine à ce
travail, où tout seroit inexplicable
pour lui, s'il vouloit écarter le moteur
éternel qui explique tout; où il voit les
convulsions du désordre concourir à

l'ensemble d'un ordre souverain ; où, as-
sailli par une immensité de pensées, il
peut se dire: *Peut-être une de celles que je
vais exprimer contribuera-t-elle au bonheur
de mes semblables!* Consolante réflexion!
qui lui donne le courage de se lancer
dans cet océan, de n'y chercher que la
vérité, de n'y craindre que l'erreur, et
de laisser sur le rivage toutes les considérations passagères qui entraveroient
sa marche.

Si donc c'est une pénible destinée que
d'être réservé à vivre dans un temps de
révolution, c'est au moins une occupa-
tion grande et attachante que de se livrer
à l'étude des révolutions; d'observer
toutes les passions humaines s'élevant
sur tous les points du globe contre le
bonheur de l'humanité ; d'aller chercher
à travers la nuit des temps les squelettes
des empires, pour tâcher de découvrir
les vices ou la régularité de leur con-
formation; de suivre de siècle en
siècle la marche, ou plutôt les écarts

de l'esprit humain ; d'arriver ainsi jusqu'à des époques ou des révolutions plus rapprochées ; de se faire jour à travers un chaos d'iniquités, de sang, de calamités générales ou particulières, pour pénétrer jusqu'aux champs de désolation où les systèmes, les erreurs, les haines, les vengeances de ces hommes qui attaquoient à-la-fois la nature et le ciel, se sont précipités et entassés comme les montagnes sur le corps des Titans ; et fixant un œil impassible sur cette masse d'abîmes, de crayonner quelques esquisses d'une révolution sage, de rappeler quelques-uns des principes d'un gouvernement stable, comme Archimède s'occupoit de la solution d'un problème pendant le sac de Syracuse. Or, il me semble qu'une si grande et si belle étude ne devroit jamais se faire avec plus de fruit par un homme accoutumé à réfléchir sur les intérêts des sociétés civiles, que lorsqu'une société à laquelle il appartiendroit, sortiroit de ces terribles crises, et que, de toutes parts, il seroit entouré de faits dont il n'auroit plus qu'à démêler les causes, les rapports et les suites.

A la vérité, ceux qui sortent d'une révolution sont rarement en état de la bien juger. Ils n'ont presque jamais le desir, et peut-être même n'ont-ils pas la force de renoncer aux souvenirs, aux regrets, aux vengeances, à toutes les passions qui jamais ne peuvent être des juges impartiaux, et qui laissent encore des impressions dans l'esprit, même en ne troublant plus l'ame. On a pris et l'on conserve l'habitude de voir et d'analyser tout de la place qu'on a usurpée ou de celle qu'on a perdue. Cette position n'est rien moins que sûre pour chercher et reconnoître la vérité; et cependant, c'est en général celle de tout ce qui a été, ou même de tout ce qui s'est cru agent ou victime de la révolution. Quant au grand nombre, c'est-à-dire à ceux qui, dans une révolution, la suivent ou la secondent, l'évitent ou la combattent, mais plus par instinct que par réflexion, sans avoir ni plans, ni principes fixes, ces gens-là, qui ne réfléchissent pas sur le présent, sont encore moins capables de réfléchir sur le passé ; et, pour eux, l'observation d'un fait ou d'une époque n'est jamais que le résultat de l'avantage ou de la perte qu'ils en ont retiré.

Mais lorsqu'une révolution a enfoncé ou confondu tous les rangs de la société ; lorsqu'elle a décimé une nation ; lorsqu'aux plus effroyables convulsions a succédé une lassitude qui produisoit une cessation momentanée de mouvement (1), cessation que le vulgaire prenoit pour la fin de la tourmente, c'est alors que quelques ames fortes, accoutumées à méditer, ont pu se replier sur elles-mêmes, se reporter aux époques qu'elles venoient de traverser, les com-

(1) J'avois commencé cet ouvrage en 1807.

parer avec celles que présentent des siècles antérieurs, creuser tout ce qui est du domaine des révolutions, ouvrir indifféremment les tombeaux des victimes et des bourreaux, et, sur leurs membres encore sanglans ou sur leur insensible poussière, trouver et lire ce qui arrivera un jour, lorsque d'autres générations, au lieu de profiter de ces mémorables leçons, se condamneront elles-mêmes à en donner de nouvelles à leurs successeurs, qui peut-être n'en profiteront pas davantage.

L'écrivain qui ose entreprendre un travail aussi utile, doit commencer par s'oublier lui-même, par être assez maître de lui pour planer sur ces champs de carnage et de désolation, par se mettre à une distance raisonnable des hommes et des événemens, et de là interroger les uns et les autres, non-seulement sans partialité et sans haine, mais encore sans passion et sans regrets. Il doit se regarder comme appartenant à la postérité, comme en faisant partie. Sans intrigues, sans projets ni pour lui ni pour les siens, il doit, au milieu de sa patrie, se croire transporté dans un pays nouveau, qu'il traverse comme un passager, qu'il observe comme un voyageur. C'est Cook se dévouant pour l'instruction de tous les peuples ; c'est le citoyen de tous les empires ; c'est l'homme de l'humanité, spécialement chargé par elle d'une honorable, mais pénible légation.

Lorsque notre industrie, nos découvertes, notre cupidité, nous ont conduits chez les sauvages de l'Amérique, nos philosophes n'ont pas manqué de dire que nous allions prendre la nature sur le fait : comme s'il nous importoit, pour perfectionner nos connoissances morales, politiques ou religieuses, d'étudier l'homme dans un état de dégradation où il n'a aucune de ces idées ! C'est dans les révolutions qu'on peut réellement prendre sur le fait l'homme civi-

lisé; c'est-là qu'on peut pénétrer jusqu'aux derniers replis de son cœur;
c'est-là qu'on voit à nu les fondemens
de la société; c'est-là qu'on peut juger
ce qui les ébranle ou les affermit, et que
l'exact et infatigable observateur peut
porter la lumière dans les détours les
plus obscurs, et dire, avec le prophète:
Scrutabor Jerusalem in lucernis.

Placé dans cette position, s'il peut
lire avec fruit et discernement dans le
grand livre des malheurs de l'humanité,
il sera digne, non-seulement d'y trouver
pour lui de grandes leçons, mais encore
de les transmettre à ses contemporains,
dont il ne faut cependant pas qu'il at-
tende de la reconnoissance, et sur-tout
à la postérité, qui lui rendra justice.

Mais c'est ici que je dois revenir sur
ce que j'ai indiqué au commencement
de cette Introduction. En vain vou-
dra-t-on tout expliquer dans les révolutions, si l'on n'admet d'abord qu'elles
entrent dans l'ordre souverain des dé-

crets de la providence. Il y en a parmi
elles qui sont de véritables miracles,
incompréhensibles, si l'on ne reconnoît
pas une force suprême, qui contrarie ou
suspend les effets des causes ordinaires.
Pendant qu'en France une faction, pour
combattre une autre faction qu'elle-
même avoit créée, vouloit faire de la
France une république fédérative; pendant que la faction ennemie décrétoit
et gravoit par-tout l'indivisibilité de la
république, la providence décrétoit que
l'une et l'autre assureroient l'intégrité
de la monarchie. Elle vouloit qu'une
suite de miracles sans exemple con-
fondît tous les projets révolutionnaires, tant ceux de la Convention,
qui croyoit *démonarchiser* la France,
que ceux de quelques ministres étrangers, qui croyoient la démembrer. Elle
vouloit que cet effroyable comité de
salut public, à force de terreur, d'extra-
vagances et d'atrocités, ne fût anéanti
qu'après avoir empêché la destruction

de la France; et comment! en envoyant
à la mort une partie de la population,
et conservant la totalité de son territoire. Ainsi encore cette même providence se devoit à elle-même d'instruire,
par une vengeance éclatante, les potentats, à qui elle avoit donné le *droit*
de se servir de leurs nations pour remplir le *devoir* à eux imposé d'étouffer une
révolution subversive et des *droits* et
des *devoirs*, et qui, au lieu de cela, méconnoissant ou négligeant les uns et les
autres, égarés par de perfides conseils,
faisoient de la révolution, pour se
tromper ou se dépouiller mutuellement, un trafic honteux, dont le dernier
résultat avoit été de perdre ou de compromettre leur propre existence, et
d'abandonner des sujets fidèles, noblement dévoués à mourir pour eux (1).

---

(1) Je ne puis trop répéter que les glorieux Traités
du 30 mai 1814 et du 26 septembre 1815, ont commencé
pour tous les cabinets de l'Europe une nouvelle ère; et
que tout ce qui appartient à leur conduite antérieure est

Ce n'est pas tout. Qui cette providence chargera-t-elle de donner aux souverains une leçon terrible et si bien méritée! le peuple même qui venoit de se prostituer à cette révolution; qui, en se faisant une gloire d'appeler, sur le continent européen, tous les peuples à la licence et à l'anarchie, avoit été repoussé par tous les peuples, et plus ou moins encouragé par tous les gouvernemens; qui, disséminant au loin ses régicides, les avoit vus diplomatiquement accueillis dans les cours, et repoussés avec horreur dans les villages. Enfin (car tout est à remarquer dans cette grande époque d'une nouvelle révélation), comment le peuple, condamné par la providence à faire tant de conquêtes, remplira-t-il sa mission d'exterminateur! en se jetant de l'anarchie dans l'esclavage; en prodiguant

---

pour nous une histoire ancienne où nous pouvons aller prendre des leçons, comme si elles eussent été données plusieurs siècles auparavant.

son or et son sang pour relever avec
éclat un trône qu'il avoit détruit avec
fureur; en y plaçant un tyran qu'il dé-
teste, au lieu d'une race qu'il chérissoit.
Et quand ce trône sera rétabli; quand
tout semblera l'assurer à l'usurpateur et
à sa postérité; quand cette usurpation
sera garantie par les plus grandes al-
liances, le Dieu juste décrétera que ce
colosse doit tomber en se détruisant
lui-même. L'insensé n'aura qu'à *vouloir*
pour se conserver, et il ne *voudra* pas:
bien plus, ses ennemis auront la foiblesse de le *vouloir* pour lui, et seul il
aura l'orgueil de le refuser; et, de folies
en folies, de refus en refus, il les forcera
de lui ôter l'immense empire qu'ils con-
sentoient encore à lui laisser. Dans le
temps de la plus grande puissance de
cet *Érostrate* couronné; lorsqu'il croyoit
donner des lois à Madrid, à Naples et
à Moscou; lorsque avec ses péniches il
mettoit en blocus la puissance domina-
trice des mers, si un sage inspiré d'en

haut lui eût annoncé qu'il n'échapperoit
à son juste suppliceqú'en se réfugiant sur
un vaisseau de cette même puissance, et
qu'il seroit, par elle, conduit et relégué
sur une roche qui semble, par son éloignement de tous les continens, n'appartenir
à aucun d'eux, comme pour le condamner au tourment de ne plus voir l'incendie qu'il avoit allumé et les torrens
de sang qu'il aimoit à voir couler, avec
quel superbe dédain eût été chassé cet
Isaïe du XIX.ᵉ siècle ! L'apparente extra-
vagance de ses prophéties eût pu seule
le soustraire à la vengeance de ce potentat éphémère, qui ne fut jamais assez
grand pour se refuser un crime.

C'est qu'en effet toute la sagesse,
toute la prévoyance humaine, s'a-
bîment et se confondent devant tant
d'invraisemblance. Quel est l'homme
qui eût pu jamais imaginer un tel plan,
et sur-tout le faire adopter à ceux qui
devoient en être les aveugles exécuteurs! Quel est celui qui jamais auroit

eu l'idée d'arriver à ce but par de tels
moyens ! La vengeance céleste peut
seule condamner à mort des nations
entières , parce que sa volonté seule
suffit pour assurer l'exécution de ce terrible arrêt. Cette exécution pourroit
se faire en une nuit , en un moment ,
sans qu'aucune force humaine y con-
tribuât, comme lorsque David voyoit
l'ange exterminateur tenant son glaive
suspendu sur Jérusalem. Mais quand
Dieu veut manifester sa colère , sans
manifester matériellement son intervention, alors c'est de l'homme même qu'il
se sert pour punir l'homme ; alors une
grande révolution est envoyée sur la
terre ; alors il est dit que tout ce qui
pourroit la prévenir ne sera point
aperçu, que tout ce qui pourroit
l'arrêter ne réussira pas. Dans la révolution françoise, les événemens les
plus invraisemblables étoient ceux qui
devoient arriver ; les plus justes combinaisons devoient être trompées. Dans

cette révolution, comme dans toutes les autres, ceux qui croient mener, ne sont jamais que l'instrument dont Dieu se sert ; comme le peuple, qui croit agir par lui-même, n'est jamais que le leur.

Ce n'est point au peuple qu'il est donné de former une souveraineté. En vain croit-il pouvoir créer, parce qu'il détruit : en supposant qu'il veuille quelque chose, ce n'est jamais là ce qu'il obtient ; au contraire, tous les efforts qu'il fait pour parvenir à un but, sont précisément ce qui l'en éloigne. Lorsque le peuple françois répétoit avec une emphase stupide ou féroce ce que toutes les factions lui disoient, *qu'il avoit conquis la liberté*, Dieu décrétoit au contraire que ce même peuple seroit outragé, mutilé, ruiné, pour substituer le despotisme le plus arbitraire à une monarchie tempérée.

Ce ne seroit donc pas connoître une révolution, que de savoir ce qui s'est fait publiquement pendant sa durée. C'est par-tout un tableau qui est presque toujours le même, qui seroit fastidieux par son uniformité, s'il n'étoit pas repoussant par les sanglantes images qu'il reproduit de tous côtés. La plupart des crimes, des folies du peuple de Paris, depuis 1789 jusqu'à la Convention, se retrouvent pendant la captivité du roi Jean et la démence de Charles VI : c'est une identité parfaite, et qui ôte aux révolutionnaires de nos jours l'affreux mérite de l'invention. Ils ont copié le crime ; tout au plus ils ont agrandi ses proportions.

On ne connoît une révolution qu'en étudiant ce qui l'a précédée, et plus encore ce qui l'a suivie. Améliorer l'état politique d'une société, est toujours le but avoué d'une révolution : le plus souvent ce n'en est réellement que le prétexte. Dans ce qui la précède, on apprend à juger sa véritable cause; dans ce qui la suit, on apprend à juger les résultats. Les faits qui, comme je viens de le dire, sont presque toujours les mêmes, peuvent donc avoir des causes très-opposées et des résultats très-différens. Or, toutes les fois que le peuple se condamne à être l'instrument d'une révolution, il est dit d'avance qu'il en ignorera la cause, et qu'il sera tout étonné d'en apprendre le résultat. Cette proposition est démonstrativement prouvée.

C'est pourquoi, après avoir examiné, dans les VI.ᵉ, VII.ᵉ et VIII.ᵉ Livres, ce qui se fait avant, pendant et après les révolutions, j'ai cru devoir, dans le IX.ᵉ, revenir encore sur l'état d'une nation révolutionnée, et chercher dans son éducation publique, dans son esprit public, dans l'accroissement même de sa puissance, les pronostics qui pouvoient lui révéler le sort qu'elle s'est créé pour l'avenir.

Lors donc que, par un travail qui est plus encore celui du jugement que celui de la mémoire, on est parvenu, dans

l'étude des révolutions, à rapprocher les
principes et les conséquences, les causes
et les effets, à les classer de manière
qu'on puisse tout-à-coup saisir leurs ressemblances, leurs rapports, même leur
opposition, on peut dire que l'on a
devant les yeux l'arbre généalogique
des connoissances historiques et politiques : on en voit les racines, la souche,
la tige, les embranchemens. Ce tableau
n'est pas honorable pour l'humanité ;
mais il est instructif, parce qu'il est vrai,
parce qu'il donne un but moral et politique à l'étude de l'histoire, qui, sans
cela, ne seroit plus qu'une science de
dates, sans nulle application raisonnée,
une nomenclature de faits, sans nulle
combinaison des événemens les plus
remarquables, sans nuls rapports établis
entre une grande révolution et les circonstances qui l'ont précédée ou suivie.

Dans les Pensées de Balzac, trop peu
connues et si dignes de l'être, on lit
que, *sans ce travail de rapprochement des*

faits historiques, la politique n'est qu'un spectre creux et p'ein de vide : séparée de l'action et de l'exemple, elle ne s'entend pas elle-même. Il n'y a que l'histoire qui la forme et l'organise, qui lui donne corps et substance. Par le moyen de l'histoire, le politique voit l'enfance, le progrès, le déclin des États.....; et il fera une application judicieuse du temps passé et du temps présent, et de la spéculation à la pratique.

C'est en effet par-là, et par-là seulement qu'on peut voir les révolutions naître, comme les générations, les unes des autres; chaque siècle, en se développant, former le germe que développera le siècle suivant; et le passé, le présent et l'avenir, concourir également à notre instruction, en ouvrant un champ vaste à nos plus savantes recherches et à nos plus profondes méditations.

C'est aussi dans cette étude que l'homme pourra se trouver souvent à portée de faire l'application des principes de la morale, et par-là de se les approprier en

les rendant plus évidens pour lui-même.
Il y a peu de révolutions qui puissent soutenir l'examen critique d'une morale sévère ; mais il n'y en a point où l'on ne
puisse voir l'homme retenu par cette
morale, quand il est entraîné par les
événemens. Le combat qui se livre alors
entre eux et elle, est le spectacle le plus
instructif sur lequel l'observateur puisse
fixer les yeux. Ce spectacle lui fera voir
l'humanité cédant bien plus souvent aux
événemens que fidèle à la morale ; et
en convenant qu'il faut en effet qu'elle
soit fortement retenue sur une ancre
que rien ne pourra déplacer, il reconnoîtra bientôt que la morale seule ne
peut donner à cette ancre la force inex-
pugnable qui lui est nécessaire pour résister à de si terribles ouragans ; que
le supplément, ou pour dire mieux, le
complément de cette force, ne peut venir que d'en haut, et que la religion
seule peut donner cette grande abné-
gation de soi-même, qui ne calcule ni

la vie, ni la fortune, qui défend, qui recherche, qui fait le bien, parce qu'elle ne sait pas, parce qu'elle ne peut pas savoir défendre, rechercher ou faire autre chose. Ainsi soutenue par la religion, l'humanité sera héroïque au milieu des dangers, calme dans les plus grandes souffrances, impassible devant des bourreaux. La révolution finie la retrouvera où elle l'avoit laissée, fixée sur la ligne du devoir, heureuse de n'avoir eu aucun écart, ne s'en glorifiant point, parce qu'elle ne peut tirer vanité de n'avoir pas fait ce qui pour elle étoit impossible; gémissant sur les écarts dont elle a été témoin ou victime, et toujours prête à pardonner même les plus grands, comme si elle pouvoit craindre d'avoir jamais besoin de ce pardon pour elle-même.

Ce spectacle, s'il pouvoit être, avec tous ses détails, exposé aux regards, ou, pour mieux dire, à l'admiration du public, lui présenteroit, dans un tableau tout-à-la-fois moral, politique et religieux , les plus grandes leçons que l'homme puisse donner à l'homme. Malheureusement la majeure partie de ces détails échappe à l'histoire, ou ne lui parvient qu'au milieu d'une multitude de mémoires , où la vérité est toujours difficile à saisir.

Nul doute qu'un extrait de ces mémoires, rédigé par un écrivain judicieux, pourroit offrir de nombreux rapprochemens avec les masses que j'ai distribuées dans la *Théorie des Révolutions ;* et prouveroit, de plus en plus, la justesse des principes que j'ai posés quand j'ai voulu donner une idée générale des causes, des motifs, des prétextes, des effets et des suites de ces terribles crises politiques.

THÉORIE

DES

RÉVOLUTIONS.

LIVRE I.er

RÉVOLUTIONS PHYSIQUES.

LES révolutions se partagent naturelle-, ment en deux classes générales, les phy- siques et les sociales : celles-ci se subdivisent en révolutions religieuses et politiques. La subdivision des révolutions physiques n'est pas de mon sujet; et dans le peu que j'ai à en dire ici, je ne les considère que sous les rapports qu'elles peuvent avoir avec l'état social.

CHAPITRE I.er

DU DÉLUGE.

LE déluge, la révolution physique la plus terrible dont le souvenir se soit conservé, fit en outre, dans l'état social, une révolution religieuse et politique. Les sociétés, déjà formées en corps de nations, furent anéanties : leurs lois, leurs mœurs, leur religion, ou plutôt leur impiété, furent englouties dans l'abîme du temps, comme dans celui des eaux. On peut présumer que leurs lois, leurs mœurs reparurent, au moins en partie, dans les nouvelles sociétés provenues de la seule famille qui devoit perpétuer l'espèce humaine; mais qui peut nous le prouver ? Les conjectures hasardées à ce sujet ne portent que sur d'ingénieuses fictions. L'impiété, c'est-à-dire, une religion défigurée, sortit du double abîme pour produire les différens cultes qui ont si long-temps dégradé l'humanité, et qui la dégradent encore sur plusieurs points du globe.

CHAPITRE II.

AUTRES RÉVOLUTIONS DU GLOBE.

La famille échappée à ce déluge universel reçut la garantie que sa postérité n'en éprouveroit pas un second; mais la vengeance divine, qui venoit de se manifester par une punition si effrayante, se réservoit toujours de porter la désolation et la mort sur telle partie de la terre qu'elle jugeroit à propos. Ce fut ainsi qu'elle détruisit Sodome et Gomorrhe, après avoir annoncé leur destruction à l'homme juste, qui ne devoit pas partager leur sort affreux. Le terrible exemple de ces deux villes nous apprend que, dans ces fléaux dévastateurs, la fureur des élémens conjurés n'est que l'agent d'un moteur plus puissant. Que le fléau ait ou n'ait pas été prédit, il n'en fait pas moins partie des irrésistibles décrets de la providence; aussi est-ce à elle que, dans le moment d'un grand danger, d'un bouleversement inattendu, s'adressent les malheureux qui voient la nature se soulever contre eux. Ce n'est point alors au hasard qu'ils attribuent les calamités dont ils sont accablés; un sentiment inné et général les ramène à celui qui, seul, répand sur nous et les maux et les biens. *O mon Dieu!* est, dans toutes les langues, sous toutes les zones, le cri uniforme de l'infortuné menacé de périr,

ou sur son vaisseau par la tempête, ou dans
sa maison par un tremblement de terre. Pourquoi n'offre-t-il pas ses vœux et ses prières à
l'élément irrité ? c'est que son danger est pour
lui une révélation à laquelle il ne songe pas
même à résister ; c'est que cette révélation
lui démontre tout-à-coup que l'élément, impuissant par lui-même, obéit aveuglément
au génie invisible qui lui commande par
sa seule pensée.

En effet, dans les révolutions sociales,
l'homme est toujours plus ou moins agent ;
il est donc porté à croire qu'elles sont son
ouvrage, lors même qu'il n'est que l'instrument choisi pour les mettre à exécution,
parce que son orgueil repousse une vérité qui
l'humilie : mais dans les révolutions physiques, son orgueil n'a rien à prétendre ; il
n'a rien à réclamer ; au contraire, il est confondu de ne pouvoir se dissimuler son im-
puissance ; et lorsqu'il n'est pas victime, il
faut qu'il s'estime heureux de n'être que
témoin. Quel moyen le potentat le plus
absolu, le conquérant le plus accoutumé à
vaincre, eût-il pu opposer aux désastres de

Lima, de Lisbonne, de Messine ? et ce Pline lui-même, si initié aux mystères de la nature, en l'observant dans l'explosion incendiaire du Vésuve, prévoyoit-il qu'un jour des villes seroient bâties sur Herculanum et Pompéia, qui, ensevelies sous des monceaux de cendres, et cependant conservées dans leurs proportions, deviendroient des ruines où l'on pourroit étudier l'antiquité?

Aux yeux du philosophe religieux, les révolutions physiques sont donc un livre instructif, où sont inscrits les arrêts de la vengeance céleste : c'est-là qu'il trouve toujours de grandes leçons, parce que toujours il peut s'y voir menacé par les événemens que le souverain dispensateur fait également concourir au bonheur ou au malheur de l'humanité.

CHAPITRE III.

TRANSMIGRATIONS DU NORD-EST.

Les transmigrations, si fréquentes pendant long-temps, des peuples du Nord-Est, n'étoient, pour le pays d'où ils sortoient, que des révolutions physiques.; révolutions qui pouvoient même être prévues et calculées d'avance, d'après l'accroissement de la population : c'étoit l'essaim qui sort de la ruche pour aller chercher asile et pâture. Et même encore aujourd'hui, lorsqu'une peuplade de Tartares quitte un canton pour en habiter un autre, c'est uniquement le besoin physique qui la conduit ; aucune vue politique ne la dirige. Ces nomades n'ont aucun attachement pour le territoire : leur nourriture, leurs habitations, leurs occupations sont les mêmes par-tout. L'émigration est chez eux une habitude naturelle. Nous voyons, dans l'histoire des anciens peuples, que ceux du Nord ont renversé plusieurs fois les trônes de l'Asie. *Imperium Asiæ ter quæsivére, perpetuò alieno imperio aut intacti, aut invicti*, dit Justin. L'histoire moderne nous apprend que les transmigrations s'étant alors portées sur l'Occident, toutes les autres prirent la même route ; et c'est toujours par-là qu'elles ont pénétré dans le Midi.

Mais ce qui n'étoit que révolution phy-

sique pour le pays qui exportoit le superflu
de sa population, produisoit une révolution sociale dans celui où ce superflu venoit
s'établir : il en produisoit même dans
d'autres contrées, lorsque la nation expulsée
de son territoire par la peuplade émigrante,
étoit obligée d'en conquérir un autre pour
s'y fixer. La plus grande partie de l'Europe
a vu ainsi, pendant plusieurs siècles, les
hommes refoulés les uns sur les autres, et
méconnoissant peut-être le point éloigné
d'où partoit la première impulsion d'un
mouvement si général. Si l'établissement
de la nation envahissante se faisoit de vive
force, comme celui des Goths, des Hérules,
des Lombards, il y avoit une violente révolution ou dans les gouvernés, ou dans les
gouvernemens, ou au moins dans les gouvernans. Si l'établissement s'opéroit peu-à-
peu, par une suite de traités, même entre-
mêlés de guerres, comme celui des Francs
dans les Gaules, ou des Normands en
France, la révolution étoit moins violente ;
mais il y avoit toujours un changement, au
moins partiel, dans tout ce qui constituoit

l'État : c'est ce qu'on verra dans la suite de cet ouvrage.

En considérant comme révolutions physiques ces transmigrations du Nord-Est, répétées pendant plusieurs siècles, ce qu'il y a peut-être de plus étonnant, c'est qu'il sembleroit que, dans ces climats, l'exportation des hommes en favorisoit la reproduction. Au moins est-il certain, quelque système qu'on veuille adopter à cet égard, que la population s'y élevoit toujours au niveau de la consommation ; ce qui, à la longue, devoit assurer l'action de ces masses énormes perpétuellement lancées sur l'Europe. A l'époque à laquelle ces transmigrations eurent lieu, elles trouvoient en Europe plutôt les vices que les avantages de la civilisation ; et quand des peuples sauvages s'acharnent à attaquer des nations dégénérées, de premiers succès peuvent être pour elles, mais le succès définitif est pour eux.

Celui des peuples qui vinrent en Europe dans les ii.ᶜ, iii.ᶜ, iv.ᶜet v.ᶜsiècles, fut tel, qu'il n'est resté sur le continent aucune nation entièrement indigène : il s'y est fait un mélange perpétuel des peuples du Nord, de l'Est et de l'Occident; c'est pour cela qu'en général l'influence du climat y a été, pendant longtemps, bien moins sensible qu'en Asie. De ce mélange même sont nées les différentes constitutions de l'Europe, presque toutes ayant, dans leurs commencemens, une similitude originelle, quoique toutes très-éloignées des gouvernemens primitifs ; mais dont les périodes ont constamment suivi les progrès des arts et de l'industrie (1): de façon que l'on peut regarder comme constant que ces constitutions, originairement émanées de peuples barbares, ont toujours, en suivant la marche du temps, avancé vers une amélioration sensible ; tandis que toutes les abstraites théories de nos faiseurs de constitutions n'ont jamais produit que des ouvrages informes, passagers et tellement vicieux, qu'il seroit difficile de dire, en observant leur naissance, leur

_____

(1) Excepté la Pologne qui, cependant, en 1791, se mettoit sur le même rang. *Voyez* liv. II, chap. XVIII.

durée et leur chute, laquelle des trois a fait
le plus de mal à l'humanité.

Toute transmigration de la peuplade la
plus nomade peut donc produire une révolution sociale, et ne doit être considérée
comme révolution simplement physique,
qu'autant qu'elle a lieu sur un territoire
désert.

CHAPITRE IV.

DÉCOUVERTE DU NOUVEAU-MONDE.

LA découverte du Nouveau-Monde a
produit et produira encore dans l'Ancien de
grandes révolutions politiques; mais à l'instant où elle fut faite, c'étoit réellement une
révolution physique, comme eût été la
création subite d'une quatrième partie de
la terre. Les dévastations que l'Europe
y exerça long-temps, furent bien, pour
les malheureux Américains, une révolution
physique, un déluge exterminateur; car
alors il n'étoit pas plus en leur pouvoir de
résister à la force employée contre eux, qu'il
ne l'eût été de s'opposer à un ouragan ou
à un tremblement de terre.

CHAPITRE V.

RAPPORTS DES RÉVOLUTIONS PHYSIQUES AVEC L'ORDRE SOCIAL.

DEPUIS que la physique, non contente de connoître et d'analyser tout ce qui frappoit les yeux, a pénétré dans les entrailles de la terre, a décomposé ses différentes couches, a découvert de grands moyens d'instruction dans ces abîmes souterrains, où l'on n'avoit long-temps cherché que des métaux, on a appris à étudier la multitude et la variété des révolutions que le globe a éprouvées. Bergmann, Buffon, Werner, Dolomieu, Deluc, Cuvier, &c. &c., en ont successivement donné une analyse raisonnée, suivant l'état des connoissances de leur temps; et l'on peut prévoir que, de siècle en siècle, il se fera de nouvelles découvertes dans une science qui semble inépuisable.

Toutes les fois que ces découvertes se rapporteront avec quelque trait connu dans l'histoire, ou pourront tendre à éclaircir un point long-temps douteux ou ignoré, il est intéressant de voir quelle influence ont pu avoir sur les révolutions politiques, ces grandes tourmentes de la nature. Ainsi un tremblement de terre qui combleroit un grand port, qui anéantiroit un continent ou une île célèbre par son commerce, ameneroit dans la politique des changemens nécessaires.

En voyant, dans le bel ouvrage de M. de Humboldt (1), les plans donnés à l'Espagne pour l'ouverture de l'isthme de Panama, et l'avantage qu'elle retireroit de la communication des deux mers, il est aisé de pressentir quelles secousses politiques suivroient, en Europe, cette révolution physique d'un autre monde. A quoi a-t-il tenu que cette révolution physique n'eût lieu il y a un demi-siècle ? Si la terrible explosion survenue en 1759 dans la province mexicaine de Valladolid, après quatre mois de mugissemens et de tremblemens de terre, eût ouvert, quelques lieues plus loin, le volcan de Jorullo, l'isthme de Panama pouvoit être anéanti, et laisser un libre passage, sur lequel l'orgueil et la

_____

(1) *Essai politique sur la nouvelle Espagne,* liv. III, chap. VIII.

cupidité des Européens eussent fait couler
des flots de sang.

Ainsi, tandis que le physicien chercheroit
dans les débris la cause occulte de tant de
désastres, que l'homme religieux remon-
teroit jusqu'à la puissance éternelle, motrice
de ces événemens, l'homme d'État verroit
en eux les espérances ou les craintes que sa
patrie doit en concevoir pour l'avenir : il
mettroit toute sa sagesse à réaliser les unes,
à dissiper les autres ; et il en concluroit
que tout, dans l'ordre naturel comme dans
l'ordre social, étant sujet à tous les genres
de révolutions, le Gouvernement qui ne
s'occupe ni de les prévoir, ni de les arrêter,
ni d'en profiter, est indigne de commander
à une société d'hommes dont il ignore ou
néglige les plus grands intérêts. Il y a plus,
tout observateur sage et sans préjugés ne
tardera pas à se convaincre qu'il y a des
rapports certains entre le monde intelligent
et le monde matériel ; que par conséquent
il y a, dans l'un et dans l'autre, telle action,
telle révolution, qui doivent réciproquement en amener dans tous les deux; que,

par exemple, tels changemens physiques en
amènent dans la morale, qui eux-mêmes
doivent en amener dans la politique; et
qu'ainsi, en voyant changer la constitution
intérieure d'un grand empire, on peut
affirmer qu'il changera la manière dont
jusqu'alors il avoit recueilli ou perdu les
avantages physiques que sa position lui
offroit; changement qui, à son tour, en
amenera un dans l'existence sociale de cet
empire, et même dans celle d'autres États.

Les révolutions que le sol de la Hollande
a éprouvées, notamment dans le XII.ᵉ et le
XIII.ᵉ siècle, ont eu une influence très-forte
sur sa politique, sur celle de l'Europe, sur
celle des autres parties du globe. C'est à la
formation de la Zélande que les Hollandois
sont redevables d'une nouvelle province
maritime, qui, en leur donnant des facilités
pour augmenter leurs forces navales et leur
commerce, a dû augmenter les inquiétudes
et la jalousie de leurs ennemis. Amsterdam
devoit l'origine de la splendeur dont elle a
joui à l'élargissement occasionné dans le
Texel par une suite de violentes tempêtes,

qui finirent par former un port vaste et
sûr, dont le travail et l'industrie firent ensuite l'entrepôt des richesses de l'univers.
La terrible inondation du Mordick, qui,
en 1420, engloutit soixante-douze villages,
dont plus de vingt n'ont jamais reparu,
démontroit la nécessité des grandes digues,
si la Hollande vouloit défendre contre la
mer le terrain qu'elle lui avoit ôté. Pareil
événement fut au moment de se renouveler
au mois de novembre 1775 : un ouragan
affreux donna, pendant vingt-quatre heures,
les plus vives alarmes sur plusieurs digues.
Celle de Gorkum fut entr'ouverte dans
un espace de cent pieds ; des terrains
entiers furent engloutis. L'infatigable et
laborieux Hollandois répara ces désastres ;
mais on sent que l'entretien de ces digues
devoit entraîner de grandes dépenses,
que la Hollande ne pouvoit faire qu'avec
le secours d'un grand commerce. Elle se
trouva donc appelée, je pourrois même
dire contrainte, par les révolutions physiques qui la menaçoient sans cesse, à
rendre le monde entier tributaire de son

industrie commerciale, parce que cette industrie pouvoit seule maintenir, mais à grands frais, l'existence physique qu'elle-même avoit créée.

Telle a même été, il y a quelques années, par suite de ce que je viens de dire, la position de la Hollande, que si l'on eût continué à lui ôter son *existence politique*, qui ne peut jamais être qu'une *existence commerciale*, on l'exposoit nécessairement à perdre tôt ou tard son *existence physique*. Par un retour inverse sur leur formation et sur leur union réciproque, la révolution des deux premières entraîneroit la révolution de la troisième.

J'ai donc dû, avant de traiter les grandes divisions des révolutions sociales, tracer rapidement quelques observations sur les autres; et le peu que j'en ai dit servira d'indicateur pour les suivre, lorsque je me trouverai dans le cas de les rappeler.

LIVRE II.

DES RÉVOLUTIONS SOCIALES.

J'AI dit que les révolutions sociales se divisoient naturellement en révolutions religieuses et politiques. Avant de les examiner séparément sous l'un et sous l'autre de ces rapports, il seroit, ce me semble, utile de les envisager simultanément, et de se faire un tableau des principales révolutions qui ont agité le globe, et qui ont successivement établi, détruit ou changé les organisations religieuses et politiques, sur lesquelles nous aurons fréquemment occasion de revenir dans les livres suivans.

Pour l'Histoire sainte et une grande partie de l'Histoire ancienne, ce tableau est déjà fait, et fait par une main inimitable. Bossuet, dans son discours sur l'Histoire universelle, a analysé, avec autant de génie que d'érudition, l'existence religieuse et

1. 2

politique des anciens peuples; et c'est sur-
tout en le lisant qu'on apprend à juger, à
scruter les révolutions. Dans le tableau que
je vais donner ici, mon travail doit donc
principalement comprendre les nations et
les époques, dont il n'a malheureusement
pas eu le temps de s'occuper ; mais la forme
de mon ouvrage n'exigeant de moi que de
placer ici de grandes masses, où je pourrois
ensuite aller prendre des détails, j'évite
nécessairement le danger d'une comparaison,
à laquelle je n'aurois pas eu la témérité de
m'exposer.

Je crois que ce travail préliminaire doit
faciliter l'intelligence de l'examen particulier que je ferai dans le cours de l'ouvrage,
et me dispenser de revenir sur un ensemble
que le lecteur aura toujours présent à l'esprit.

CHAPITRE I.er

RÉVOLUTIONS DE LA CHINE.

QUELQUE parti que l'on prenne sur l'opinion qui donne à l'empire de la Chine Noé
pour fondateur, toujours est-il vrai que ce

peuple est celui dont les annales remontent le plus haut, et dont les anciennes habitudes se rapprochent le plus des mœurs patriarcales. C'est le seul où nous trouvions le gouvernement tel qu'il étoit il y a trois mille ans; c'est le seul où la marche et le résultat des révolutions soient absolument les mêmes.

Sur vingt-une dynasties précipitées du trône, dix-neuf l'ont été, ou par des princes tributaires devenus trop puissans, ou par des sujets audacieux, qui profitoient du mécontentement public. La chute de la première dynastie a même cela de remarquable, que le sujet porté au trône par un vœu général ne se servit d'abord de son pouvoir que pour rendre la couronne au roi légitime. *Kia,* sans profiter de cette leçon, s'étant de nouveau abandonné à tous les vices, une seconde révolution donna encore une fois la couronne à *Ching-Tang.* Le monarque détrôné finit sa vie en exil. Aucun crime ne souilla cette époque : le nouvel empereur, pendant treize ans de règne, n'entreprit aucune guerre, chose étonnante pour un souverain parvenu au trône par une révolution; mais cette révolution, qui se fit en sa faveur, presque malgré lui, n'avoit déplacé que le monarque, sans toucher à la monarchie. Le nouveau souverain donna les lois les plus sages, vivifia toutes les parties de l'empire, et le transmit à sa postérité, qui occupa le trône pendant plus de six cents ans.

La Chine avoit toujours un germe de révolutions dans le grand nombre d'enfans que la polygamie pouvoit donner aux empereurs, et dans le choix arbitraire qu'ils pouvoient faire parmi ces enfans pour leur succéder : il est aisé de juger quelles intrigues devoient en résulter dans une cour où, d'ailleurs, il y avoit toujours beaucoup d'eunuques, et où, comme par-tout, ils abusèrent fréquemment de leur pouvoir.

Il s'étoit en outre établi un usage que nous retrouverons en Europe, et qui, deux fois, a causé en France de grands maux sous les deux maisons de Bourgogne. Les princes exclus du trône recevoient en apanage des souverainetés héréditaires, qui,

trop souvent, leur donnoient des moyens
pour troubler l'État. Cet usage fut aboli
par *Chi-hoang-ti*, second roi de la quatrième
dynastie : le bel ordre qu'il établit dans
l'empire, l'entière soumission à laquelle il
réduisit plusieurs princes tributaires qui
vouloient se rendre indépendans, la bar-
rière qu'il opposa aux incursions des Tartares en faisant construire la grande muraille,
enfin la confiance et la force dont se trouve
bientôt entouré un Gouvernement qui sait
être à-la-fois juste et puissant, sembloient
l'autoriser à croire que l'État attendoit de
lui le bienfait de la suppression des apa-
nages. En assurant aux princes apanagés un
séjour et une existence dignes de leur rang,
il ne leur laissa aucune autorité sur les peuples; mais cette loi si sage manquoit du
point d'appui qu'elle auroit eu dans la
constante et légale hérédité du trône. Son
second fils ayant été proclamé au détriment
de l'aîné, la cour et l'empire se trouvèrent
déchirés par des factions qui donnèrent lieu
à un chef de brigands de devenir un guerrier redoutable; et *Lien-pang* profita de ces

troubles pour fonder la cinquième dynastie, qui compte vingt-cinq empereurs.

Cet exemple d'un homme né dans un rang obscur, et parvenu par une grande audace, se renouvela encore, lors de la huitième dynastie fondée par *Lien-yu*, qui avoit été cordonnier ; lors de la quatorzième, fondée par *Chu-ven*, qui, comme *Lien-pang*, avoit été chef de voleurs ; et sous la vingt-unième, qui détrôna celle des fils de *Gengis - khan*. Le valet d'un monastère de Bonzes se joignit à quelques mécontens, obtint de premiers succès, et se forma un assez grand parti pour renverser la dynastie tartare. Ce qui est le plus étonnant dans l'élévation subite de *Chu*, c'est que, monté sur un trône sur lequel avoient déjà passé tant de races royales, il fit un usage paternel de l'autorité qu'il avoit usurpée, et ne chercha même pas dans des guerres et des conquêtes la gloire dont un usurpateur semble avoir besoin pour couvrir des succès illégitimes.

Chi-tsu, fondateur de cette dynastie tartare, étoit le premier étranger qui régnât à la Chine : il y arrivoit avec tous les désordres

qui accompagnent et suivent de grandes
conquêtes. La résistance des Chinois avoit
été longue et sanglante; la mort de plus de
cent mille hommes, celle de tous les
membres de la famille impériale, tombés
sous le fer de l'ennemi ou victimes volon-
taires de leur désespoir, avoient signalé cette
terrible révolution : elle finit au moment
même de l'arrivée du vainqueur dans la capitale. Cet étranger, si violemment armé
d'un pouvoir révolutionnaire, le déposa
tout-à-coup pour n'exercer qu'un pouvoir
légal; il se naturalisa avec tout ce qu'il
trouva établi: les lois, les rites, les usages,
tout fut conservé. Il laissa même en place
presque tous ceux qui y étoient, convaincu
que le meilleur moyen de consolider la révolution étoit de ne point faire de changemens qui en auroient retracé le souvenir.

La même chose se vit six cents ans après,
lorsque les Tartares orientaux, qui avoient
été vaincus par *Gengis*, sortirent de leur
retraite pour conquérir la Chine et y fonder
la vingt - deuxième dynastie aujourd'hui
régnante. Les violences qu'ils exerçoient;

cessèrent au moment de leur établissement ;
et malgré la longue résistance de·quelques
provinces, *Tsoug-té* étant mort en arrivant
à Pékin , son fils, âgé seulement de six
ans , y fut reçu et couronné comme s'il
eût succédé à une filiation légale de souverains ; réception qui pouvoit paroître d'autant plus étonnante, qu'un grand nombre
de sujets avoient défendu, avec le plus généreux dévouement , un souverain peu
digne de tant de preuves d'attachement.
Ce dévouement, en arrachant quelquefois
des larmes aux plus cruels Tartares, avoit
inspiré à *Tsoug-té* estime et intérêt pour
une nation si fidèle. Admirateur de ses institutions, consacrées par une si longue et
une si heureuse expérience, il témoigna,
comme *Chi-tsu* , une grande vénération pour
la mémoire de Confucius : il rappela sa doctrine ; il condamna celle de la secte de *Tao*,
dont il fit même brûler les livres ; et par
suite de cet attachement pour l'ancienne
doctrine de l'empire, de cet éloignement
pour toutes les nouveautés qui pouvoient
l'attaquer, il proscrivit le christianisme, qui

avoit fait en Chine d'assez grands progrès,
et fit raser les églises. Ce fut le seul changement que fit *Tsoug-té*, et il le fit par opposition même à toute espèce de changemens :
du reste, il prit le sceptre des *Mings*, et
devint Chinois.

Ainsi, lorsque les Tartares venoient en
conquérans fonder dans la Chine de nouvelles dynasties, ils n'y faisoient que ce que
firent avant ou après eux les ministres, les
généraux, les aventuriers chinois, qui eux-
mêmes en fondoient d'autres : le titre de
conquérant se perdoit au moment de l'ins-
tallation, et rien ne changeoit, si ce n'est
la race régnante.

Cette observation, constatée par l'histoire de la Chine depuis trois ou quatre
mille ans, suppose, par une telle identité
de faits, un principe toujours subsistant,
toujours indépendant des événemens, et
dont l'action indélébile, résistant également
et à la barbarie passagère d'un vainqueur
étranger, et au retour trop fréquent des
crimes nationaux, faisoit toujours contribuer au bien général les moyens qui sem-

bloient le moins propres à l'opérer. Ce principe tient bien certainement à l'opinion innée dans la Chine, que le gouvernement, en quelques mains qu'il soit, a plus de tendance au bien qu'au mal; que lorsqu'il fait le bien, c'est son régime habituel, c'est son état de santé; que lorsqu'il fait le mal, c'est une maladie dont il est atteint; que d'après cela, toutes les fois qu'on veut l'attaquer, ou même l'entraver, on s'expose beaucoup plus à des chances dangereuses qu'à des chances favorables; que par conséquent, le meilleur moyen de diminuer le danger des premières, est, puisque les vices de l'humanité doivent amener des révolutions, de ne faire porter les changemens que sur les personnes, en conservant les institutions. Que l'on juge, en effet, de l'état dans lequel seroit tombée la Chine, si, condamnée à voir vingt fois révolutionner ses dynasties, elle avoit à chaque fois révolutionné son gouvernement. Jamais une telle idée ne paroît être entrée dans la tête de ceux mêmes qui faisoient les révolutions les plus sanglantes: ils aspiroient, ils parvenoient au trône, sans doute par des moyens coupables ; mais une fois parvenus, ils s'arrêtoient devant les lois, comme s'ils n'eussent pu commander le respect pour eux qu'en montrant celui qu'ils avoient pour elles. Aucune tentative contraire n'a jamais été faite. Les lois qu'ils donnoient à leur avénement, n'avoient pour but que de rappeler à l'exécution des anciennes, souvent trop négligées pendant les troubles qui occasionnoient la chute d'une dynastie ; et dans toutes, on retrouvoit toujours ce caractère du pouvoir paternel, indice certain de la véritable origine du pouvoir royal (1). Ce caractère se voit à la Chine plus évidemment que par-tout ailleurs, tant à cause de l'antiquité de cet empire, qui se reporte aux premiers siècles après le déluge, qu'à raison de son attachement immuable à des institutions qui datent de sa fondation même.

Car cet antique attachement des Chinois pour le pouvoir qui les régit, est bien cons-

_____

(1) *Voyez* liv. IV, chap. III, *du Pouvoir.*

tamment inhérent au pouvoir même, mais se trouve tout-à-coup reporté sur la famille qui en est revêtue. Quelque récente que soit son élévation, elle reçoit des témoignages de fidélité, tels que, dans notre Europe, quelques nations en ont donné à leurs anciennes races royales. Il semble que ce peuple soit persuadé qu'il ne doit son bonheur qu'à la stabilité de son gouvernement seul ; qu'il est avantageux pour lui de garantir et de défendre tout ce qui le maintient : il le regarde comme étant réellement une propriété nationale, qu'il conserve soigneusement dans toute son intégrité, même au milieu des mutations de ceux à qui il en donne, il en ôte, il en laisse prendre l'usufruit.

Cette stabilité, qu'on ne trouve chez aucune autre nation civilisée, ne peut s'expliquer que par celle des usages et des mœurs, qui sont en effet la meilleure sauvegarde des lois ; parce que, comme il n'y a point de lois qui puissent se soutenir contre les mœurs, l'accord des unes et des autres donne à la constitution sociale la plus

grande force qu'elle puisse avoir : or, la
Chine n'a jamais connu les révolutions
morales. Stable, paisible comme le climat,
l'esprit humain semble, dans ces contrées,
ne devoir jamais connoître, non-seulement
les secousses violentes qui bouleversent
tout-à-coup les préjugés, les idées, les principes, mais encore cette suite journalière,
annuelle, séculaire, de mutations insensibles
d'abord, et qui ne laissent apercevoir le
changement que lorsqu'il est entièrement
opéré. Ce n'est pas cependant que cet empire n'ait éprouvé les grandes maladies
auxquelles les États ne sont que trop sujets.
Nous venons de voir qu'il a été exposé aux
guerres civiles, aux invasions, aux conquêtes, aux démembremens ; mais toutes ces
crises, quelque terribles qu'elles soient,
qui perdroient infailliblement l'État si elles
lui faisoient oublier ses usages, ses lois, ses
mœurs, l'y ramènent au contraire, par des
moyens violens à la vérité, mais qui l'y
attachent encore davantage.

L'honneur en appartient aux sages législateurs, aux profonds moralistes qui, en

amalgamant en Chine les plus anciennes
lois et les plus anciennes mœurs, ont rendu
les unes inséparables des autres, et ont fait
de cet amalgame le préservatif le plus
puissant contre toute nouveauté dangereuse.
En prenant en masse toutes les révolutions
de ce vaste empire, en voyant comme, à
l'instant même qu'elles s'effectuoient, le
nouveau peuple, le nouveau souverain, se
conformoient aux institutions, s'identi-
fioient avec elles, se soumettoient aux
choses, même en triomphant des personnes,
on reconnoît que les premiers législateurs
de la Chine ont eu plus en vue les principes
que les individus, ou plutôt qu'avec des
principes immuables, on leur soumet par-
tout et en tout temps l'espèce humaine, et
qu'on procure à tout État la seule grandeur
durable dont un établissement humain soit
susceptible, en réglant les volontés de ceux
qui le composent, et subjuguant d'avance
les volontés de ceux qui le composeront.

Les principes ont, malgré toutes les révolutions, maintenu en Chine quatre choses
auxquelles cet empire doit certainement

sa longue durée : l'accord des mœurs publiques et des mœurs privées ; les premières
idées de la religion primitive, au milieu
même de l'idolâtrie qui s'y est introduite ;
le respect pour la mémoire de Confucius ;
et l'action prompte, forte, universelle,
du gouvernement. Ces quatre choses mé-
ritent d'être attentivement examinées, et
toutes ensemble sont inattaquables, puisque
vingt-deux violentes secousses n'ont pu les
ébranler.

L'accord des mœurs publiques et privées
tient à des habitudes et à une autorité
d'origine patriarcale : on reconnoît un
peuple qui a conservé les usages d'une
famille, qui en a même encore les lois. Le
nom de *Thien* qu'ils donnent au souverain
maître de toutes choses, ils le donnent aussi
à l'empereur de la Chine, au vice-roi d'une
province, au chef d'une famille ; et l'on retrouve dans cet usage la filiation du pouvoir.
Un des législateurs de la première dynastie
avoit mis au nombre des lois fondamentales
les sages préceptes qui déterminent les devoirs du monarque et des sujets, du mari et

de la femme, du père et des enfans, du frère aîné et de ses frères cadets, enfin des amis entre eux. C'est bien là un père qui règle l'ordre et les intérêts de sa famille : c'est bien en même temps tout ce qui constitue l'ordre social. Toutes les lois des princes dont la mémoire est en vénération, ont pour objet de maintenir les anciennes mœurs dans les mariages, dans les funérailles, dans les maisons, dans les repas, dans tous les rangs, en cherchant sur-tout à retenir chacun dans la condition de ses pères. Le père de famille veut être instruit des besoins de ses enfans, des vices de l'administration de sa maison, des fautes qui s'y commettent. L'empereur, père de la grande famille, veut être instruit des besoins de son peuple, de la conduite des mandarins, de leurs défauts privés, des erreurs de l'administration publique : il veut qu'on l'avertisse des fautes même qu'il a pu commettre, qu'on lui présente les hommes les plus capables de le seconder dans l'art du gouvernement; et que parmi ceux-là, on choisisse sur-tout ceux qui se sont rendus les plus recommandables par leur piété filiale : tant est .grand le prix attaché à cette vertu naturelle, d'où l'on fait dériver les sentimens les plus utiles à la société! enchaînement heureux, en effet, de toutes les vertus, de tous les sentimens, de toutes les affections, dont le premier anneau étant placé dans des mains paternelles, reçoit de la nature même la première impulsion, qui ne peut en donner d'autres sans leur communiquer en même temps quelque empreinte de son origine.

La plus ancienne religion des Chinois, celle à laquelle l'État même tient aujourd'hui, malgré l'idolâtrie, malgré les superstitions que les Bonzes ont soin d'entretenir, a bien le caractère primitif de la religion patriarcale : elle ne donne que des idées nobles et justes de l'Être suprême; elle l'honore comme le maître de l'univers, comme le père du peuple, comme récompensant la vertu, comme punissant le vice. C'est à lui qu'elle attribue toutes les bonnes pensées; elle en fait la source de l'ordre et de la perfection : les préceptes qu'elle donne sont conformes aux principes des lois naturelles. La même origine ne paroît pas moins dans le culte public. C'étoit autrefois le patriarche qui, en qualité de chef de famille, offroit pour elle et pour lui des sacrifices à Dieu. Pendant long-temps le sacerdoce fut réuni à la dignité royale dans la personne de l'empereur. *Sacrifier au premier Être de l'univers, étoit, dans l'idée des anciens Chinois, une chose si relevée, qu'il ne falloit pas moins que la première personne de l'empire pour s'en acquitter* (1); et cette réunion des deux pouvoirs, religieux et politique, qui, d'ailleurs, convenoit parfaitement à un gouvernement despotique, y rappeloit toujours l'origine paternelle de l'autorité.

L'introduction de l'idolâtrie et des sectes qui se trouvent aujourd'hui en Chine, n'a point changé la doctrine comprise dans les livres canoniques, parce que Confucius avoit fait passer cette doctrine dans ses ouvrages, et que les écrits de cet homme immortel sont encore dans la plus grande

_____

(1) *Histoire universelle.*

vénération. *Y faire la moindre altération seroit un crime qui coûteroit la vie : leur autorité décide toutes les questions* (1). Parmi ceux mêmes qui n'observent pas son excellente morale, il n'y en a point qui n'en admirent la grandeur et la pureté, qui ne rendent *à sa mémoire un culte religieux,* et qui ne le regardent comme une divinité tutélaire dont l'heureuse influence protége encore les destinées de la Chine. Si cette influence n'empêche pas qu'on ne s'écarte trop souvent de la morale sublime contenue dans les quatre premiers livres, *les deux autres, qui traitent des devoirs des enfans envers leurs parens, sont généralement suivis dans tout l'empire. Il n'y a pas de pays au monde où les pères et mères soient plus respectés pendant leur vie et après leur mort* (2). Or, cette substitution indéfinie du respect filial, est ce qui conserve le mieux les leçons, les modèles, la pratique de tout ce que les hommes doivent apprendre et faire dans l'ordre

---

(1) *Histoire universelle.*
(2) *Ibid.*

social, parce que le respect qu'on porte à la paternité et à la vieillesse, ramène et perpétue sans interruption la tradition orale, qui est une seconde religion pour un peuple simple, isolé et tranquille.

Cette tranquillité, qui est le fruit des antiques habitudes, des mêmes pratiques journalières, et qui distingue si particulièrement le peuple chinois, est en même temps ce qui garantit son existence politique au milieu des révolutions, parce que c'est elle qui, même après les plus grands troubles, assure au gouvernement une action prompte, forte, universelle, exercée par les personnes sans leur être inhérente, ne changeant point avec elles, et reprenant, après une interruption momentanée, la même marche sur les mêmes choses, avec les mêmes moyens. C'est ce qui fait qu'en Chine les révolutions sont comme les orages : la tempête passée, on voit quelques individus de moins; on en voit d'autres occuper des places dont ils sembloient éloignés; mais du reste, aucun changement sensible; et celui même qui tombe sur des individus est parfaitement conforme à la nature du gouvernement, car ce gouvernement, despotique et arbitraire, n'exerce son despotisme que sur eux : il ne touche point aux institutions ; en toute occasion il donne même à celles-ci des marques de respect, indépendantes des injustices qu'il peut se permettre contre quelques particuliers. Les révolutions sont de même vis-à-vis de lui ; elles ont toujours respecté sa nature et ses formes, même en le faisant passer violemment d'une main dans une autre.

Ces quatre observations, que l'on peut, dans l'histoire de la Chine, vérifier sur une longue suite de faits, donnent à ses révolutions un caractère qu'on ne trouve point ailleurs, quoiqu'en général les révolutions de l'Asie portent principalement sur les personnes, comme je le dirai au Livre v. Pendant que les divers États de l'Europe semblent successivement condamnés à toutes les vicissitudes humaines, il est curieux de voir un peuple, riche de la fertilité de son sol, de la beauté de son climat, de l'immensité de sa population, suivre ses plus anciennes lois, concentrer les révolutions sur quelques individus, et, se suffisant à lui-même pour ses besoins, pour son bonheur, pour ses desirs, ne permettre jamais ces émigrations, ces conquêtes, ces bouleversemens dont les Tartares lui donnoient des exemples.

CHAPITRE II.

RÉVOLUTIONS DE L'INDE.

J'AI remarqué, dans l'*Esprit de l'Histoire*, que les révolutions de l'Inde, comme celles de la Chine, et en général comme toutes les révolutions asiatiques, ne se passent communément qu'entre les gouvernans : les gouvernés y sont pour peu de chose ; le gouvernement n'y est pour rien. Le peu de relations exactes que nous avons des événemens politiques de cette partie du globe, ne portent que sur les conquêtes qui y ont été faites, dont les deux seules bien intéressantes à connoître sont celles de Gengis et de Tamerlan. Celles d'Aureng-zeb, dont je vais parler plus bas, n'ont d'in-

térêt que parce qu'elles ont été les derniers
efforts de cet empire mogol, qui a donné à
l'Asie de si terribles secousses. Du reste,
dans tout ce que l'histoire nous apprend
sur ces nations si anciennes, si nombreuses,
si immuables, il se présente raremen*
quelque observation qui puisse servir à
l'étude des révolutions, qui puisse en développer la théorie.

Il est très-probable que la religion a;
pendant long-temps, été dans l'Inde aussi
simple qu'à la Chine. Le Védam, dans ses
quatre divisions, a des ressemblances frappantes avec les cinq livres canoniques des
Chinois; on y trouve les mêmes idées, non-
seulement pour la morale, qui est la même
par-tout, dès qu'on veut la chercher dans
le cœur de l'homme, mais encore sur un
Être suprême, unique, tout-puissant, éternel, voyant tout, punissant le crime, récompensant la vertu. Une partie des superstitions, et même de l'idolâtrie, qui règnent
aujourd'hui dans l'Inde, atteste encore ces
premières idées, quelque altérées qu'elles
soient par le fanatisme ou l'hypocrisie des

Bonzes, et par la crédulité d'un peuple naturellement méditatif. L'introduction de tous ces dogmes, de ces pratiques, que peut-être n'eût-on jamais pu faire adopter à un autre peuple, s'est faite successivement chez les Indiens, parce que cette succession lente et sans violence convenoit parfaitement à l'indolence de leur caractère. Le mahométisme, qui s'étoit introduit chez eux avec des moyens violens, n'a jamais pu être la religion de la pluralité, quoique son fatalisme fût bien analogue à la tranquille apathie qu'il dispense de s'occuper de l'avenir.

Il est très-remarquable qu'aucun de ces changemens n'a jamais été dans l'Inde le prétexte de troubles politiques, tandis que, dans la Perse, les deux sectes mahométanes ont été long-temps et sont encore acharnées l'une contre l'autre, et ont attiré sur l'État les plus affreuses calamités : mais les révolutions auxquelles ont été exposées ces contrées orientales, avoient souvent des causes que nous retrouvons dans celles de l'Europe. La trop grande étendue de l'em-

pire mogol donna lieu aux mêmes inconvéniens que l'immense empire de Charlemagne. Les gouverneurs des provinces, placés à de grandes distances du souverain, et
nécessairement investis d'un grand pouvoir,
saisirent toutes les occasions de se rendre
indépendans : de là toutes les souverainetés
qu'on voyoit dans la presqu'île. La formation de ces souverainetés avoit , au détriment de ceux qui s'en emparoient, donné
aux grands de l'État une puissance semblable à celle de notre ancienne féodalité.
Dans les royaumes de Visapour et de Golconde, l'autorité royale étoit fréquemment
aux prises avec l'insubordination des grands
propriétaires. On les voit aussi bâtir des
châteaux forts, refuser de marcher sous les
ordres du roi, lui faire la guerre ou se la
faire entre eux. Pour s'opposer à cette puissance, les rois confioient souvent la leur
ou à des esclaves noirs, ou à des eunuques
qu'ils élevoient aux plus grandes places ;
mais l'élévation, les abus de pouvoir, les
rivalités, les intrigues de ces hommes nouveaux, pris hors de l'État ou hors de l'huma-

nité, produisoient un mal aussi grand que celui qu'on vouloit prévenir ; et le souverain , éprouvant souvent une foiblesse réelle au milieu d'une toute-puissance apparente , avoit à se défendre contre ses généraux , ses omeras , contre tous les ministres de son autorité, autant que contre ceux qui en étoient les ennemis ou les rivaux.

Ces monarques ont en outre, les uns vis-à-vis des autres, les jalousies dont nous venons de voir en Europe de si tristes effets, et dont ils ont en tout temps été victimes. L'Inde étoit désunie quand Alexandre y pénétra; il la parcourut en voyageur plutôt qu'en conquérant. Quand Taxile et d'autres rois lui offroient leurs secours contre Porus, c'étoit dans l'espoir de s'agrandir aux dépens d'un prince dont ils n'osoient seconder le courage. La même chose se vit entre les rois de Bisnagar , de Golconde, de Visapour, lorsque Aureng-zeb les attaqua les uns après les autres , ayant toujours pour auxiliaire celui qu'il devoit détruire quelques années après ; la même chose se voit encore

depuis qu'un petit nombre d'Européens attaquent et subjuguent constamment des contrées situées à cinq ou six mille lieues d'eux,
et défendues par une immense population.
En vain les puissances européennes se sont-
elles disputées à qui établiroit dans l'Inde la
puissance la plus vaste et la plus absolue ;
ses malheureux habitans n'ont pas encore
imaginé de se réunir pour se défendre, et
pour jouir en paix des biens et des droits
de la nature ; comme si, en leur prodiguant toujours ses plus grands bienfaits,
elle les eût éternellement condamnés à ne
les recueillir que pour en enrichir leurs
ennemis ! car ces contrées, si fréquemment,
si cruellement dévastées, fournissent toujours des hommes et de l'or aux massacres
et aux pillages : toutes ses productions s'y
multiplient au milieu des révolutions qui les
détruisent, et l'inépuisable fécondité de la
nature répare journellement les ravages de
la perversité humaine.

Antérieurement aux grandes révolutions
que produisirent, dans l'Indostan, Gengis-
khan, Tamerlan et Aureng-zeb, il en avoit

éprouvé d'autres : Alexandre n'y trouva aucune trace de la monarchie de Sésostris ; celle des Arabes ne s'y est pas maintenue. Tamerlan en chassa une dynastie turque : celle-ci l'avoit conquis sur les Ghaures ; les Ghaures, sur les Gaznévides, dont la dynastie y avoit, à différentes fois, attaqué et remplacé d'autres Arabes, qui eux-mêmes en avoient fait la conquête dans le VIII.e siècle. Mais dans ces sanglantes annales, il n'y a à observer que la férocité du vainqueur et les calamités du vaincu. Le malheur de ces peuples, tant de fois assujettis à différens maîtres, a toujours été de présenter à l'ambition et à la cupidité les richesses accumulées des autres parties du globe, et les ressources d'un beau ciel et d'un excellent sol ; tandis que la mollesse habituelle des nationaux offroit aux ennemis une conquête facile.

Le règne de Gengis est un prodige perpétuel ; ce Tartare étoit réellement un de ces hommes qui semblent hors de toute proportion avec le reste des humains, et qui, pour respirer librement, ont besoin d'abattre ou de créer des empires : ils seroient trop à l'étroit dans ce qui existoit avant eux. C'est bien à un tel homme que Rousseau auroit pu faire dire, *j'étouffois dans l'Univers*. En moins de vingt ans, Gengis, soit par lui-même, soit par ses enfans, conquit le Cattay, la Chine, la Corée, l'Inde, la Perse, la Syrie, la Tartarie, jusqu'à la mer Glaciale. Il n'a encore été donné à aucun mortel d'acquérir et d'exercer une aussi vaste domination, encore moins de la transmettre à sa postérité. Plus heureux et plus habile qu'Alexandre, Gengis transmit à ses enfans cette prodigieuse quantité de couronnes ; et ceux-ci, assez sages pour vivre entre eux dans une grande union, conservèrent la totalité de ses conquêtes.

Mais ce guerrier invincible étoit de plus un homme d'État : il combinoit l'exécution de ses plans avec des précautions qui en assuroient le succès ; il régissoit ses conquêtes avec un ordre qui en garantissoit la durée ; il faisoit, dans une grande partie de l'Asie, et à une extrémité de l'Europe, ce que Charlemagne avoit fait à l'autre extrémité.

Comme lui il partageoit ses États entre ses
enfans, qui lui restoient soumis, mais qui
avoient sous leurs ordres des grands seigneurs,
tant mogols que tartares; comme lui, il
obligeoit les principaux membres de l'État
à venir aux assemblées qu'il tenoit, et dans
lesquelles, en déployant toujours l'étendue
de sa puissance, il faisoit publier des lois,
examinées et rédigées auparavant dans son
conseil. Voilà bien la preuve de ce que j'ai
dit, dans l'*Esprit de l'Histoire* (1), de l'identité originelle du gouvernement chez tous
les peuples sortis de la Tartarie; voilà bien
les idées premières d'un peuple nomade,
qui les transporte avec lui dans les pays où
il s'établit; et si elles ne se sont pas conservées
en Orient comme au couchant et au nord,
il ne faut l'imputer qu'à cette force de
mœurs et d'habitudes qui semble avoir été
donnée aux Asiatiques, en compensation
de leur foiblesse, et qui met une si grande
différence entre leurs révolutions et celles
des autres parties du globe.

---

(1) Lettres XXXI et XLV. Tamerlan, sorti aussi de la
Tartarie, en fit autant dans ses conquêtes.

Tamerlan sortoit aussi de la Tartarie lorsqu'il commença ses conquêtes. Dès l'âge de six ans, son humeur dominante s'étoit manifestée ; il tyrannisoit les enfans avec lesquels il se trouvoit. Le pouvoir absolu sur son semblable fut un des jeux de son enfance; il l'exerça depuis sur la Hongrie et la Moscovie, et jusqu'au fond de l'Indostan. Beaucoup de villes, les plus grandes, les plus belles capitales, remplies de cendres et de cadavres, attestèrent le passage de cet effroyable fléau.

Ces deux célèbres conquérans, qui parurent environ à deux siècles l'un de l'autre, avoient porté leurs armes triomphantes jusque dans la Russie; et s'ils eussent tenté la conquête de tout ce qui se trouvoit alors devant eux, ils auroient renouvelé les invasions des Normands, peut-être même avec plus de succès, parce que l'état de l'Europe étoit alors peu favorable pour une défense générale : mais tous deux étoient destinés à prendre une autre route. Gengis devoit faire entièrement disparoître les derniers restes de cet empire des califes, longtemps si puissant et si glorieux, mais qui déjà avoit été obligé de céder aux armes des Ottomans , pendant que les Ottomans se soumettoient à sa croyance. Ces Ottomans eux - mêmes , qui, chaque jour , démembroient l'empire romain et s'approchoient de Constantinople , qui subjuguoient l'Afrique, qui effrayoient l'Europe , devoient être arrêtés par Tamerlan , et leur fier Bajazet devoit se voir son esclave. Il est certain que par-là, Tamerlan retarda d'un demi-siècle la chute de l'empire grec ; et toute la sagesse et la prévoyance humaines se confondent, en voyant partir de Samarcande l'homme qui , de destruction en destruction, à travers les ruines de tant de villes, va venir, sans le savoir, pour sauver Constantinople.

Il n'y avoit pas un demi-siècle que le destructeur de tous ces empires avoit fermé les yeux ; et déjà un de ses jeunes descendans, qui régnoit à Samarcande et dans la grande Bukharie, Abou-saïd, est chassé de ses États par une de ces révolutions si fréquentes dans ces contrées. Mais celle-ci est intéressante par le changement qu'elle fit en lui : trop de grandeurs l'avoient amolli; le malheur lui rendit l'énergie. Remonté sur le trône dont son frère l'avoit fait descendre, il réunit la plupart des conquêtes de Tamerlan, qui bientôt furent perdues encore une fois. Il avoit laissé onze fils : plusieurs d'entre eux moururent misérablement, et tous, par leurs dissensions, contribuèrent, plus ou moins, tant à leur perte qu'à celle de leurs États.

Babour, son petit-fils, n'occupa qu'un moment le trône de la grande Bukharie. Les Tartares, tant de fois vainqueurs, avoient dégénéré avec une rapidité aussi étonnante que leurs succès : ce fut le sort de toutes les hordes qui se répandirent en Asie ; celles qui arrivoient un siècle après elles, les domptoient avec la même facilité qu'elles-mêmes avoient dompté les naturels du pays. Babour fut chassé par les Tartares-Usbeks, et la race de Timur ne régna plus en Bukharie; mais il passa dans l'Indostan, où ses conquêtes furent plus durables. C'est là qu'il fit ce que d'anciens Tartares, devenus Germains ou Francs, avoient fait dans les

Gaules plusieurs siècles auparavant. Il partagea une partie des terres conquises entre les conquérans ; mais il n'en fit point une propriété héréditaire ; ce n'étoit qu'un simple usufruit, dont la propriété revenoit au domaine à chaque mutation, et que le domaine transféroit toujours, avec la condition d'entretenir une force armée proportionnée à la quantité de terres concédée. Cet usage étoit bon ; la difficulté étoit de le maintenir : mais quoique cette difficulté dût être moins grande sous un gouvernement despotique, on éprouva bientôt que le pouvoir arbitraire, si violent quand il veut créer, et plus encore quand il veut détruire, est souvent foible pour conserver ; et l'abus amena l'hérédité : celle-ci sembloit appeler l'usurpation, et l'une et l'autre produisirent des révolutions.

Babour, suivant la coutume de ses prédécesseurs, tenoit toujours une armée nombreuse auprès du palais impérial. Cet imposant appareil de la puissance souveraine servit souvent à la renverser, rarement à la défendre : une telle force est bien plus grande et mieux employée, quand elle est répandue sur toutes les parties de l'État. Concentrée sur un point, elle ne protége ni ne contient les autres, et menace celui-là. Cette arme inutile dans la main d'un monarque foible, est terrible contre lui quand un rival ou un ministre audacieux parvient à s'en emparer; c'est avec elle qu'on a toujours fait en Asie toutes les révolutions; c'est ce qui les rend si fréquentes et si soudaines; c'est ce qui a fait plusieurs fois le malheur de Dehly.

Le fils de Babour même ne tarda pas à l'éprouver. Schir-khan, se disant issu des anciens rois Patannes, et premier ministre de Homayoun, se servit de cette armée pour le détrôner et se faire proclamer à sa place. Qu'on le regarde comme un usurpateur, ou comme ayant repris possession du trône de ses pères, toujours est-il vrai que Schir-khan avoit de grands talens qui pouvoient changer la face de l'Indostan. Il vouloit introduire des usages utiles, et y faire de magnifiques établissemens. Il sentoit la nécessité de donner à sa patrie l'existence dont elle étoit susceptible, en l'obligeant de prendre part aux connoissances et aux découvertes des autres nations. La mort le surprit dans ces occupations, que son fils n'eut pas le temps de reprendre, parce qu'il fut lui-même détrôné par un de ses oncles.

Cet événement donna à Homayoun, qui s'étoit réfugié en Perse, l'espoir de remonter sur le trône : il repassa dans l'Inde, rentra dans Dehly aussi promptement qu'il en avoit été chassé, et laissa son fils Akbar maître d'un empire florissant ; mais sous Jehan-Ghir, fils d'Akbar, commence un enchaînement de révolutions, dans lesquelles on voit toujours la race régnante armée contre elle-même. Ce prince ne put même prendre possession de la couronne, qu'en combattant contre son fils Khosrou, qu'en le faisant prisonnier, qu'en étouffant des conjurations toujours renaissantes.

Khosrou, qu'avoit épargné la juste colère d'un père outragé, périt en prison, par la main de Schah-Jehan son frère. Celui-ci, sous le nom de Coroum, entreprit de détrôner son père. La vengeance céleste se servit de ses enfans mêmes pour le punir. En les voyanttous armés ou contre lui, ou les uns contre les autres, on croit lire le règne de Louis le Débonnaire : on voit ce vice politique des grands gouvernemens trop éloignés, produire, au Mogol comme en France, plus de maux, à mesure que les gouvernemens sont plus puissans, et devenir funeste à l'empire entre les mains des fils mêmes de l'empereur. Comparant ainsi l'homme des contrées orientales avec celui de l'occident, on peut se convaincre que, sous les différentes latitudes, il a toujours à-peu-près le même degré de perversité, dont ensuite le développement, les effets et la durée sont assujettis à l'influence du climat et des mœurs.

Aureng-zeb, un des fils de Schah-Jehan, finit par triompher de tout ce qui l'entouroit. Il assura sa toute-puissance; mais ce fut à force de crimes. Le sang d'un de ses fils, celui de ses frères, coulèrent sous ses coups, ou par ses ordres ; il tint son père prisonnier jusqu'à sa mort. Les annales du Mogol sont remplies de ses conquêtes. Contemporain de Louis XIV et de Pierre I.er, il rivalisoit de victoires avec l'un, et vouloit, comme l'autre, faire une grande révolution parmi les peuples de l'Inde. Il vouloit chasser tous les Européens; mais en même temps, il vouloit s'approprier leur tactique, et créer une marine comme la leur. L'activité de son génie échoua devant l'indolence d'un peuple, qui ne connoît pas de plus grand supplice que de faire aujourd'hui ce qu'il ne faisoit pas hier. Si quelqu'un avoit jamais été capable d'arracher ce peuple à son apathie, c'étoit, malgré la férocité de son ame, cet Aureng-zeb, dont l'énergie augmentoit avec l'âge ; qui, à quatre-vingts ans, après avoir soumis Golconde et le Visapour, méditoit la conquête du reste de l'Inde, pour n'avoir d'autres frontières que la Chine, et qui mourut à cent et un ans, en laissant une nombreuse postérité.

Mais cette postérité se déchire et se détruit elle-même au milieu des révolutions : on est fatigué du spectacle continuel des crimes qu'on a sous les yeux. Le malheureux Mohammed échappe à la destruction

de sa famille, et c'est pour voir ce bel empire crouler sous lui, pour être le jouet de
ses ministres, dont les intrigues ou l'ambition élèvent ou renversent ses successeurs.
C'est un de ces ministres, le perfide Nizam,
qui abuse de la foiblesse du souverain pour
achever la ruine de l'État, en rappelant
d'abord les Mahrattes, puis en introduisant
le fameux Thamas-kouli-khan dans les plus
belles provinces, en confirmant tous les
nababs dans les droits qu'ils avoient usurpés,
usurpation qui, par le fait, annulla dans la
presqu'île la puissance mogole. Ce Nizam
mourut aussi à plus de cent ans; et il est pénible de voir que les affreuses calamités de
l'Indostan sont dues au règne ou au ministère
de deux centenaires, dont la longue vie et les
grands talens pouvoient affermir à jamais
et la puissance des monarques et la félicité
des sujets.

CHAPITRE III.

RÉVOLUTIONS DE PERSE.

La Perse est de toutes les puissances
asiatiques celle qui a joué le plus grand rôle

dans l'histoire ancienne comme dans l'histoire moderne; elle a essuyé toutes les révolutions auxquelles un grand empire peut être exposé, sans qu'aucune d'elles ait jamais changé son gouvernement : du reste, révolutionnée à différentes époques, dans ses mœurs, dans sa force territoriale, dans l'espèce même de ses habitans, dans sa religion, et, deux fois avant le milieu du dernier siècle, dans la personne de ses souverains ou de ceux qui s'arrogeoient ce titre, elle présente, dans toutes ces phases, le tableau des crimes et des malheurs que les grandes révolutions ne manquent jamais de répandre sur une société politique. Nous allons parcourir quelques-unes de ces révolutions, en cherchant parmi elles les traits les plus caractéristiques, et par conséquent les plus analogues au sujet que nous traitons.

Quand Cyrus monta sur le trône de la Perse, cette monarchie, peu étendue alors, étoit renommée pour la simplicité, la pureté, l'austérité de ses mœurs ; pour ses principes religieux, pour la force et la sagesse des habitudes qu'une éducation uniforme don-

noit à la jeunesse. Cyrus, élevé d'après
d'aussi sages maximes, trouva en elles les
règles de la conduite qui, pendant tout son
règne, fit admirer et chérir son gouvernement; mais il n'avoit pu résister à la tentation des conquêtes brillantes, auxquelles
il sembloit appelé par la mollesse des Baby-
loniens, des Mèdes, des Lydiens, et de tous
les peuples chez qui il porta la terreur de
ses armes. Tous ces peuples, en se soumettant à son empire, ne tardèrent pas à exercer le leur, c'est-à-dire celui de leurs mœurs
et de leur luxe, sur la nation victorieuse; si
elle conserva encore quelque temps l'empreinte des anciennes vertus qui l'avoient
rendue si redoutable, elle le dut aux qualités personnelles de Cyrus, à la vigueur de
son administration toujours juste et prévoyante. Lorsque autour de lui tout tendoit
à un changement, il contint tout, parce
que rien ne changea en lui; il fut, après tant
de conquêtes, ce qu'il étoit auparavant:
gloire réelle, qui fut vraiment la sienne, et
à laquelle il me semble qu'aucun autre conquérant ne peut prétendre.

Mais les révolutions que ces conquêtes avoient faites dans de vastes et riches contrées, rendoient inévitables celles auxquelles, par cela même, la Perse s'étoit condamnée : elles commencèrent à se développer sous Cambyse, fils de Cyrus, le seul de cette famille si puissante qui ait occupé le trône. A la mort de Cambyse, le sceptre échappa pour jamais des mains des descendans du vainqueur de l'Asie. Ce que l'on appeloit encore les Perses, n'étoit plus alors qu'un mélange de plusieurs peuples : dans cette confusion, les vices inhérens à l'humanité se communiquent bien plus rapidement que les vertus; et cette communication est toujours en raison de la grandeur des conquêtes.

Cambyse vit l'Égypte et d'autres provinces révoltées contre lui : il vit ou crut voir des ennemis dans sa famille ; il fit périr sa sœur et son frère Smerdis, et donna ainsi un exemple trop imité par ses successeurs. Ces successeurs non-seulement ne furent pas pris dans la race royale, mais plusieurs d'entre eux ne durent leur couronne qu'à l'élection. Cette révolution, qui eut lieu à l'avénement du premier Darius, troubla fréquemment la Perse, et plus fréquemment encore ensanglanta le trône. Xercès II, petit-fils de celui qui avoit porté la guerre en Grèce, fut, au bout de quarante-cinq jours, égorgé par son frère Sogdien ; celui-ci le fut, six mois après, par son frère Ochus. Ochus lui-même, instruit que son frère Orsite lui prépare le même sort, le prévient en l'immolant à ses craintes. Ses deux fils, Artaxercès II et le jeune Cyrus, se disputent ce trop vaste empire : Cyrus, vaincu et tué, laisse le trône à Artaxercès, qui meurt entouré de révoltes. Son fils, Ochus II, est poignardé par l'eunuque Bagoas. Ce misérable fait élire Arsès, un des enfans de sa victime : il le dépose, en fait élire un autre, le malheureux Darius Codoman, et périt lui-même sur les marches de ce trône dont il croyoit disposer toujours à son gré.

C'est à travers toutes ces révolutions qu'en moins de deux siècles s'éteint, sous le douzième successeur de Cyrus, cet im-

mense empire, qui, sous lui, paroissoit inattaquable ; qui, avec des armées d'un million
d'hommes, ne put, au dehors, asservir
quelques républiques grecques ; et qui, sur
son territoire, s'anéantit devant une foible
armée de Macédoniens.

La révolution qu'y fit Alexandre fut plus
funeste à la maison royale qu'à la nation ;
peut-être même, s'il eût vécu plus long-
temps, s'il eût laissé des enfans en âge de lui
succéder, la Perse auroit-elle retrouvé, sous
une conquête bienfaisante, la tranquillité
dont elle ne jouissoit plus depuis tant
d'années : mais le partage de l'empire
d'Alexandre ne pouvoit se faire sans de
grands déchiremens. Ils furent moins sensibles que par-tout ailleurs dans la Perse et
la Syrie, réunies sous les Séleucides ; leur
empire avoit fleuri pendant deux cent cinquante ans, lorsqu'il fut englouti par cet
empire romain, à qui rien alors ne pouvoit résister, mais à qui la Perse devoit
un jour faire expier ses conquêtes.

Des débris de l'ancienne Perse s'étoit
formé le royaume des Arsacides. Les

Parthes, en y portant leurs habitudes agrestes et militaires, avoient renouvelé une monarchie usée. Celle qu'ils établirent dura près de cinq siècles ; et lors même qu'ils furent remplacés par les Sassanides, l'esprit guerrier de la nation opéra un prodige que le monde romain n'avoit pas encore vu. Les provinces persanes, réunies à l'empire grec, furent restituées ; et malgré l'antique adage, qui disoit que chez les Romains le dieu Terme ne reculeroit jamais, la Perse reprit ses anciennes frontières.

C'étoit la puissance des califes qui devoit encore révolutionner cette grande monarchie. Tout se soumit à leurs armes, même à leur doctrine. Le petit nombre de Persans restés attachés au culte du soleil, forma un peuple à part, perdu au milieu d'une population qui, en embrassant le mahométisme, fut elle-même bientôt divisée en deux sectes ennemies. Cette division n'eut que trop souvent les tristes effets des haines religieuses, et par conséquent influa fréquemment sur les révolutions qui devoient encore ensanglanter la Perse. Lorsque les Turcs succédèrent aux Arabes, la révolution fut moins sensible, parce que le mahométisme, établi par les seconds, avoit déjà été embrassé par les premiers : par le même motif, l'irruption de Tamerlan n'eut que les mêmes résultats ; je ne puis guère donner un autre nom à la puissance que ce fameux conquérant crut établir en Perse, et qui, au bout d'un siècle, étoit déjà remplacée par celle des sophis.

La révolution qui donna à cette dynastie le sceptre de la Perse, est une des grandes époques de l'histoire. Elle fut révolution religieuse autant que révolution politique. Ismaël la fit, en suivant les erremens que son père lui avoit transmis : celui-ci l'avoit commencée par une prédication qui lui donna de nombreux prosélytes. Il vouloit, comme descendant d'Ali, établir une réforme dans le dogme et sur-tout dans les pratiques de l'islamisme ; mais ses sectateurs et lui périrent victimes des alarmes que leurs progrès inspirèrent à la race de Timur. Ismaël, miraculeusement échappé au même sort, fut encore excité par la vengeance à suivre un plan qui, d'ailleurs, s'accordoit autant avec son respect filial qu'avec ses propres idées. L'attachement des Persans alla, pour lui, jusqu'à l'enthousiasme : si ce sentiment étoit une exagération, il la justifia par sa conduite ; si c'étoit une conquête, il ne la dut qu'à sa piété, ses talens, ses vertus ; et avec de telles armes, il est beau de se faire proclamer souverain d'un empire où l'on règne déjà sur tous les cœurs.

Malheureusement ses vertus ne se transmirent pas à ses descendans avec son sang et sa couronne. Son fils renouvela le funeste exemple de faire périr ses frères, et donna celui de choisir son successeur. Les calamités auxquelles ce double usage devoit donner lieu, furent dès-lors, pour la Perse, une maladie périodique. Plusieurs rois furent alternativement assassins ou assassinés. Schah-Abbas, autrement dit Abbas le Grand, souilla ses grandes qualités par les cruautés les plus affreuses ; il fit périr son propre fils, et s'abandonna au désespoir après l'avoir perdu. Un roi foible, mais bon, se vit précipiter d'un trône sur lequel il avoit cru pouvoir rester sans verser des torrens de sang. Le malheureux Schah-Husseïn, par trop de ménagemens envers les Afghans révoltés, donna à Mir-veïs les moyens de se faire élire roi du Candahar, qui fut perdu pour la Perse; et les succès de l'audacieux Mir-veïs donnèrent à Mahmoud l'audace d'entreprendre encore plus.

Ce fut avec quinze mille Afghans que Mahmoud partit du Candahar pour renverser l'empire des sophis. Les moyens n'étoient nullement proportionnés à l'entreprise; mais l'entreprise étoit favorisée par les circonstances, et le caractère du débonnaire Husseïn aplanit toutes les difficultés. Ce prince avoit un conseil entièrement composé d'eunuques; il y étoit à la discrétion de ces êtres avilis, et ne régnoit que sous leur bon plaisir. Les princes feudataires, les gouverneurs des provinces, les grands du royaume, ne songeoient qu'à profiter de ce désordre pour se rendre indépendans. Plusieurs frontières étoient attaquées par les Kourdes et les Tartares-

Usbeks, d'autres étoient menacées par les Russes et les Turcs. Tous les symptômes de la foiblesse et de la décrépitude se réunissoient donc pour signaler la chute d'un empire qui paroissoit si puissant. Aussi la marche de Mahmoud, marche en apparence si téméraire, ne rencontra-t-elle aucun obstacle. Ispahan fut assiégé avant qu'on eût opposé à l'ennemi la moindre résistance; et cette ville immense ayant été bientôt réduite à la plus horrible famine, Husseïn, pour sauver la vie de ses sujets, abdiqua entre les mains de Mahmoud, lui donna sa couronne et sa fille, et se mit à sa discrétion.

Étonné lui-même de la prompte facilité de cette révolution, Mahmoud n'étonna pas moins sa nouvelle conquête par la justice et la fermeté qu'il montra dans le début de son gouvernement. Il fit faire une recherche exacte des Persans qui, pendant le siége, avoient eu correspondance avec les Afghans: ces traîtres, comptant sur une récompense, vinrent presque tous se présenter eux-mêmes; tous furent punis, les uns par la mort, les

autres par la confiscation et l'exil. Mais
Thamas-mirza, fils de Schah-Husseïn, étant
parvenu à se faire reconnoître dans plusieurs cantons comme le souverain légitime,
le féroce Mahmoud, irrité d'ailleurs par les
succès des ennemis du dehors, s'abandonna
sans mesure à sa cruauté naturelle; il fit
faire dans Ispahan un massacre presque
général : tous les seigneurs persans, tous
les princes (excepté deux) de la maison
régnante, au nombre de plus de cent, périrent dans cette effroyable boucherie.
Vainement avoit-il cru, en faisant de sa
capitale un désert ensanglanté, y être lui-
même plus en sûreté : la couronne et la
vie lui furent arrachées à vingt-sept ans,
dont il n'en passa pas trois sur le trône
qu'il avoit si aisément usurpé.

Et ici se présente naturellement un rapprochement qui me semble renfermer de
grandes leçons. Quand Mir-veïs méconnoît
l'autorité des sophis, et se fait proclamer
roi du Candahar, il croit fonder et laisser
à sa famille une grande puissance; quand
Mahmoud ajoute encore à cette puissance

toute celle des sophis, et se voit, à vingt-
cinq ans, maître de ce vaste empire, il se
croit destiné à porter long-temps une couronne qu'il ne doit qu'à son bonheur et à
son audace; quand Aschref, qui a commencé par être un de ses généraux, parvient
à être son assassin, et finit par être son
successeur, il est loin de penser qu'un aventurier apprend, au milieu d'une troupe de
brigands, à combattre, à détrôner, à im-
moler un usurpateur, pour le devenir lui-
même; enfin, quand cet aventurier, cet
usurpateur heureux, le fameux Thamas-
kouli-khan, poursuit et défait les Afghans,
relève le trône des sophis, rend à leur empire son ancien éclat et ses anciennes limites;
quand, ayant l'air de succéder à une dynastie éteinte, il est proclamé empereur de
Perse, signale son avénement par la conquête de Dehly, et ramène ses légions victorieuses, surchargées de tout l'or du
Mogol, il ne prévoit ni le sort qui lui est
réservé par les instrumens mêmes de ses
triomphes, ni celui qui attend son fils et
ses neveux, ni la longue et cruelle anar-

chie dans laquelle va s'abîmer pendant cinquante ans un empire qui a disposé de la souveraineté des Indes. Tout cela se voit dans les révolutions de Perse du XVIII.ᵉ siècle. Les événemens s'y pressent en foule : complots, trahisons, victoires, spoliations, assassinats, massacres, guerres étrangères, guerres civiles, démembremens, s'y trouvent accumulés, entraînent le lecteur de l'un à l'autre, sans qu'il puisse rencontrer un moment de repos, parce qu'il n'y a pas de repos pour une grande nation une fois lancée au milieu de ces horribles tempêtes ; parce que tous autres calculs que ceux du crime, de la démence, ou de la fureur, sont démontrés faux par des événemens toujours subits ou incompréhensibles ; parce que tous ces calculs même sont encore souvent incomplets ou inexacts dans une forte convulsion politique, qui se joue ou abuse également et de la force des uns, et de la foiblesse des autres, et de l'espoir de tous.

Nadir (Thamas-kouli-khan) avoit de grands talens, et eut de grandes occasions de les développer ; mais il commit de grands

crimes : il s'habitua à les regarder comme
des moyens de parvenir ; et en examinant
comment il éleva sa colossale puissance,
on peut se convaincre que ce fut par ses
crimes au moins autant que par ses talens ;
ceux-ci ne purent la défendre, lorsque ceux-
là ne furent plus suffisans pour la soutenir.
Il en avoit été de même d'Aschref, qui avoit
cru prolonger son séjour dans Ispahan par
la mort de Schah - Husseïn et des deux
princes échappés au massacre de la famille.
Nadir, inquiet des révoltes qui se manifes-
toient, avoit aussi cru les étouffer en faisant
périr Schah-Thamas, qu'il tenoit enfermé,
en faisant crever les yeux à son fils dont il
craignoit les talens militaires. Il avoit réuni
tous ceux sur qui se portoient ses soupçons,
et méditoit un massacre en masse, lorsqu'il
fut prévenu et tué par sa garde même :
à peine porta-t-il pendant onze ans cette
couronne acquise par tant de crimes, et
qu'un crime lui arracha.

Deux de ses neveux le remplacèrent successivement ; tous deux eurent le même sort
que lui. Des compétiteurs s'élevèrent de tout

côtés pour se disputer un trône qui, presque toujours, devenoit leur échafaud; et ce n'est qu'au commencement du siècle présent, que la plupart des provinces de Perse, soumises enfin à un seul souverain, ont retrouvé la tranquillité dont elles sembloient avoir perdu jusqu'au souvenir.

CHAPITRE IV.

RÉVOLUTIONS DE TURQUIE.

. Dans un État où le despotisme politique est enté sur le despotisme religieux, où le gouvernement est né de la conquête, où, pour mieux dire, il n'y a d'autre principe de gouvernement que, d'une part, l'usage absolu de la volonté, et, de l'autre, l'habitude passive de l'obéissance, peu importe par qui le pouvoir soit exercé; c'est la chose à laquelle on pense le moins; ce qui, en général, assure le succès de celui qui s'en empare, parce qu'il a l'avantage de prendre tout le monde au dépourvu : il est à-peu-près sûr de ne rencontrer aucun de ces obstacles qu'ailleurs il pourroit trouver, soit dans les lois qui les auroient prévus, soit dans les individus qui croiroient de leur intérêt de suppléer à l'imprévoyance des lois. Dans cet État, la monarchie sera bien plus sacrée que la personne du monarque ; elle restera immuable au milieu des mutations individuelles. Le janissaire le plus séditieux, le plus ambitieux conspirateur, n'aura jamais, en attaquant le souverain, l'intention de changer, de détruire, de s'attribuer la souveraineté. S'il s'insurge, ce n'est pas pour n'être plus sujet ; mais c'est pour l'être de tel homme plutôt que de tel autre : sur ce point même, il ne se croit pas permis de faire un choix absolu ; il reconnoît une famille souveraine, dont les membres sont condamnés à le gouverner, et parmi lesquels il a droit de choisir. Dans ces révolutions, qui, au fait, ne sont jamais que des mutations personnelles, s'il va à la source du pouvoir, ce n'est ni pour la tarir, ni pour la détourner ; c'est pour en mettre l'emploi en d'autres mains. Pour réussir, presque toujours il suffit d'entreprendre. Le lieu est nécessairement indiqué d'avance ; c'est celui où se trouve le souverain : la manière est de le tuer, de le mutiler, au moins de l'enfermer : le moyen est de frapper promptement, de n'employer que peu de forces, pour qu'elles soient plus promptement réunies, et parce que le coup une fois porté, la révolution est finie : la nouvelle se répand dans l'empire, n'y change jamais rien, et communément y fait peu de sensation.

On a déjà vu que ce fut pendant plus de huit siècles le sort de l'empire grec. Ce fut celui de l'empire ottoman, dès le temps où, n'étant pas encore établi à Constantinople, il sembloit prendre les principes de cet empire en prenant ses provinces. Cela tenoit à une idée première qui naquit chez les Romains avec l'empire d'Auguste, qui se perpétua sous les empereurs grecs, que les hordes tartares apportèrent avec elles quand elles vinrent fondre sur l'Asie, et dont les Ottomans sur-tout avoient déjà fait plusieurs applications. Cette idée première donnoit le pouvoir à celui que l'empereur avoit désigné. A Rome, la désignation avoit une latitude indéfinie, qui amena des étrangers, et même des barbares, sur le trône impérial. En Asie, elle ne s'étendit pas au-delà d'une famille. Bajazet, pris par Tamerlan, avoit laissé quatre fils; les trois aînés furent écartés par le dernier, qui régna sous le nom de Mahomet I.er On fit contre Amurat II la même tentative au nom de son frère cadet, Mustapha. Amurat, averti à temps, prévint l'exécution, et fit étrangler le jeune prince, au nom duquel on agissoit. Mahomet II, succédant à son père Amurat, suit l'exemple que celui-ci lui a laissé, et fait périr au berceau son frère, âgé de huit mois. Bajazet II veut abdiquer en faveur d'Ahmed son fils aîné; Sélim, son autre fils, veut le forcer d'abdiquer pour lui; il y parvient en soulevant les janissaires, et le malheureux Ahmed paie de sa tête la volonté momentanée que son père a témoignée et n'a pu exécuter.

Il faut observer ici que Bajazet ne se déterminoit à abdiquer que dans la crainte de ne pouvoir, vu sa vieillesse et ses infirmités, soutenir la gloire, alors toujours croissante, de la puissance musulmane;

qu'en nommant son fils aîné, il usoit de son droit, se conformoit à un usage immémorial, et suivoit l'ordre naturel; que, d'après tous ces motifs, il ne pouvoit soupçonner qu'il dût rencontrer le moindre obstacle. Et cependant il en rencontra un devant lequel tout son pouvoir s'évanouit en un moment; lui qui, lors de son avénement au trône, ne voulant point en prendre possession avant d'avoir fait le pélerinage de la Mecque, avoit provisoirement remis la souveraineté à son fils, et qui, à son retour, la reprit paisiblement des mains auxquelles il l'avoit confiée, sans que tous ces changemens fussent dans l'empire l'occasion ou le prétexte du moindre trouble.

Ce siècle (le XVI.ᵉ) étoit celui où l'empire ottoman, dans sa plus grande force, menaçoit plusieurs points de l'Europe, et pouvoit se croire destiné à comprimer l'ambition de Charles-Quint et à humilier l'orgueil de Philippe II; mais cette force, si redoutable au-dehors, redoutoit au-dedans tous ceux qui pouvoient être ou ses soutiens, ou ses rivaux. Mahomet III succédant à son père Amurat, fit étrangler ses dix-neuf frères et noyer dix femmes qu'Amurat avoit laissées enceintes. Il n'avoit ni haine, ni vengeance à exercer contre les uns ni contre les autres : il prenoit cette mesure, comme il en auroit pris une autre, pour assurer sa tranquillité; c'étoit pour lui une suite, une application du droit de sûreté, qui, de nation à nation, autorise à prévenir son ennemi.

Vingt ans après, son fils Mustapha n'a pas occupé le trône pendant quatre mois, qu'il est déposé, enfermé aux Sept-Tours. Othman II, son neveu, enfant de huit ans, que l'on proclame à sa place, n'avoit assurément pas conspiré contre lui : mais il falloit un nom royal pour opérer ce changement; et, pour le malheur d'Othman, ce fut le sien que l'on prononça. Son enfance semble être la garantie du pouvoir qu'on lui donne ; on le lui laisse tant qu'il n'est pas d'âge à l'exercer ; on le lui ôte, quand il veut l'employer contre l'insubordination des janissaires. Comment le lui ôte-t-on? en massacrant son visir et ses ministres, en forçant son palais, en proclamant ce même Mustapha, étranger à toute cette révolution, déposé lui-même, enfermé quelques années auparavant, et qui remonte sur le trône comme il en étoit descendu, sans avoir prévu ni sa déposition, ni sa restauration, sans avoir rien fait pour mériter l'une ou l'autre. Bien plus, quinze mois après, ce même Mustapha est déposé encore une fois, conduit ignominieusement dans toutes les rues de Constantinople, insulté par la populace, qui ne sait pas plus pourquoi elle l'insulte, qu'elle n'a su pourquoi on l'avoit tiré de sa prison, et pourquoi il faut qu'il soit deux fois victime de deux révolutions, dont la dernière lui coûte la vie.

La seule révolution qui semble avoir été préparée, suivie, terminée avec des moyens prévus et calculés d'avance, est celle qui ôta, dans le milieu du XVII.e siècle, la couronne et la vie à Ibrahim. Ce prince s'étoit fait détester par sa cruauté ; mais ce qui étoit bien plus dangereux pour lui, il s'étoit avili par ses vices infames, et rendu ridicule par une conduite insensée. Pour le précipiter du trône, ce n'est point à la force militaire, à une insurrection du peuple qu'on a recours ; on s'adresse au pouvoir religieux : on demande au muphti si la loi n'approuve pas la déposition d'un sultan dont chaque action tient de la tyrannie ou de la démence. La réponse, convenue d'avance, est affirmative. Ibrahim est sommé de venir au divan se justifier des inculpations qui lui sont faites. Sur son refus, le muphti prononce la sentence de déposition. Mahomet IV, âgé seulement de sept ans, est proclamé ; son père, renfermé dans une prison du sérail, y est étranglé au bout de quelques jours ; et cette révolution, exécutée avec un calme dont il n'y avoit point encore eu d'exemple, est ignorée d'une partie des habitans de la capitale, jusqu'au moment où l'on en publie le résultat.

Élevé révolutionnairement sur le trône, Mahomet en descend de même, mais par une révolution dans laquelle on retrouve tout ce qui appartient aux mouvemens populaires ; l'apparence des motifs, qui ne sont que des prétextes ; la violence , et l'inconséquence des demandes , que les concessions ne diminuent pas , que les refus augmentent ; des formes légales mêlées , par une dérision barbare , avec tous les excès ; le chef de l'entreprise triomphant momentanément sur le cadavre de ses victimes , et devenant , peu de jours après , celle des séditieux dont il étoit l'idole ; ces séditieux eux-mêmes , sans but , sans mesure , sans point d'arrêt , abandonnés par leurs premiers moteurs , remplissant la capitale d'horreurs et de massacres , et périssant par milliers sous les coups du nouveau souverain qu'ils ont couronné. L'étendard de Mahomet est arboré comme dans les plus grands dangers de l'État ; et pour la première fois , dans Constantinople , une révolution dirigée contre un individu , devient une calamité publique , mais toujours sans attaquer le gouvernement.

La déposition de Mustapha II reprit la marche ordinaire que , dans l'empire ottoman , suivent toujours ces sortes d'événemens. Elle fut l'ouvrage de quelques instans

et de quelques troupes mécontentes. Le
nom du prophète fut en vain invoqué par
le muphti, qui paya de sa tête une impuissante opposition. On respecta celle de
Mustapha; on n'exigea que son abdication ;
on voulut qu'elle fût faite en faveur
d'Ahmed, comme pour annoncer à celui-
ci qu'un sort pareil l'attendoit. Ahmed subit
en effet le même sort dans la révolution
que conçut, que conduisit, que maîtrisa
Patrona-Khalil. Ahmed, investi dans son
palais, reçoit l'injonction d'abdiquer en
faveur de son neveu. Il croit apaiser la
sédition en envoyant la tête du visir et
celles de quelques ministres : on les reçoit
comme un commencement de satisfaction ;
mais on veut satisfaction entière ; il est forcé
de la donner. Il va lui-même à l'apparte-
ment de son neveu, l'en tire pour le proclamer empereur, vient s'y renfermer à sa
place, donne auparavant à son successeur
les meilleurs avis, et lui recommande ses
enfans, qui, en effet, sont épargnés ainsi
que lui.

Ce fut, en moins de cinquante ans, la

troisième déposition de ces sultans si despo-
tiques, si absolus, qui semblent devoir tout
écraser de leur toute-puissance, et qui,
dans un coin de leur palais, disparoissent
en quelques heures devant une force éphémère, dont le reste de l'empire ou même
de la capitale n'a aucune connoissance.

CHAPITRE V.

RÉVOLUTIONS DU JAPON ET DE SIAM.

L'EXTRÊME difficulté de séjourner au
Japon, la difficulté plus grande encore de
pénétrer dans l'intérieur, nous ont privés
d'une suite de monumens certains sur son
histoire. Cette histoire présenteroit à l'observateur une étude intéressante, si elle
pouvoit faire connoître avec détail l'administration, les ressources, les révolutions
d'une nation riche, industrieuse et insulaire, qui, supposé qu'elle ait fait partie de
la Chine, a reconquis son indépendance,
et la maintient non-seulement contre les
Chinois, mais encore contre les Européens.
Sur cette qualité d'insulaire, une ré-

flexion s'offre d'abord à l'esprit, et fait bien
voir la différence qu'il y a entre le génie
des peuples d'Asie et celui des peuples
d'Europe. La nature a donné au Japon une
grande force défensive dans les écueils dont
elle a environné une partie de ses côtes :
elle lui a donné plusieurs ports commodes
et sûrs, dont il est facile de fortifier les
approches. Il est à portée de toutes les
richesses de la Chine et de l'Inde. Il
réunissoit donc, pour faire un grand commerce, des avantages tels que ceux de
l'Angleterre, et pouvoit au moins établir
avec elle une concurrence qu'à la longue
celle-ci n'auroit pu soutenir. Les Japonois,
au contraire, non-seulement ont méprisé
ces avantages, mais ils semblent avoir
craint d'en jouir. Leur politique est de se
séparer du reste de la terre. Aux précautions de la surveillance la plus rigoureuse
contre tout ce qui est étranger, ils ont
ajouté celle d'une méfiance poussée quelquefois jusqu'à la cruauté ; et pour com-
mercer avec le Japon, il n'y a que la jalouse
cupidité des Hollandois qui ait pu se sou-

mettre aux vexations et aux outrages dont ils ont exclusivement obtenu le privilége.

Les deux seules révolutions sur lesquelles on ait des renseignemens, sont celle qui a partagé l'autorité souveraine, et celle qui a détruit la religion chrétienne.

Cet empire, composé de plusieurs principautés, étoit originairement régi par la volonté seule de l'empereur, qui étoit en même temps le chef de la religion. Le *daïry* (c'est le nom qu'on lui donnoit) réunissoit les deux autorités religieuse et politique : il exerçoit le pouvoir le plus arbitraire qui puisse peser sur l'humanité; on lui rendoit à-la-fois et les hommages de la superstition, et ceux de la servitude. Il faut convenir qu'en général les daïrys n'avoient usé de ce pouvoir que pour établir des règles fixes et uniformes dans l'administration. Dans ce que l'on connoît de leurs lois, on ne trouve guère à blâmer que l'extrême sévérité de leur code criminel; il semble avoir été fait à l'instar de celui de Dracon : mais ce despotisme si absolu trouvoit souvent des obstacles dans les forces dont disposoient aussi despotiquement les chefs des différentes principautés. Il falloit perpétuellement leur opposer des forces au moins égales; et celui qui les commandoit ne pouvoit se dissimuler long-temps que c'étoit réellement lui qui faisoit régner le daïry : cette seule pensée devoit le conduire bientôt à régner lui-même. C'est ce qui perdit en France la première race, en faisant passer le sceptre dans la main des maires du Palais, qui étoient rois par le fait, avant que Pepin en prît le titre. La révolution se fit aussi au Japon, mais avec des formes dont le véritable motif est facile à saisir.

Une ancienne tradition, qui étoit devenue une croyance religieuse, donnoit aux daïrys une extraction divine; on les faisoit descendre directement des dieux du pays. Leur arracher un pouvoir dont l'origine étoit sacrée, et dont l'hérédité étoit ancienne, eût donc été regardé comme un crime de lèse-majesté divine et humaine ; et quelque ambitieux que pût être le *cubo*, ou le général en chef de l'armée, il pouvoit, en voulant se mettre à la place du daïry, trouver dans l'opinion publique un obstacle insurmontable; il falloit au contraire avoir l'air de la respecter, d'agir de concert avec le daïry, qu'elle regardoit comme un dieu, et lui rendre d'autant plus d'honneurs, qu'on lui ôtoit plus de pouvoir. Ce fut la marche que suivit, au commencement du XVI.ᵉ siècle, le cubo, qui se trouvoit être le second fils de l'empereur. Il ne laissa à son père que l'autorité spirituelle, et se fit transmettre par lui toute l'autorité temporelle. Par foiblesse ou par tendresse, le père consentit à un arrangement qui, par ce moyen, ne parut pas être une révolution, qui cependant en étoit une, et qui bientôt en amena une autre.

Les peuples ne semblèrent point regarder comme un nouvel ordre de choses le partage du pouvoir souverain, parce qu'il s'exerçoit toujours sous le même nom; mais les princes de l'empire, que jamais les anciens empereurs n'avoient pu réduire au rang de sujets, s'élevèrent contre une autorité qui menaçoit leurs usurpations, et ce fut ce qui les leur fit perdre. Le cubo leur fit une guerre sanglante, et leur désunion diminua encore leur résistance. Obligés de se soumettre, de le suivre dans ses expéditions, de lui fournir le contingent qu'il fixoit, de lui envoyer leurs enfans pour être élevés dans son palais, d'y venir eux-mêmes au moins une fois par an, ils furent bientôt hors d'état d'exciter des troubles, dont leurs enfans et eux-mêmes devenoient responsables : l'autorité du cubo fut alors solidement établie ; et toujours en paroissant suivre les ordres du daïry, ce fut lui qui commença l'affreuse persécution par laquelle le christianisme fut éteint au Japon.

Cette religion, qui a toujours trouvé tant d'obstacles en Orient, avoit cependant fait dans tout l'empire des progrès dont les missionnaires étoient étonnés : malgré le daïry, à qui elle ôtoit le simulacre d'autorité qu'on avoit eu intérêt de lui laisser, malgré les Bonzes, dont elle ruinoit le crédit et la fortune, malgré l'idolâtrie superstitieuse dont elle dévoiloit le ridicule et la honte, elle voyoit de jour en jour augmenter le

nombre de ses prosélytes; elle en acquéroit
parmi les soldats, parmi les officiers, au
milieu même de la cour. Lorsque Fidejori
fut, en 1616, détrôné par son beau-père,
celui-ci allégua pour prétexte que le monarque avoit secrétement embrassé la foi
chrétienne. Des églises s'élevoient de tous
côtés, et il étoit permis de croire que les
lumières du christianisme alloient se répandre dans toutes les provinces du Japon.
Pendant que Taïko persécutoit la nouvelle
croyance, elle réparoit promptement, par
le zèle de ses néophytes, la perte de ses
martyrs. Le zèle de ceux-là étoit encore
soutenu et propagé par la constance, par la
joie même avec laquelle ceux-ci supportoient
les plus cruels supplices. La persécution dura
quarante ans, et pendant quarante ans
imagina des supplices inouis. Les empereurs romains n'avoient point exercé une
aussi effroyable tyrannie, et jamais la persévérance chrétienne n'avoit été mise à une
si terrible épreuve. Dans un pays où la législation criminelle n'avoit point connu de
proportions entre les délits et les peines,

l'arbitraire ne pouvoit inventer trop de nouveautés pour les supplices réservés à un
délit nouveau. Le sang chrétien fut épuisé,
et la persécution ne cessa que lorsqu'elle ne
trouva plus de victimes. Elle a été décrite
par un sage voyageur (Tavernier), auquel
on peut ajouter d'autant plus de foi, qu'il
étoit protestant, et qu'il ne dissimule pas
qu'elle fut suscitée par la haine de la Hollande contre les Portugais. Que ce fût une
antipathie religieuse, ou une jalousie de
commerce, l'effet n'en fut pas moins affreux.
C'est un des plus grands crimes qu'une nation ait jamais commis contre une autre,
et contre l'humanité entière.

Ce qui pouvoit n'être au Japon qu'une
révolution religieuse, y produisit aussi une
révolution politique. L'empire fut à jamais
fermé, non-seulement à tous les chrétiens,
mais à tous les étrangers. Les Hollandois
seuls obtinrent d'y être tolérés. Comment
sont-ils parvenus à détourner de dessus leurs
têtes le glaive qui frappoit leurs semblables?
L'histoire a sondé ce mystère d'iniquité, et
a révélé la profanation sacrilége à laquelle

ils se sont soumis pour conserver le commerce du Japon.

La révolution qui, en 1688, éclata à Siam, eut aussi pour motif l'expulsion du christianisme, ainsi que nous allons le voir, et produisit aussi une révolution politique. Deux autres révolutions avoient déjà ensanglanté le trône de Siam. Dans l'une on retrouve la marche révolutionnaire, qui est presque toujours celle des mutations d'un trône despotique. Un monarque, à qui une révolution avoit donné la couronne, croit, en laissant quatre fils, l'avoir assurée dans sa famille. Cette famille disparoît devant la coupable audace d'un ambitieux, qui, de cette famille, ne conserve qu'une fille, l'épouse, et règne à la place de ses victimes. Dans l'autre révolution, on retrouve, non sans étonnement, la marche combinée et de plusieurs révolutions européennes, et de toutes les révolutions asiatiques. Comme tant de souverains de l'Asie, le souverain est attaqué inopinément dans son palais par des conjurés, à la tête desquels est son premier ministre; et il n'échappe à leurs coups qu'en se cachant ; mais ensuite découvert et arrêté, il est, comme le malheureux Charles I.er en Europe, jugé dans une grande assemblée, condamné et exécuté ; et son premier ministre est proclamé roi.

Dans la révolution de 1688, ce fut ausis Pitracha, ministre de Chaou-Naraye, qui lui succéda ; mais Chaou faisoit dans l'État, soit de lui-même, soit par l'ascendant qu'avoit pris sur lui le Vénitien Constance Phaulkon, une révolution que Pitracha ne prévint qu'en en faisant une autre.

Constance, maître absolu sous le nom de Chaou, vouloit changer à Siam l'éducation, les mœurs, la religion et les anciens préjugés de l'administration ; c'est-à-dire qu'il travailloit à faire la révolution la plus entière qu'un peuple puisse éprouver. Déjà s'élevoient des temples chrétiens ; des colléges étoient établis comme en Europe ; une préférence marquée étoit accordée à tous les François ; le chevalier de Chaumont, envoyé par Louis XIV, étoit arrivé avec deux vaisseaux et quelques troupes. Une partie de la nation siamoise ne vit qu'avec

effroi des nouveautés qui la mettoient en
relation avec un peuple européen, dont
auparavant elle entendoit peu parler. De
grandes plaintes s'élevèrent ; Chaou n'y
répondit qu'en punissant les plaignans ; et
le mécontentement se manifestant de plus
en plus, Pitracha jugea que c'étoit le moment d'en profiter : il croit devoir s'associer
un jeune seigneur, favori du roi, et il fait
de Monpi son confident et son complice,
jusqu'à ce qu'il soit temps d'en faire sa
victime.

Constance pouvoit prévenir les projets
de son rival ; mais il falloit le déconcerter
par la vigueur et la promptitude d'une
attaque que le moindre délai pouvoit
rendre inutile : il attendit, et son hésitation
le perdit. Pitracha provoqua une grande
insurrection ; il fit plus, il la conduisit et
la maîtrisa sans désordre : en silence, une
nombreuse troupe armée investit le palais,
le força, toujours en obéissant au commandement, comme le bataillon le mieux dis-
cipliné. On lui abandonna Constance ;
c'étoit la victime désignée : on lui livra

également Monpi, qui devenoit dangereux
du moment qu'on n'en avoit plus besoin.
Cette tactique se retrouve par-tout. Enfin, le
monarque, enfermé, ne communique qu'a-
vec Pitracha, qui prend d'abord le titre
d'administrateur du royaume; mais deux
mois après, la mort du malheureux prince
est annoncée: deux de ses frères sont im-
molés auparavant; et Pitracha, possesseur
paisible d'un pouvoir absolu, proscrit à jamais toutes les nouveautés déjà répandues
dans l'État, et qui un peu plus tard auroient
transporté en Asie les usages, la politique,
la religion, les arts d'une grande puissance
européenne.

C'eût été dans le royaume de Siam une
grande révolution, dont les suites pouvoient
avoir une forte influence sur les États envi-
ronnans. Elle s'opéroit sans violence, peu à
peu, par le seul ascendant de la persuasion et
de la vérité, mais ascendant soutenu par un
pouvoir accoutumé à donner ses volontés
pour des lois. Pour arrêter cette révolution, il
fallut en faire une contre le pouvoir lui-même,
ou au moins contre la famille qui en étoit

en possession ; celle-là fut faite, et ne pouvoit l'être qu'avec violence : elle détruisit
en quelques heures ce que l'autre établissoit ou préparoit depuis long-temps ; et sous
ce rapport, chacune d'elles eut le caractère
qu'elle devoit avoir. Peut-être même Constance eut-il à se reprocher d'avoir été trop
vîte, parce qu'il combattoit contre des habitudes ; Pitracha, au contraire, combattant
contre des nouveautés qui paroissoient
inouies, ne pouvoit trop se hâter de les
repousser, de les anéantir par ces habitudes
mêmes.

CHAPITRE VI.

RÉVOLUTIONS DES CALIFES.

En traitant, au Livre III, des révolutions
religieuses, j'aurai occasion de parler avec
quelque détail de l'homme extraordinaire
qui fonda l'empire des califes : ici, cet empire doit être considéré , moins dans la
révolution qui lui donna tout-à-coup une
si grande existence, que dans celles qui
compromirent plusieurs fois cette existence,
même pendant qu'elle s'accroissoit encore.

L'islamisme sortit des déserts de l'Arabie, pour être, en Asie, la religion de trois grands États, de la Turquie, de la Perse et du Mogol. Le pouvoir des califes s'étendit bientôt sur un empire plus vaste que ne l'avoit été l'empire romain. Rome avoit tout conquis par la force de ses armes, mais sur-tout par sa profonde et prévoyante politique : les califes, qui conquirent aussi par la force de leurs armes, n'eurent d'autre politique que de propager leur croyance ; il est même à remarquer que cette politique fut chez eux regardée comme un devoir, sur-tout par les premiers califes, qui, sincèrement zélés pour leur religion , en pratiquoient avec austérité les plus sévères préceptes. Ils réunissoient les deux pouvoirs, politique et religieux : le souverain qui commandoit les armées et décidoit les plus grands intérêts de l'État, officioit aussi dans la mosquée, et prêchoit le Koran à ses sujets. C'étoit par des prdications, par des révélations, par des fonctions sacerdotales, que Mahomet avoit commencé ; il avoit trouvé cette institution chez les Juifs, que les Machabées conduisoient aux autels et aux combats. Cette réunion des deux pouvoirs avoit donné aux Machabées celui de se soustraire à l'oppression des rois de Syrie, et leur auroit donné celui d'étendre au loin leur domination, si les Juifs eussent été une nation belliqueuse, et si les Machabées eussent eu d'autres projets que de reprendre leur indépendance et le culte paisible de leur religion. Les califes, trouvant dans cette réunion deux grands moyens pour conquérir et gouverner, s'en servirent, mais avec plus de succès pour les conquêtes que pour le gouvernement. Ces conquêtes, pendant plus de deux siècles, se soutinrent au plus haut point de grandeur : leur gouvernement fut fréquemment exposé aux révolutions. Elles commencèrent sous Omar, second successeur de Mahomet : ses vertus et sa piété ne purent l'empêcher d'être assassiné; Othman, qui lui succéda, le fut aussi, malgré ses victoires. Dans une première révolution, il n'avoit conservé sa vie qu'en avouant ce qu'on appeloit ses fautes, et promettant de les réparer; dans une seconde, il fut mas-

sacré avec fureur, et son corps privé de sé-
pulture. Ali, son successeur, menacé de
périr s'il n'acceptoit pas, n'ose punir les
assassins d'Othman, voit l'empire déchiré
par la scission des Ommiades et des Koréi-
schites, est obligé de se défendre contre un
compétiteur, qui, victime, ainsi que lui,
d'une trahison, laisse la couronne à un troisième, auquel est aussi réservé le triste sort
de ses deux rivaux.

Pour le but que je me propose dans cet
ouvrage, il seroit aussi inutile que fastidieux
de suivre la nomenclature des califes à qui
les révolutions ôtèrent la couronne ou la
vie : sur cinquante-sept qui régnèrent jusqu'à la prise de Bagdad par les Mogols,
vingt-deux périrent de mort violente, ou
furent forcés d'abdiquer. La dynastie des
Ommiades donna quatorze califes en
quatre-vingt-quatre ans, c'est-à-dire que
chacun resta à peine six ans sur le trône :
celle des Abassides, qui parut plus solidement établie, puisqu'elle occupa le trône
quatre cent quatre-vingt-dix-huit ans,
compta trente-sept califes, ce qui fait

pour chacun un peu plus de treize ans de règne.

Cette rapide mobilité, dans laquelle on ne voit aucun rapport avec le cours ordinaire de la vie humaine, tenoit à plusieurs vices, qui, tantôt réunis, tantôt séparés, ébranloient toujours et souvent ensanglantoient le trône des califes.

La couronne étoit censée élective. Aboubécre avoit succédé à Mahomet, à l'exclusion d'Ali son gendre; celui-ci ne parvint au trône qu'à la troisième vacance, et lorsque déjà, comme nous venons de le voir, deux souverains en avoient été précipités : mais l'élection suivit souvent la marche de l'hérédité; et ni l'une ni l'autre n'étant bien constamment fixées, on fut fréquemment exposé aux inconvéniens de toutes les deux, et rarement on put jouir de leurs avantages.

Dès le second siècle de l'hégire, il y avoit déjà scission de quelques parties de l'empire. Bagdad étoit toujours la résidence principale des califes; mais un Ommiade régnoit en Espagne; d'autres avoient été proclamés en Égypte et en Sicile.

L'Arabie, berceau de leur puissance, fut envahie par les Karmates, qui, en y commettant de grands désordres, forcèrent les califes de leur payer un tribut humiliant.

Dans plusieurs provinces, les gouverneurs se rendoient indépendans, et proclamoient leur souveraineté en abjurant celle des califes. Les successeurs de Mahomet et ceux de Charlemagne éprouvoient le même sort à-peu-près à la même époque, parce que les effets du danger inhérent à la trop grande étendue d'un empire, peuvent quelquefois être retardés par des circonstances locales ou personnelles, mais sont toujours prêts à paroître à la première occasion et peuvent même la faire naître.

L'émir avoit acquis à la cour de Bagdad un pouvoir qui ressembloit beaucoup à celui des maires du Palais en France. Cette charge d'émir étoit devenue héréditaire, comme celle de maire. Le prince, qui étoit souverain de nom, n'auroit osé déposséder le sujet, qui étoit souverain de fait; il fut même quelquefois déposé par lui : ce qui prouve que, si chez le souverain il y avoit tout au plus une volonté impuissante, chez le sujet il y avoit souvent de grands motifs d'oser, et toujours de grands moyens de réussir.

Enfin, au moment de la mort d'Aboubécre, il s'établit, entre les partisans d'Omar et ceux d'Ali, une division qui s'accrut de siècle en siècle. Elle devint une antipathie religieuse et politique : double maladie dans un État, qui, même lorsqu'elle ne se déclare pas par des révolutions, y entretient toujours un germe d'autant plus dangereux, qu'il peut souvent être prêt à se développer lorsqu'on le croit anéanti. Au commencement du XIII.e siècle de l'ère chrétienne, Mohammed et ses partisans travailloient à détrôner les Abassides, pour rendre le califat à un descendant d'Ali, dernier calife de la famille de Mahomet. Déjà ils avoient rassemblé des forces considérables et pénétré jusqu'à Bagdad, où la présence d'un héritier de Mahomet pouvoit, au bout de six cents ans, replacer sur le trône la

dynastie du prophète. Cette révolution ne
fut prévenue que par une autre dont on étoit
menacé. Gengis alors remplissoit l'Asie du
bruit de ses conquêtes ; ses invasions répan-
doient par-tout la terreur. Si l'empire des
califes n'eût pas déjà été morcelé, si celui
de-Bagdad, qui étoit toujours le plus grand,
n'eût pas été affoibli par tant de révolutions
antérieures, s'il n'eût pas été, dans ce moment, troublé par celle qui se préparoit
contre les Abassides, il auroit pu opposer
aux Tartares une force défensive contre
laquelle ce torrent seroit venu se perdre ;
mais aucune tentative ne fut faite, ni pour
le détourner, ni pour l'arrêter. On attendit
l'ennemi que l'on pouvoit détruire. Bagdad,
qui s'étoit vue au moment d'être prise par
les partisans d'Ali, le fut peu d'années après
par les généraux de Gengis ; et Mostanser-
Billah, dernier calife, tombé vivant entre
les mains d'un vainqueur féroce, scella de
son sang la grande révolution qui anéantit
le califat, et changea encore une fois le sort
de l'Asie.

CHAPITRE VII.

RÉVOLUTIONS DE LA GRÈCE.

ARISTOTE avoit écrit les révolutions d'un grand nombre de républiques de la Grèce. Presque toute cette partie de ses ouvrages a été perdue ; il est probable qu'on y eût seulement trouvé ce que l'on peut encore voir dans ce qui nous reste. Dans tous ces petits États, qui composoient ce que l'on comprend sous le nom de la Grèce, la politique extérieure étoit nulle, au moins jusqu'au temps où elle se trouva liée à celle de la Perse. La politique intérieure étoit un combat perpétuel et uniforme entre la démocratie et l'aristocratie. Le tableau général ne peut donc présenter qu'une agitation orageuse de ces républiques les unes contre les autres ou contre elles-mêmes ; et dans cette agitation, on retrouvera toujours pour premier élément, pour agent universel, l'amour et la jalousie du pouvoir.

Ces petits États ne sont guère connus dans l'histoire que comme républiques : leurs monarchies se mêlent aux temps fabuleux. Dans le peu de notions que nous avons sur les secousses par lesquelles ils ont passé du gouvernement monarchique au républicain, nous voyons qu'alors leurs lois constitutives furent faites à la hâte, sans autre règle, sans autre principe que de faire une révolution qui étoit devenue une épidémie pour toutes les monarchies de la Grèce. L'idée prédominante de chaque ordre de l'État, avoit été de se donner le plus d'autorité qu'il pourroit. Dans le premier moment, on ne vit qu'un changement qu'on avoit desiré sans savoir pourquoi : mais le calme commençant à s'établir, chacun voulut juger sa position, et chacun en fut mécontent. Le résumé de toutes les révolutions de la Grèce peut se réduire aux observations suivantes :

1.° On y voit la preuve que les premiers gouvernemens ont tous été monarchiques.

2.° Ces républiques, qui se sont maintenues plus ou moins long-temps, n'avoient qu'un territoire très-borné, et un nombre limité de citoyens ; nombre que par plusieurs moyens on empêchoit soigneusement d'augmenter. Malgré cela, presque toutes ont été fréquemment dans un état de trouble, et par conséquent en opposition avec le but que leurs lois avoient dû se proposer.

3.° Par leur position, et pour leur intérêt, elles étoient appelées à former une grande puissance fédérative. Elles ont eu un moment d'union, lorsque la Perse sembloit avoir juré leur perte; mais cette union cessa avec la cause, et d'ailleurs n'étoit pas une fédération.

Il n'y a eu que quelques-unes d'entre elles qui se soient réellement confédérées dans l'Achaïe: cette confédération a été courte, parce qu'elle a voulu sortir des limites qui circonscrivent une confédération sage et juste, et que, de tous les gouvernemens, c'est celui qui peut le moins résister à des mesures et à des vues contraires à son institution.

4.° Dès que le danger de l'invasion des Perses ne fut plus instant, on vit naître les divisions et les jalousies: plusieurs villes grecques firent même des arrangemens particuliers avec le Grand-Roi; elles reçurent de

lui des gratifications ou même des traite-
mens annuels pour abandonner ou attaquer
les autres. Alors il se fit dans la Grèce une
révolution politique et morale, dont jamais
elle ne s'est relevée, et qui la conduisit à
sa perte. On ne trouve plus chez elle de
réunion d'efforts (1) contre l'ennemi commun, parce que l'ennemi commun étoit
l'ami secret de quelques-uns de ces États.
On connut le prix de la corruption étrangère, qui, en démoralisant les particuliers,
les détachoit de leurs gouvernemens, et
donnoit en même temps à ces gouvernemens les moyens de se nuire réciproquement.

Dans cette défection, les Lacédémoniens
furent les plus marquans (2). Le Spartiate,
à qui Lycurgue avoit voulu donner des vertus sauvages, plutôt que des vertus sociales,
perdit les premières, ne put jamais acquérir
les secondes, et devint un compatriote perfide et corrompu. Cette corruption s'étendit
aussi jusqu'à Athènes, mais avec cette dif-

----

(1) La seule force fédérative fut celle des Achéens,
et elle ne dura pas.
(2) *Esprit de l'Histoire*, lettre IX.

férence, qu'à Athènes on trouvoit quelques orateurs ou meneurs corrompus par l'or de la Perse et de la Macédoine ; tandis qu'à Sparte c'étoit le gouvernement, c'étoit l'État lui-même qui faisoit trafic de sa corruption.

Lycurgue est avec raison blâmé par Aristote, pour avoir dirigé toutes ses institutions vers la guerre et la victoire. La milice monastique qu'il établissoit, ne pouvoit, il est vrai, manquer d'acquérir dans la guerre une grande supériorité sur les autres États, et de finir par les dominer ; mais aussi cette domination ne pouvoit manquer de la corrompre : elle lui présentoit un bonheur incompatible avec le genre de vie que les lois lui prescrivoient. Par ce genre de vie, les lois, il est vrai, lui apprenoient à vaincre, mais la laissoient nécessairement exposée aux dangers de la victoire. Aussi, dès que Sparte eut trouvé dans sa constitution le moyen et l'espoir d'exercer son empire sur la Grèce, elle prit pour l'acquérir et le conserver tous les moyens que peut se permettre l'ambition, qui ne s'en refuse aucun. C'est à la paix, c'est au repos, c'est à la conti-

nuité de l'ordre, qu'un législateur doit rapporter l'ensemble de sa législation. Que
d'États se sont conservés, se sont accrus
pendant la guerre, et se sont perdus après les
conquêtes ! Lorsque la paix est une rouille
qui les ronge, c'est la faute du législateur,
qui ne leur a pas appris à se défendre contre
eux-mêmes. Dans les grandes vues politiques d'un véritable homme d'état, la guerre
ne doit jamais entrer que comme moyen de
défense. Si la défense oblige de conquérir,
il doit fixer ses yeux bien moins sur les
avantages que sur les dangers de la conquête.

Ces dangers auroient dû paroître à Lycurgue d'autant plus frappans, qu'appelé à
la réforme d'une nation moitié barbare,
moitié corrompue, il avoit cru ne pouvoir
diminuer la corruption qu'en augmentant
la barbarie. Comme s'il eût regretté que le
peuple auquel il donnoit des lois conservât
encore quelques idées de civilisation, il voulut lui forger des liens factices, que non-
seulement la civilisation désavouoit, mais
qui ne pouvoient subsister avec l'esprit de

domination, suite nécessaire de la conquête. Chacun des héros des Thermopyles, s'ils fussent revenus de leur glorieuse entreprise, auroit pu se contenter des neuf mille portions de terre que la loi leur assignoit; mais le Spartiate qui avoit commandé en vainqueur et en tyran dans Athènes ou dans Thèbes, ne pouvoit revenir qu'à regret cultiver le champ qui ne suffisoit plus à ses desirs. Il n'auroit pas souffert que, tous les vingt ou trente ans, on refît la répartition de ces neuf mille portions. Il hâtoit donc la révolution, que d'ailleurs les mutations, les augmentations, les extinctions de famille opéroient graduellement dans le partage des terres : et comme ce partage, si simple en théorie, si impossible à maintenir dans la pratique, étoit cependant la base de la constitution, celle-ci s'altéroit journellement, et devoit finir par éprouver des révolutions d'autant plus dangereuses, que les premiers changemens étoient insensibles, et qu'on ne les remarquoit que lorsque leur nombre, ne permettant plus de les dissimuler, leur donnoit une force révolutionnaire, parce qu'elle étoit en opposition avec la loi.

Les singulières institutions de Lycurgue ne pouvoient se soutenir que par leur ensemble. Dès qu'une d'elles foiblissoit, toutes les autres étoient en danger, parce qu'il n'y avoit pas de force légale qui pût la rétablir. On n'y parvenoit que par une secousse ; et pour remettre en vigueur une loi ancienne, il falloit courir les risques d'une révolution. Agis voulut en faire une pour renouveler le partage égal des terres (1) : il fut jugé, condamné, exécuté. Pausanias en vouloit faire une pour ôter aux éphores (2) le pouvoir qu'ils avoient usurpé sur les rois : ces magistrats le firent condamner à mort,

_____

(1) Après le règne de Léonidas, qui avoit vécu à la cour de Séleucus, Sparte étoit réduite à sept cents familles, sur lesquelles il n'y en avoit plus que cent qui eussent des terres. Plutarque, *Vie d'Agis.*

(2) Aristote dit que leur puissance étoit une véritable tyrannie. *De rebus publ. lib. II.*

Cantwel observe que l'institution des éphores introduisit dans la constitution un vice qui fut la source de la corruption et de toutes les factions. Les éphores s'arrogeoient le droit d'emprisonner, de déposer, de faire périr les rois. Les rois corrompoient ou faisoient périr les éphores.

comme entretenant des intelligences avec la Perse. Telle fut leur politique haineuse et jalouse, qu'ils le firent périr comme coupable du délit que la Grèce entière reprochoit au gouvernement de Lacédémone.

Ces révolutions subites, venant à la suite des changemens graduellement opérés dans des institutions qui n'étoient, ainsi que je viens de le dire, que des liens factices, amenèrent la dissolution de la république. Alors, débarrassés de ces liens, les individus que l'on nommoit encore des citoyens, ne trouvant plus autour d'eux, ni lien naturel, ni lien social, passèrent rapidement de l'état de barbarie à celui de corruption; et quand une nation arrive à ce second état, sans autre intermédiaire que le premier, elle conserve les vices d'un peuple sauvage, prend ceux d'un peuple civilisé (1), et ne connoît aucune de leurs vertus. C'est ce qui fait du tableau de la

---

(1) Agésilas, successeur d'Agis, reçut des subsides de Tachos, roi d'Égypte, et s'attacha à lui avec un corps de troupes levé à Sparte. Mais Nectanébus, révolté contre Tachos, ayant offert à Agésilas des con-

dissolution de Sparte un des spectacles les plus instructifs, mais les plus repoussans, que l'histoire puisse offrir.

Cléomène égorge en plein jour les cinq éphores, brise leur tribunal, s'empare du gouvernement, fait périr le dernier roi. Une autre révolution le renverse aussi promptement qu'il s'étoit élevé. Obligé de fuir en Égypte, il y trouve la fin et la peine de ses crimes. Si la république spartiate est encore une société réellement morale et politique, la fuite et le supplice de son tyran vont terminer ses révolutions et la rendre à un gouvernement sage; mais si ses révolutions sont en elle, si c'est-là le fruit qu'elle est toujours destinée à reproduire, peu importe par qui ce fruit sera momentanément cueilli : il renaîtra sous la main même qui l'aura arraché. A la mort de Cléomène, les Spartiates mettent leur royauté à l'enchère. Dans la crainte de ne pas trouver un être

---

ditions plus avantageuses, celui-ci abandonna le souverain légitime pour le sujet révolté. Voilà, de révolutions en révolutions, ce qu'étoient devenus les Spartiates de Lycurgue.

assez vil pour être dépositaire de l'autorité qu'ils veulent lui confier, ils avilissent le dépôt même. Et en effet, il faut être vil pour acheter un peuple qui veut se vendre. Cet être fut tel qu'on pouvoit l'attendre. Un aventurier prit à forfait cette prétendue monarchie, et la fit valoir de manière à retirer promptement ses fonds. Par un jeu de la fortune, qui semble renfermer une grande leçon, cet aventurier s'appeloit Lycurgue. Après lui Machanidas prit son marché, et fit place au fameux Nabis. Sous le règne de celui-ci, les Spartiates disparurent entièrement de la Laconie ; il les extermina tous, et les remplaça par une colonie de malfaiteurs de toutes les nations. Une partie de cette horde de scélérats fut chassée par la ligue Achéenne ; et la ville de Sparte, souillée par ce qui lui en est resté, conserve encore aujourd'hui, dans le caractère de ses habitans, les traces de l'affreuse population qui anéantit une nation sanguinaire et corrompue, et en prit la place.

Les lois que Solon donna à sa patrie, étoient bien différentes de celles que Ly-

curgue avoit données à la sienne. Solon
avoit bien mieux connu les principes d'une
association politique ; mais il ne fut pas toujours maître de les suivre. On voit perpétuellement dans sa législation avec quel regret
il s'en écartoit, et les mesures qu'il prenoit
contre les maux que cet écart devoit produire. Obligé de soumettre tout aux délibérations populaires, il sentoit bien que ces
délibérations n'étoient que le droit du plus
fort mis en action. Toutes les fois que le
peuple exerce la souveraineté, il ne souffre
rien au-dessus de lui, et la raison moins que
toute autre chose. Qu'il veuille créer ou
détruire, c'est toujours avec violence, parce
que la violence est chez lui la volonté générale. Solon éprouva bientôt que par-tout
où la souveraineté du peuple est mise en
pratique, elle ouvre nécessairement une
porte au despotisme ; il ne voulut ni n'osa
contraindre, mais un autre se chargea de
le vouloir et de l'oser.

Pisistrate, profitant des troubles élevés
par l'acharnement réciproque des anciennes
factions, l'emporta sur ses ennemis, sur

ses rivaux, sur ses concitoyens ; réunit en lui toute l'autorité, la perdit, la recouvra, et tantôt proscrit, tantôt rappelé, exerça enfin avec justice et modération un pouvoir usurpé. A sa mort, les dissensions renaissent; Athènes, qui n'est plus soumise à un tyran, se tyrannise elle-même. Bientôt, son activité, son commerce, son desir d'étendre et de faire sentir sa supériorité, lui attirent de nombreux et puissans ennemis, qui ne manquent pas de mettre à profit ses dissensions. A force d'assemblées tumultueuses, d'intrigues démocratiques, de lois contradictoires, de jugemens iniques, de guerres injustes, enfin de tout ce que peuvent produire des passions populaires qui ne sont ni menacées ni comprimées par aucune puissance fixe et légale, le peuple d'Athènes tombe sous la terrible domination des trente tyrans. Orgueilleux et indocile, sans avoir ni grandeur ni énergie, après n'avoir pu se gouverner lui-même, ni souffrir long-temps qu'un de ses concitoyens le gouvernât, ce peuple s'affaisse au milieu du feu des discordes civiles; il se soumet à des étrangers, qui le traitent comme ces

animaux sauvages, qu'il faut toujours tenir
fortement enchaînés. Les calamités les plus
affreuses, les proscriptions, les exécutions
les plus cruelles, dévastent cette ville, si fol-
lement jalouse de sa liberté.

Je ne puis rappeler ici tous les degrés par
lesquels elle passa pour se précipiter dans cet
abîme ; on les reconnoîtra en suivant attentivement l'histoire : voici les principaux.

Avant Solon, il n'y avoit à Athènes qu'un
seul archonte, ce qui la rapprochoit de la
monarchie : cet archonte fut d'abord à vie,
puis pour dix ans, puis annuel ; ensuite on
en établit plusieurs. Solon fut obligé de les
porter à neuf (1). On reconnoît là l'esprit
démocratique qui dominoit chez les Athéniens. Les révolutions du gouvernement
suivirent toujours une marche inverse de
celle de la nature ; il alloit du petit nombre
au grand.

Solon avoit, par une loi très-sage, exigé
un cens plus considérable pour être nommé

_____

(1) Il avoit du moins donné au premier une préémi-
nence marquée. Son nom étoit en tête de tous les actes
publics ; c'étoit par lui que les années se désignoient.

aux grandes magistratures; la basse démagogie se croyoit outragée par cette loi, qui
étoit le salut de l'État. Le peuple, devenu
plus fier après la défaite des Perses, s'em-
pressa d'abolir la loi, et par-là fit une révolution bien plus dangereuse que l'invasion
de ses ennemis.

L'aréopage n'étoit, avant Solon, qu'un
tribunal criminel; Solon l'éleva au rang de
sénat politique : il l'entoura d'une grande
autorité, d'une grande considération, pour
qu'il servît de digue contre les fureurs et
les folies populaires. Périclès, qui, comme
tous les ambitieux, vouloit s'élever par la
faveur de la démocratie, fit ôter à l'aréopage ses droits politiques, le réduisit à n'être
qu'un simple tribunal, se fit adresser des
remerciemens pour avoir rétabli le peuple
dans ses droits, et, par le fait, exerça une
autorité bien au-dessus de celle dont il avoit
dépouillé l'aréopage.

Solon avoit trouvé la division des quatre
tribus établie par Cécrops; il la conserva:
Clisthène en créa dix; et pour assurer la prépondérance à la démagogie, il admit les

bâtards, les natifs, les étrangers, les affran-
chis; c'étoient autant d'auxiliaires, toujours
prêts à servir les révolutions contre le gouvernement.

Le système de Solon se trouvoit donc
détruit par une démagogie insensée et tur-
bulente; ce qui donna lieu à la guerre du
Péloponnèse. Pour avoir, dit Cantwell (1),
une juste idée d'Athènes et des républiques
grecques pendant cette guerre, il faut voir
ce qu'en dit Thucydide, notamment sur la
sédition de Corcyre. Là se retrouvent les
dévastations, les profanations, les massacres, toutes les horreurs révolutionnaires.
Le peuple d'Athènes, excité par ses fougueux orateurs, accusoit les riches des
malheurs publics; ceux-ci accusoient le
peuple (2), qui ne savoit qu'abuser de son
autorité. Un état de choses aussi funeste

(1) De la naissance et de la chute des anciennes Républiques.

(2) Lysandre se mit à la tête des riches, abolit le gouvernement populaire, confia le pouvoir souverain à un
conseil dont il fut chef. Mably, *Observations sur la Grèce.*
Ce fut la tyrannie de quelques-uns, au lieu de celle de
tous.

pouvoit encore être rectifié par un esprit sage et modéré ; il fut attaqué et détruit par l'esprit de parti, qui ne peut jamais rien faire de durable. L'oligarchie, profitant des malheurs de la guerre, vouloit qu'on réclamât des secours de la Perse, en lui offrant la garantie d'un gouvernement moins agité. Le peuple, effrayé par ses défaites, consentit à nommer quatre cents citoyens entre lesquels seroit répartie l'administration, et restreignit lui-même son assemblée à cinq mille votans. Il est facile de juger quel étoit l'excès du mal, par l'étrange remède qu'on y appliquoit. Il avoit été proposé et accordé de mauvaise foi, et il produisit d'autres révolutions, parce que chaque parti ne l'avoit adopté que dans l'espoir d'en faire une. Les quatre cents chassèrent le sénat, n'assemblèrent pas les cinq mille, tuèrent ou bannirent les chefs populaires, et confisquèrent leurs biens. Au milieu de cette confusion, Alcibiade revint avec l'armée, chassa les quatre cents, rétablit l'ancienne démocratie, qui, ayant de grandes vengeances à exercer, s'occupa bien moins des ennemis du dehors que de ceux de l'intérieur, et réduisit la république à recevoir des lois, après en avoir long-temps donné de si funestes à tant de villes grecques.

Ces lois lui furent prescrites par Lacédémone. Les agens chargés de sa vengeance devoient donner à Athènes une constitution : c'est toujours le mot favori de tout pouvoir illégal. Cette commission fit alors ce que le comité de salut public fit en France vingt siècles plus tard : elle retarda son travail sous différens prétextes, s'empara de tous les pouvoirs, s'environna d'une garde, supposa des conspirations pour faire périr un grand nombre de citoyens et confisquer leurs biens ; mais elle finit par avoir le sort réservé aux révolutionnaires. Attaquée par les mécontens et les exilés, elle fut obligée d'abandonner la ville, qu'elle avoit inondée de sang : ceux de ses membres qui furent arrêtés dans leur fuite, périrent sur l'échafaud ; et Athènes, sans espoir et sans moyens de revenir à la constitution de Solon, défigurée par tant et de si violentes mutations, perdit pour jamais sa prépondérance, n'eut plus qu'une existence précaire, et ne put même être tranquille en se vouant à la foiblesse et à l'avilissement (1).

Dans la multitude de petits États dont étoit composée la Grèce, à peine en trouve-t-on deux ou trois qui n'aient pas été exposés aux révolutions ; il falloit toujours qu'ils fussent vexés par la liberté ou par la tyrannie, et la première leur étoit encore plus funeste que la seconde.

Mantinée, petite république du Péloponnèse, peu connue dans l'histoire, parce qu'elle eut le bonheur de se suffire à elle-même, dut sa longue tranquillité à la sagesse avec laquelle elle avoit tempéré la démocratie. L'assemblée générale du peuple décidoit de la paix, de la guerre, jugeoit la responsabilité des magistrats ; mais les magistrats, tous annuels, ne pouvoient être nommés que par des électeurs. C'est la

---

(1) Polybe compare la république d'Athènes à un vaisseau que personne ne commande, dans lequel tout le monde est maître de la manœuvre...... Dans cette confusion, le vaisseau qui vogue sans destination au gré des vents, est toujours prêt à échouer contre quelque écueil.

seule idée de représentation que l'on trouve dans l'antiquité. L'administration étoit entre les mains du sénat, où l'on ne pouvoit entrer si l'on n'avoit le revenu que la loi avoit fixé. Mantinée conserva son gouvernement jusqu'à l'arrivée des Romains : ils s'empressèrent de le détruire, parce que leur politique étant de révolutionner la Grèce par elle - même , il n'entroit pas dans leur plan de laisser sous ses yeux le tableau d'une république heureuse de la fixité de ses lois et de l'union de ses citoyens.

L'exemple de cette affreuse politique , qui ne peut souffrir l'existence d'un État sage et paisible , avoit été donné aux Romains par Athènes , qui ne pouvoit tolérer la vue d'un calme dont elle-même ne sut jamais jouir. La république de Mélos, après six siècles de sagesse et de médiocrité, crut avec raison que l'une et l'autre ne lui permettoient pas de prendre part à la guerre du Péloponnèse. Athènes l'attaqua comme un ennemi dont elle eût reçu les plus grands outrages. Sa résistance fut longue; mais enfin, obligée de se rendre à discrétion, elle vit massacrer de sang froid tous ceux de ses citoyens qui pouvoient porter les armes : les femmes, les enfans furent vendus à l'encan; et cette affreuse révolution, qui anéantit l'antique et respectable existence d'un peuple sage, fut l'ouvrage d'un peuple insensé, qui commettoit, au nom de la liberté, tous ces crimes de lèse-humanité.

C'est ainsi que les Athéniens firent périr tous les Éginètes ; qu'ils réduisirent en esclavage les habitans de Naxos; qu'ils emmenèrent à Athènes ceux de Cythère, à qui ils ne laissèrent la vie que pour les disperser; et qu'après s'être emparés de Salamine, de Délos, d'Oricos, ils ne permirent à aucun habitant d'y rester.

Lorsque les yeux, fatigués d'avoir erré sur toutes les révolutions de la Grèce, cherchent à se reposer sur un gouvernement immuable et juste, il est encore plus pénible de le voir disparoître tout-à-coup, entraîné par un de ces volcans qui, après s'être long-temps alimentés de leurs propres débris, ont encore la force de répandre au dehors les ruines et la désolation.

Sicyone, près de Corinthe, crut, en expulsant ses rois, avoir fait la conquête de la liberté. Une démocratie toujours orageuse la livra à une tyrannie cruelle, dont elle ne sortoit momentanément que pour se faire à elle-même plus de mal que ne lui en faisoient ses tyrans.

Samos, condamnée à être un théâtre révolutionnaire, long-temps déchirée par deux factions qui sacrifioient tout à leur ambition et à leur vengeance, trouva enfin un oppresseur, mais dont la tyrannie lui parut un moment de calme. Polycrate la gouverna avec violence : elle fut soumise. A sa mort les troubles se renouvelèrent : l'oligarchie l'avoit emporté, lorsqu'elle fut détruite par Périclès, dont le pouvoir étoit fondé sur celui des démagogues athéniens. Lysandre, qui avoit renversé ce pouvoir à Athènes, ne le toléra dans aucune des villes où Athènes l'avoit établi ; il ramena dans Samos la faction oligarchique, qui, après l'expulsion des trente tyrans, se trouvoit elle-même expulsée par la faction victorieuse ; et Samos s'agita plus que jamais dans le cercle vicieux dont elle ne pouvoit sortir.

A Héraclée, la jalousie du peuple, la foiblesse du sénat, frayèrent à Cléarque le chemin de la tyrannie; je pourrois même dire qu'elles lui en donnèrent l'idée. Cette république avoit été assez tranquille sous une oligarchie tempérée, lorsque le peuple, soulevé par les démagogues, demanda, suivant leurs mots de ralliement, l'abolition des dettes et le partage des terres. Cléarque s'éleva avec force contre cette demande, et fut exilé par le sénat, dont il défendoit l'autorité. Cette honteuse condescendance ne parut au peuple qu'une reconnoissance de sa force et de la légitimité de ses prétentions. Cléarque fut rappelé par ce même sénat comme le seul homme qu'on pût opposer à la fureur populaire. Il revint; mais instruit par son exil et son rappel, du parti qu'il pouvoit tirer et des violences d'un peuple aussi crédule que furieux, et des variations d'un sénat qui n'avoit ni fermeté ni politique, il défendit effrontément les prétentions démagogiques qu'il avoit tant attaquées;

il accusa le sénat de vouloir opprimer la liberté; il fit périr ou enfermer soixante sénateurs, et eut l'air de faire grâce aux autres, en ne les condamnant qu'au bannissement. Un peuple stupide le proclama son libérateur; et sous ce nom, il gouverna avec une verge de fer cette même démocratie, qui, en se jetant dans ses bras, lui fournit le moyen et le prétexte de la fouler aux pieds.

La marche que suivit Denys pour établir sa tyrannie dans Syracuse, fut à-peu-près la même, ou pour mieux dire, fut encore plus savante, et présente aux lecteurs du XIX.ᵉ siècle de grands rapprochemens. Il commence par accuser les magistrats de corruption : en accumulant contre eux les invectives, il est applaudi par le peuple; il obtient leur destitution, en fait nommer d'autres, à la tête desquels on ne manque pas de le placer : il profite de ce premier succès pour rappeler les exilés, qu'il enrôle, et dont il se fait des créatures; il remporte avec eux quelque avantage sur les Carthaginois, accuse d'intelligence avec l'ennemi ses collègues et tout le parti aristocratique. Le peuple, effrayé, le nomme général en chef, lui décerne une grande autorité. Dès le lendemain il dénonce une conjuration contre sa vie : on lui donne des gardes, dont on lui laisse le choix, et avec le secours desquels il fait périr ses plus redoutables adversaires, chasse tous les riches pour confisquer leurs biens, et fait régner le despotisme et la terreur au milieu de la république qui lui a confié sa liberté.

Il y a peu d'États démocratiques qui n'aient éprouvé les mêmes révolutions; et les moins malheureux ont encore été ceux chez lesquels le tyran (1) n'a point abusé de la tyrannie. Corinthe étoit de ce nombre. Après avoir été florissante sous douze rois, elle ressentoit depuis cent cinquante ans toutes les secousses de la démocratie, lorsque Cypsélus lui rendit le service de la dépouiller d'un pouvoir dont elle ne savoit pas faire usage. Pendant cinquante ans, il l'exerça avec sagesse et modération. Son

---

(1) Dans l'antiquité, ce mot se donnoit spécialement à tout homme qui usurpoit un pouvoir illégal.

fils Périandre lui succéda, suivit les mêmes principes, et procura encore à Corinthe quarante ans de bonheur et de tranquillité. L'humanité, dans aucun État, n'a guère eu d'époques d'une prospérité plus longue; mais quoique les Corinthiens n'eussent pas le courage de fixer et de légitimer chez eux un gouvernement qui les avoit rendus si heureux, ils furent au moins assez prudens pour ne pas retomber dans les violentes révolutions dont Cypsélus les avoit délivrés.

Mytilène, capitale de l'île de Lesbos, n'avoit eu contre les orages de la démocratie d'autre port que la tyrannie à laquelle elle s'étoit soumise. Un de ses tyrans eut la paternelle idée de se servir de son pouvoir pour lui donner des lois conciliables avec une sage liberté. Croyant avoir, par ce bienfait politique, assuré le bonheur de ses concitoyens, il abdiqua. Le respect que l'on conservoit pour sa personne, maintint pendant quelque temps l'autorité de ses lois; mais Sparte et Athènes portèrent dans cet État les troubles qu'elles portoient par-tout.

Mille citoyens des plus distingués furent condamnés à mort par les Athéniens victorieux, qui se partagèrent le territoire de l'île, et réduisirent les malheureux habitans à n'être plus que leurs fermiers.

Dans tous les États où Sparte et Athènes exerçoient leur perfide influence, il faut s'attendre à retrouver perpétuellement les mêmes combats entre les deux partis qu'elles protégeoient; les mêmes vengeances, toujours exécutées au nom du bien public par le parti triomphant. La fatigante uniformité de cette nomenclature n'offre jamais de variations que dans les crimes, parce que les passions en effervescence livrent l'humanité à toutes les chances de la fureur ou du délire. Si, à Thèbes, à Sybaris, à Byzance, à Chio, à Lygdame, à Élis, le parti triomphant se contentoit de bannir les vaincus, dans d'autres villes, chaque révolution entraînoit la perte de ceux qui l'avoient combattue; à Mégare, à Cyrène, à Héraclée, quatre, cinq, six cents victimes étoient condamnées à mort. Ce sacrifice, nécessaire, disoit-on, à la tranquillité de l'État, ajournoit une réaction, qui elle-même en amenoit une autre. Souvent on joignoit la perfidie à la cruauté : c'étoit après une amnistie, publiée au milieu d'une assemblée, pendant une fête civique ou religieuse, que les massacres s'exécutoient. Aussi insensés que sanguinaires, ces concitoyens faisoient sur eux-mêmes une invasion de barbares, et proclamoient ensuite avec emphase la régénération de la patrie.

Tels sont les principaux points de vue que, pendant plusieurs siècles, offre l'histoire de cette belle portion du globe, qui, par sa position, sembloit appelée à une plus noble existence ; qui trouvant chez elle tout ce qui devoit suffire à ses besoins, pouvoit jouir et de la force d'une puissance continentale, et des avantages d'une puissance insulaire ; que les ennemis du dehors ne purent entamer tant qu'elle fut unie, et qui, pour être florissante, n'avoit qu'à se défendre contre ses propres dissensions. Ce fut sans doute le sentiment d'une convenance, d'une utilité générale, qui lui donna l'idée du tribunal des Amphictyons. Des peuples dont l'origine étoit commune, mais qui ne pouvoient se déguiser leur foiblesse partielle, crurent qu'ils ne formeroient plus qu'un seul peuple, en se soumettant au congrès amphictyonique. En effet, ce congrès, dont la seule force n'étoit que celle de l'opinion, fut formidable tant que les Grecs surent le respecter, tant que l'intérêt général en dicta seul les décisions; mais sous prétexte que ces décisions n'étoient pas toujours justes, on se permit d'abord de les enfreindre, puis de les attaquer. Pour annuller un décret dont ils étoient mécontens, les Phocéens ont l'audace de marcher contre Delphes; ils s'emparent de la ville et même du temple; ils déchirent les registres qui contenoient leur condamnation. Une partie de la Grèce les regarde comme des profanateurs, et s'arme contre eux; une autre favorise leur entreprise, et s'arme pour la défendre. Athènes soutient un des partis, Sparte soutient l'autre; parce que, pour elles, tout est une occasion, tout est un prétexte de se nuire réciproquement. Une guerre sanglante s'allume; et les Grecs, divisés, s'entr'égorgent pour défendre ou pour anéantir le tribunal suprême qui devoit maintenir leur union.

Une pareille révolution a des suites nécessaires. Dans la fédération amphictyonique, le premier lien, le premier pouvoir étoit une confiance mutuelle, qui, une fois détruite, ne peut plus renaître. La Grèce perdit donc le lien politique qui attachoit ses États les uns aux autres. La fréquence des révolutions intérieures avoit, dans chaque État, usé le lien social qui devoit unir les citoyens entre eux : elle n'eut donc plus, ni dans son ensemble, les rapports généraux, les engagemens réciproques qui constituoient sa force nationale, ni dans ses co-États, la stabilité des lois qui, pour tous, devoit constituer la force du gouvernement ; ainsi, tandis que, dans chacune de ses fractions, son existence partielle étoit sans cesse compromise par des mutations iniques et violentes, son existence fédérative étoit au dehors sans autorité, sans énergie, sans volonté générale ; et, par conséquent, celle-ci devoit de plus en plus être anéantie par celle-là. C'est en effet ce qui arriva ; et les Romains, pour achever de perdre la Grèce, ne manquèrent pas de lui laisser ses fatales divisions.

CHAPITRE VIII.

RÉVOLUTIONS DE L'EMPIRE ROMAIN À ROME.

Dès que l'on veut méditer sur les révolutions, l'esprit se porte principalement sur ce peuple romain, dont le destin étoit de donner, dans tous les genres, des leçons à tous les peuples, et de les leur donner autant par ses fautes, par ses crimes, par sa chute, que par ses belles actions, ses vertus, et son immense accroissement. Son empire, qui tient une si grande place dans l'histoire ancienne et dans l'histoire moderne, nous offre la longue et pénible transformation d'une petite république en une grande monarchie. On voit toutes les crises, toutes les passions de ses différens âges, tous les vices de sa virilité, toutes les infirmités de sa vieillesse, et enfin toute la honte de sa décrépitude. Dans ce prodigieux amas de siècles, il n'y a point de genres de révolutions dont on ne trouve chez lui un exemple.

L'expulsion des rois nous fait voir comment un événement particulier peut déterminer un changement dans l'État; comment l'adresse de quelques ambitieux en profite pour s'affranchir d'un pouvoir royal qui les offusque ; comment ils parviennent à exaspérer le peuple contre ce pouvoir, qui le protégeoit contre eux. Une petite monarchie se transforme tout-à-coup en une république, qui éprouve en naissant le besoin de s'agrandir, et où cependant des mœurs austères soutiennent long-temps des vertus privées, et produisent des vertus publiques; où l'on voit l'amour de la patrie, celui de la gloire, l'orgueil, l'ambition, toujours aux prises, troubler fréquemment l'État, y faire avec violence des changemens qui semblent devoir l'ébranler, mais qu'une force prédominante amalgame successivement avec tout ce qu'exige l'extension de sa puissance : il en résulte que chaque crise donne plus de vigueur à son tempérament ; mais aussi qu'il faut sans

cesse alimenter cette activité, qui l'épuise-
roit, si elle ne trouvoit pas au-dehors l'ex-
pansion qui lui est nécessaire. Cette république révolutionne donc avec lenteur,
mais avec continuité, tout ce qui l'entoure;
elle le combat, le subjugue, le réunit,
l'identifie avec elle. La force prodigieuse
qu'elle acquiert par cette suite de réunions,
tient à la sagesse avec laquelle elle les prépare et les consomme. Elle aide, elle suit le
temps, mais ne le devance jamais. Elle
améliore la condition des premiers peuples
réunis: insensiblement elle la fait desirer,
et l'accorde aux autres. Malgré sa fierté, son
ambition, elle se fait une loi de ne brusquer aucune de ces révolutions; elle imite
la longue élaboration de la nature, et par-
là elle parvient à donner à tant de parties
un ensemble que ne détruiront même pas
les terribles convulsions auxquelles elle
sera condamnée par l'excès de sa force et de
sa grandeur.

L'histoire offre à nos yeux Sésostris,
Alexandre, Gengis, Tamerlan, et d'autres conquérans, sortant de leurs États pour

en conquérir ou en former au hasard de nouveaux, qui durèrent plus ou moins long-temps, et dont la formation a plutôt été un jet du moment, que le résultat d'un plan combiné; mais nulle part on ne voit un petit État, qu'à peine aujourd'hui remarqueroit-on sur la carte, s'agrandir peu-à-peu pendant six ou sept siècles, pour dominer enfin sur la plus grande partie du monde connu.

Lorsque Rome est arrivée à ce terme, le théâtre d'observation est absolument changé. Tous les vices inséparables de la grandeur, de l'opulence et du luxe, attaquent et détruisent les vertus antiques d'une république bornée, simple et austère : la liberté y est remplacée par la licence; la sévérité des mœurs par leur dépravation. Le peuple ne fait plus de sa souveraineté d'autre usage que d'en vendre l'abus à quelques ambitieux : il n'a plus d'énergie que pour le crime. Les grands qui en conservent encore, l'emploient à usurper un pouvoir sanguinaire ou tyrannique. Ceux qui n'en ont plus, se livrent à l'envi à tous les excès de la débauche. Les anciennes lois, les an-

ciennes idées , se croyant encore fortes
d'une longue et heureuse habitude , veulent
s'élever contre des mœurs nouvelles , et
dans chaque combat s'étonnent de perdre
toujours du terrain : lorsque tout doit les
convaincre de leur foiblesse , elles ne peuvent encore se l'avouer à elles-mêmes. On
veut suivre une marche qui contrarie la nature ; la nature résiste de plus en plus : de
crises en crises , de secousses en secousses,
elle s'avance toujours vers son but. Alors
la nécessité de prévenir ou d'opposer de
grands obstacles , en excitant de grandes
passions , produit de grands crimes. Voilà
pourquoi , dans le dernier siècle de la république , les révolutions se pressent , se
succèdent , se heurtent avec tant de violence ; voilà pourquoi ce tableau repousse
et attache tout-à-la-fois : il repousse par
les sanguinaires projets de Catilina , par
l'infame corruption de ses agens ; par les
longues et cruelles machinations de la vengeance de Marius et de Sylla : il attache
par la sagesse des vues politiques qu'on ne
peut refuser à ce dernier, au milieu même de

ses cruautés; par le grand caractère de Caton; par les ressources que fournit à Cicéron l'amour de la patrie, qui, chez lui, remplace l'audace et le génie; par la profonde douleur de ces vertueux républicains, qui voient la perte de la république sans pouvoir l'empêcher, et, avec plus de zèle que de lumières, se dévouent encore à la défense d'une liberté qui n'existe plus.

Déjà, en s'agrandissant, Rome s'étoit mise dans la nécessité de devenir monarchie. Mais j'admire que César veuille l'agrandir encore, comme pour rendre cette nécessité plus évidente et plus absolue. Il aspire évidemment à la couronne; mais avant de la prendre ou de la recevoir, il veut prouver que cette couronne seule peut sauver l'État, et que lui seul en est digne. Dans la conception du double plan dont il ne veut pas séparer les deux parties, je trouve quelque chose de plus grand encore que ses conquêtes. Pendant dix années consécutives, il suit ce plan avec ténacité; il s'entoure de tout ce qui peut en assurer le succès. Aussi, quand il se lance sur l'arène, la victoire ne paroît plus

douteuse entre son rival et lui. Pour s'opposer à des armées aguerries, triomphantes,
qui, depuis dix ans, n'ont connu que leur
général, Pompée invoque des lois qu'il a
violées lui-même : sa fin malheureuse laisse
César sans compétiteur, et seul arbitre des
destins d'une république qui ne peut plus
ne pas avoir un maître. C'est alors que cette
république, tenant encore aux idées de la
liberté, lorsque, par ses mœurs et par ses
proportions, elle se trouve entre la licence
et l'anarchie, cherche dans ses anciennes
maximes de quoi combattre son nouvel
ennemi ; mais elle n'en a plus la force, elle
n'a que celle de l'assassiner, et n'a pas même
les moyens de profiter de l'assassinat. Elle
se met volontairement à la discrétion d'un
jeune homme de vingt ans, neveu et héritier de César. Ce jeune homme la sert ou
la trahit avec la plus profonde dissimula-
tion. Il devient l'ami, le rival, le vainqueur
de l'ennemi public, contre lequel on l'en-
voie. Il parcourt avec lui une carrière de
crimes, et la ferme dès qu'il a atteint le but.

Le règne paisible d'Auguste acheva doucement une révolution commencée depuis long-temps avec tant de violence. Dans Rome, on ne s'apercevoit du changement que par le calme dont on y jouissoit. Les noms, les formes, les usages du gouvernement furent conservés. Il est probable, comme je l'ai observé ailleurs, que c'est là ce qui empêcha Auguste d'assurer l'hérédité du pouvoir. Il craignit de compromettre une autorité qu'il falloit au contraire montrer dans toute son étendue, mais en même temps dans toute sa bienfaisance. Son erreur fut bien prouvée par ce qui se vit après lui. Si l'autorité de ses successeurs fut* non-seulement absolue, mais arbitraire, malgré l'illégalité, les inconvéniens, les troubles de leur élection, à plus forte raison eût-elle été absolue dans l'ordre légal d'une succession naturelle. Les premiers siècles qui suivent la république, offrent à peine, en faveur de la liberté, deux ou trois tentatives, foibles et non soutenues : on sentoit donc l'impossibilité de revenir à la république. Sans doute il y eut encore dans le sénat quelques ames républicaines, c'est-à-dire qui auroient voulu jouir, dans ses délibérations, d'une juste liberté d'opinions, mais en reconnoissant la nécessité d'une autorité centrale et unique.

Cela seul étoit une grande révolution dans l'esprit des Romains : elle se fit paisiblement sous Auguste, parce qu'elle fut l'ouvrage du temps et de la raison, ouvrage accéléré par la lassitude. Celle-ci étoit inévitable après une longue anarchie, qui avoit décimé un peuple démoralisé. Personne ne se sentoit plus la force d'être citoyen d'une république ; mais chacun aspiroit au repos dont pouvoit jouir un sujet soumis. Ce repos n'exigeant aucune vertu publique, et laissant un champ libre à tous les vices privés, on se trouva dans l'état de corruption et d'égoïsme, si favorable pour l'établissement et l'exercice d'un pouvoir révolutionnaire, qui, alors, n'a plus rien à craindre de ceux qu'il gouverne. Mais le dépositaire momentané de ce pouvoir n'en est pas plus tranquille, parce qu'il a tout à craindre de ceux qui l'ont élevé, et qui, voyant un chemin toujours ouvert pour arriver au rang suprême, ne résistent pas à la tentation de s'y jeter, dès qu'ils en aperçoivent ou croient en apercevoir l'occasion.

De là cette mobilité du trône impérial; mobilité qui commence à se régulariser, pour ainsi dire, après Domitien; qui renverse les mauvais princes comme les bons, les plus grands guerriers comme les hommes les plus foibles : mobilité si forte, que, depuis Caligula jusqu'à Constantin, on compte près de soixante empereurs, sans parler de ceux qui en prirent le titre, mais qui n'en exercèrent que momentanément le pouvoir.

Il faut partager en deux époques les fréquentes révolutions que cette mobilité produisit sur le trône impérial de Rome : dans la première, ces révolutions se font sans guerres civiles ; dans la seconde, elles se font souvent avec elles.

Jusqu'à Commode, il n'y eut d'autres guerres civiles qu'une guerre momentanée dont je parlerai tout à l'heure. Auguste ayant eu la sagesse de ne vouloir plus conquérir, les armées étoient cantonnées aux frontières. Les cruautés de Tibère, de Caligula, de

Néron, de tant d'autres, produisoient une foule de meurtres et de malheurs particuliers, mais qui n'influoient pas sur la tranquillité publique; elles tomboient le plus souvent sur de riches citoyens, dont la perte ne faisoit pas plus d'impression que la mort d'un soldat qui tombe dans les rangs. La fierté romaine, si jalouse autrefois des prérogatives attachées au nom de citoyen romain, s'étoit affaissée à mesure que ce nom s'étoit multiplié. On n'avoit plus qu'un sentiment, si l'on peut lui donner ce nom, celui de l'inertie : chacun eût craint de se compromettre, en paroissant trop affecté de l'acte de despotisme ou de cruauté exercé sur son voisin. Or, lorsque le *moi* est devenu la première loi de chaque individu, il n'y a plus de solidarité dans la société; il n'y a plus ni opinion ni énergie publiques, parce qu'elles ne se composent que de l'opinion et de l'énergie individuelles, qui s'évanouissent, ou au moins se cachent avec soin.

La preuve que cette énergie, qui avoit tenu si long-temps aux idées de liberté, s'anéantit avec elles, paroît bien clairement dans la différence des conjurations sous Auguste, ou sous ses successeurs. Toutes les conjurations formées contre Auguste, avoient pour objet de faire une révolution en faveur de la liberté. Toutes celles qui donnèrent la mort à tant d'empereurs avoient pour motif la haine personnelle du tyran, l'horreur ou le mépris qu'inspiroient ses crimes ou ses folies, une vengeance particulière, ou enfin l'ambition d'un insensé impatient de monter sur un trône auprès duquel étoit toujours un tombeau ouvert.

On ne trouve aucun effet de cette ambition avant l'insurrection de Vindex ; il n'est même pas bien prouvé qu'il fût conduit par elle : mais au moins s'éteignit-elle dans les Gaules, et ne produisit-elle dans tout l'empire qu'un simulacre de guerre civile après Néron. L'avénement d'Othon ne fut réellement pas une révolution, quoique la mort de son prédécesseur en fût bien une ; et même après la fin tragique de Galba, Othon ne voulut point de guerre civile : il aima mieux mourir que de la continuer. Les troubles qui coûtèrent la vie aux trois successeurs de Néron, durèrent au plus dix-huit mois. Vespasien éprouva peu de difficultés ; la mort de Domitien, assassiné dans son palais par des gens de sa maison, ne produisit aucun trouble dans l'empire : il en avoit été de même à la mort de Caligula; et ce ne fut réellement qu'à la mort de Commode, que commencèrent les malheurs attachés aux mutations d'un gouvernement militaire.

Cela tenoit au respect si long-temps imprimé à tout ce qui émanoit de Rome ; il sembloit que c'étoit toujours de ce point que devoient partir les ordres qui gouvernoient le monde. Le paisible règne d'Auguste avoit maintenu ce respect, que ne put altérer la cruelle politique de Tibère; qui, après avoir été affoibli par les folies ou les cruautés de Caligula, de Claude, de Néron, reprit son ascendant sous Vespasien et Titus, et sur-tout sous Trajan, Adrien et les deux Antonins : ce qui comprend une période de deux siècles.

Il est bien vrai qu'à la mort de Caligula, c'est-à-dire soixante-dix ans après la destruction de la république, il y avoit eu

momentanément un mouvement de liberté,
qui, s'il se fût soutenu , eût ramené la guerre
civile; mais cela ne dura que deux jours.
Le sénat, assemblé par les consuls dans les
formes anciennes, condamna la mémoire
des Césars : c'étoit un appel au retour de
la république; mais un appel ridicule, s'il
n'étoit pas suivi : or, non-seulement il ne le
fut pas, mais les prétoriens, qui venoient
de proclamer Claude, l'ayant amené au sénat pour y faire ratifier son élection, le
sénat, non content d'obéir sans hésiter, eut
la bassesse d'accepter une amnistie, c'est-à-
dire de se reconnoître coupable.

A Commode commence la seconde
époque des révolutions du trône impérial :
jusque-là elles n'en produisoient pas dans
l'empire; alors elles en produisirent, parce
qu'elles furent souvent accompagnées de
guerres civiles. La suite de celle qui donna
la couronne à Constantin, fut la translation
du siége de l'empire à Constantinople.
Cette translation fut pour Rome une révolution qui amena sa ruine. On put croire
un moment que l'époque en seroit reculée

par le partage des deux empires d'Orient
et d'Occident; mais Rome ne trouva, dans
le partage fait par Théodose, que les inconvéniens d'un gouvernement militaire. Le
peu d'avantages qu'elle auroit pu en retirer
furent annullés par sa rivalité avec Constantinople. Au moment où les barbares multi-
plioient contre elle leurs longs et constans
efforts, elle vit diminuer les moyens qu'elle
auroit pu leur opposer. Depuis Honorius
jusqu'à Augustule, c'est-à-dire, pendant un
espace d'environ quatre-vingts ans, au
dedans, de fréquentes révolutions ensanglan-
tent le trône chancelant de l'Occident; au
dehors, l'empire est attaqué, morcelé, détruit par les nations nouvelles qui révolu-
tionnent une grande partie de l'Europe;
et Rome et l'Italie ne figurent plus dans
l'histoire que pour être l'arène de toutes les
révolutions que des étrangers y opèrent
pour, contre ou avec elles, sans que, dans
aucune de ces révolutions, on découvre la
moindre trace de la dignité, de la puissance,
du génie du peuple-roi. Tout cela fut
anéanti depuis Auguste, parce qu'il avoit

terminé une révolution que la corruption nationale rendoit inévitable. Tout cela ne put se rétablir, malgré les règnes de quelques princes sages et heureux, parce que des souverains qui, presque tous, s'emparoient ou descendoient révolutionnairement d'un trône élevé sur un précipice, calculoient sur la corruption, l'apathie, la prostration générale, pour y rester quelques jours de plus, sous le poids d'une couronne sanglante, menacés par un glaive toujours suspendu. Dans une pareille position, un souverain n'aura jamais ni le temps, ni la volonté, ni même la pensée de renouveler, de ranimer tout ce qui l'entoure ; et comme il craindra beaucoup plus sa propre chute que celle de l'État, il ajournera volontiers celle-ci sous son successeur, pourvu qu'il puisse se rassurer ou s'aveugler sur la sienne.

CHAPITRE IX.

RÉVOLUTIONS DE L'EMPIRE ROMAIN À CONSTANTINOPLE.

ON vient de voir comment se perdirent à Rome le génie et la dignité du peuple romain : rien de ces foibles restes ne fut transporté à Constantinople ; la populace que Constantin y appela de toutes les parties de l'empire, n'eut de commun avec celle de Rome que sa fureur pour les spectacles du cirque et ses prétentions aux distributions gratuites de blé. Bientôt les querelles de religion vinrent fournir de nouveaux prétextes de sédition. Les rivalités, les vengeances, les crimes de toutes les familles qui passèrent si rapidement sur le trône de l'Orient, ayant toujours recours au peuple pour attaquer ou pour se défendre, lui firent contracter l'habitude d'un état permanent d'insurrection, souvent impuni, quelquefois lucratif, et dans lequel on trouve de la fureur sans énergie, de l'audace sans ténacité, de l'exaspération sans élévation et sans enthousiasme ; enfin tous les vices d'une population corrompue, qui ne regarde les changemens opérés autour d'elle que comme une occasion de satisfaire sa haine ou sa cupidité. En considérant ainsi toutes les mutations du trône de Constantinople, on s'explique aisément à soi-même comment, étant aussi fréquentes, elles ont à peine produit quelques guerres civiles, et n'ont jamais produit de révolutions : c'est ce qui fait qu'on lit avec si peu d'intérêt toute cette partie de l'histoire du Bas-Empire. Les grands événemens qui, par-tout ailleurs, ont une influence si marquée sur l'existence d'une grande nation, ici en ont rarement une sensible. On est fréquemment tenté de demander ce qu'est devenu ce peuple-roi, dont chaque mouvement en imprimoit un à quelque partie du globe, dont chaque pensée hâtoit, suspendoit ou préparoit une révolution. A Constantinople, on trouve le germe des plus grandes révolutions, sans en trouver une qui mérite d'être observée.

Constantin y arrive triomphant, au nom d'une religion qui s'est propagée au milieu des persécutions. S'il la proclame en même temps que sa victoire, s'il en fait ce qu'elle doit être, la religion de l'État, il peut tirer le plus grand parti de cette heureuse révolution, et, en opérant tout-à-la-fois une double régénération religieuse et politique, mettre sa couronne, son règne et ses vastes États dans une position à laquelle l'histoire ne peut rien comparer. Il protége à la vérité cette religion, mais en soutenant toujours le polythéisme. Lui-même n'ose la professer; il attend au lit de la mort pour en faire le premier acte, qui alors n'est plus qu'un acte privé, presque secret, puisqu'on ne peut affirmer que cet acte ait été fait entre les mains des ministres que cette religion avoue, ou de ceux qu'elle réprouve (1).

Cette religion de douceur et de charité, ainsi montée sur le premier trône de l'univers, ne fait aucune révolution dans les mœurs des princes qui l'occupent : il étoit souvent couvert de leur sang, il le sera encore ; Constantin lui-même donnera l'exemple de le faire couler ; et sur qui donnera-t-il cet exemple ? sur un jeune homme de la plus grande espérance, sur Licinius, son neveu, qu'il soupçonne d'intelligence avec son fils Crispus ; sur ce fils même, qu'il trompe par de feintes caresses,

_____

(1) Les Orthodoxes ou les Ariens.

qu'il fait arrêter, et qu'il sacrifie à la jalousie de Fausta ; sur cette Fausta, sa femme, dont il reconnoît trop tard les intrigues.

L'exemple malheureusement donné sera trop exactement suivi. Constance, devenu empereur par la mort de son père, fait périr ses deux oncles, sept de ses parens, dont deux, son beau-frère et son beau-père, avoient été élevés au rang de Césars. Tous ces crimes ne seront regardés que comme des actes ordinaires du pouvoir souverain, et n'influeront en rien sur la guerre que se feront les deux autres fils de Constantin. Constant, après avoir vaincu, pris et fait périr son frère, périt lui-même par ordre de Magnence, qui se fait proclamer empereur. Sa mort est le signal d'une seconde guerre, qui coûte la vie à Magnence. Une troisième s'élève au nom de Gallus, neveu de Constantin, qui est pris et décapité. Maxime, proclamé empereur en Angleterre, passe dans les Gaules, se défait de l'empereur Gratien, est à son tour vaincu par Théodose, et immolé, ainsi que son fils Victor, à la fatale nécessité qui ensanglante régulièrement cette couronne.

Ces guerres (auxquelles on peut à peine donner le nom de guerres civiles, car elles ne sont qu'une rivalité entre deux compétiteurs, et finissent à la mort de l'un d'eux), ces mutations rapides de têtes couronnées (qu'on ne peut appeler révolutions, parce que c'est un ordre de succession établi par le fait, comme l'hérédité le seroit par la loi), sembloient devoir produire le partage d'un aussi grand empire ; mais ce n'est point par elles que ce partage se fait, c'est par un prince doué de grandes qualités, dont aucune ne se trouve dans les deux fils entre lesquels il répartit un fardeau trop lourd encore pour chacun d'eux. Théodose, après un règne glorieux, fait paisiblement cette révolution politique , où toutes les nations soumises à son empire ne jouent qu'un rôle passif, mais qui va inspirer aux nations étrangères un nouvel espoir et les exciter à de nouveaux efforts.

Pendant que ces efforts se portent plus constamment sur l'Occident, le trône de l'Orient paroît plus tranquille. Justin sort des chaumières de la Dacie pour l'occuper avec gloire : il y place Justinien, qui s'y maintient malgré quelques troubles, et qui appelle Justin II pour lui succéder. Celui-ci, fatigué de sa pénible grandeur, s'associe Tibère II, et peu après se retire ; Tibère, puissant, heureux et sage, nomme en mourant le malheureux Maurice.

Ici recommencent les annales du crime ; et désormais il n'y aura plus de prescription contre lui. Je ne puis me résoudre à parcourir de règne en règne cette longue et repoussante nomenclature d'empereurs et d'impératrices, de princes et de princesses, qui, pendant six siècles, s'assassinent, s'empoisonnent, se mutilent réciproquement. Les noms de maris, de femmes, de pères, de frères, de fils, se trouvent indifféremment dans la liste des bourreaux et des victimes. *Je veux régner ; il faut que tu meures :* tel est le mot d'ordre qui se répète perpétuellement sur les marches usées d'un trône chancelant. Soixante empereurs y passent en six cents ans. La moitié périt de mort violente, en donnant et recevant le titre d'usurpateur. C'est ainsi qu'Isaac l'Ange fait prononcer une sentence de mort contre Andronic, excite une populace stupide et barbare à le mutiler peu-à-peu, avant de lui ôter entièrement la vie, et se saisit de la couronne impériale, que peu après son frère Alexis lui arrache, en lui faisant crever les yeux.

Il est à remarquer que pendant ce temps, les Latins étoient aux portes de Constantinople; qu'ils y entrent une première fois pour mettre fin à tant de scènes sanglantes; qu'elles recommencent quand ils en sont sortis; qu'elles les obligent d'y rentrer une seconde fois, mais d'y rentrer en maîtres; que les princes fugitifs renouvellent les mêmes scènes dans les deux empires, dont ils transportent le siége à Trébisonde et à Nicée; qu'ils les renouvellent encore après avoir chassé les Latins de Constantinople; qu'ils les continuent lorsque l'empire, succombant sous les armes ottomanes, est réduit à sa seule capitale; que les souverains qui n'ont plus la force de les repousser, ont encore celle de se disputer un simulacre de souveraineté ; et qu'enfin c'est dans cet état que le malheureux Constantin trouve la fatale couronne qu'il sembloit digne de porter, et qui s'anéantit avec lui.

Au milieu de cette série de crimes et d'usurpations, il y a eu quelques intervalles heureux pour l'empire : il faut observer que ce fut sous les successions héréditaires, et se rappeler ce que j'ai dit dans le chapitre précédent, et sur-tout dans l'*Esprit de l'Histoire,* sur la faute que fit Auguste en n'assurant pas l'hérédité du trône. Dans cet empire, militairement électif, l'héritier naturel se présentoit toujours pour réclamer la couronne ; et quand il étoit écarté, ce n'étoit jamais ni par le sénat, ni par le peuple, mais toujours par un prétendant ou par l'armée. On joignoit donc tous les vices de l'élection aux inconvéniens personnels que les successions peuvent avoir. Qu'en arrivoit-il ? qu'une dynastie qui parvenoit à s'établir, ne passoit pas trois ou quatre générations. La dynastie macédonienne donna cinq empereurs, mais qui ne régnèrent pas de suite, et entre lesquels on trouve les usurpations de Romain, de ses deux enfans, de Théophane et de Zimiscès. Qui déterminoit au hasard le choix d'un empereur ? les femmes, les eunuques, les patriarches, la faction des bleus ou des verts, un mouvement populaire, enfin une armée sans discipline, qui, ne pouvant plus s'honorer de sa valeur, prostituoit sa fougue et son insubordination. Élevés par le crime, la bassesse ou l'intrigue, les empereurs ne montoient sur le trône que pour y être méprisés ou massacrés. Et cependant c'étoit à qui usurperoit, n'importe comment, cette assurance presque infaillible d'une mort prochaine et cruelle : tant il est vrai que chez la plupart des hommes, l'amour du pouvoir est la première, la plus violente, la plus aveugle des passions !

Mais, dira-t-on, comment cet empire a-t-il subsisté près de quinze siècles? Le royaume seul d'Égypte a eu une durée à-peu-près pareille ; et l'Égypte, circonscrite par sa position, n'avoit, relativement à l'empire romain, qu'une très-petite étendue. La Chine, plus vaste, subsiste depuis bien plus long-temps; et l'on a vu plus haut les causes de sa durée.

Ce n'est point dans l'intérieur de l'empire qu'on doit chercher la solution de cette question. C'est hors de lui, c'est dans sa position relativement à tout ce qui l'entouroit, qu'il faut voir si, et comment il a été réellement préservé des révolutions auxquelles il étoit voué par les vices de son gouvernement. Sur la fin de la république, il n'y avoit au dehors aucune puissance en état de l'attaquer, et encore moins de la démembrer. Les avantages momentanés que remportèrent les Germains, affligèrent profondément Auguste, mais ne l'inquiétoient point. Il en fut de même en Asie de ceux des Scythes et des Perses. Cet état dura plus de deux siècles. Lorsque les barbares commencèrent à se répandre dans l'empire, ils n'y eurent pas d'abord des succès rapides; mais dès-lors ils y firent des établissemens; et c'est de ce moment qu'il faut dater les premiers démembremens dans la Grande-Bretagne, dans les Gaules, en

Espagne : mais aussi c'est de ce moment qu'il faut dater les guerres que ces barbares se firent entre eux, et qui couvroient la foiblesse de l'empire par la désunion de ses ennemis.

L'empire d'Occident étoit tombé sous les coups des Turcilinges ; mais bientôt ceux-ci sont en guerre avec les Goths ; les Goths avec les Huns, puis avec les Lombards ; les Lombards avec les Francs ; les Arabes ou Sarasins avec les Vandales, puis avec les Visigoths d'Espagne, puis avec la France, qui déjà comptoit trois siècles de monarchie. Cette réaction perpétuelle des ennemis de l'empire les uns contre les autres, empêchoit de leur part un effort général contre lui, mais ne l'empêchoit pas d'être réduit en Europe à quelques portions de l'Italie, et de ne conserver qu'avec peine un reste de pouvoir en Afrique. En Asie, les Sarasins soumettoient ou arrêtoient plusieurs nations, et notamment les Perses, si justement redoutés par les Romains, qu'ils avoient obligés de reculer leurs frontières. Les victoires des califes les auroient infailliblement amenés sur les plus belles provinces de l'empire, s'ils n'eussent été arrêtés eux-mêmes par les Ottomans. Ceux-ci le furent, au milieu de leurs succès, par Gengis, et sur-tout par Tamerlan. La captivité de Bajazet prolongea d'un demi-siècle les derniers efforts de cet empire romain, qui, diminué graduellement depuis mille ans, finissoit par avoir à-peu-près les mêmes proportions que Rome sous ses rois. C'étoit donc le tableau de la décrépitude qui retomboit dans l'enfance; et dans cette décrépitude même, on retrouvoit la vicieuse constitution qui, en usant, en énervant sans cesse un monstrueux colosse, l'avoit réduit à n'être plus qu'un squelette, chez qui le principe vital étoit anéanti, et qui ne laissoit plus voir que les ravages d'une longue corruption.

Tel est, ce me semble, le résultat exact des observations que l'on peut faire, l'histoire à la main, sur le décroissement successif de l'empire romain, comparé avec l'élévation et la chute de ses empereurs. Si l'on classe ces observations en cinq époques

différentes, on peut d'un coup d'œil en reconnoître la justesse et en faire l'application.

1.° Depuis Auguste jusqu'à la mort de
Caligula, le vice de l'éligibilité du trône se
fait peu sentir, parce que le choix de Tibère
est préparé par les artifices de Livie, et que
la mémoire chérie de Germanicus détermine
celui de Caligula.

2.° Depuis Claude jusqu'à Constantin,
ce vice se montre dans toute sa force, parce
que l'élection se fait par une soldatesque
avide, qui a l'audace de mettre l'empire à
l'enchère, et qui fait ou voit périr sur le
trône plus de trente empereurs.

3.° Depuis Constantin jusqu'à la division de l'empire, l'hérédité semble écarter
l'élection ; mais cette hérédité même, n'étant
ni établie ni restreinte par aucune loi,
arme les frères les uns contre les autres :
quatorze princes et quatre empereurs pé-
rissent victimes de la haine, de la vengeance, de l'ambition que chacun d'eux
veut satisfaire.

4.° En Occident, depuis Honorius jus-

qu'à Augustule, le vice de l'éligibilité consomme la ruine d'un trône attaqué de toutes
parts, et sur lequel huit empereurs viennent
encore se débattre, pour assassiner ou être
assassinés eux-mêmes.

5.° En Orient, ce même vice se perpétue;
il semble y être devenu la seule loi de l'État,
et acquérir une plus grande force, à mesure
que l'État perd la sienne. Il en acquiert sur-
tout une plus grande par l'opposition que
lui présente quelquefois l'hérédité, qui, dans
cette lutte trop inégale, de la raison contre
les passions et l'habitude, n'a jamais que
des succès passagers, toujours accompa-
gnés ou suivis de troubles, dont l'effet inévitable est l'affoiblissement journalier, et
enfin la perte entière de l'empire.

CHAPITRE X.

RÉVOLUTIONS DE L'EMPIRE GERMANIQUE.

LES différens changemens qu'a éprouvés
l'empire germanique, n'ont jamais été
opérés par de violentes et subites révolutions; ils ont tous été amenés par la succes-

sion graduelle des temps, par les relâche-
mens inévitables dans les ressorts d'une
autorité trop étendue et trop subitement
formée. Pour en découvrir la première et la
véritable origine, il faut remonter jusqu'à
l'immense empire de Charlemagne, composé de tant de nations conquises pendant
un règne de victoires, gouvernées par l'ascendant d'un génie créateur, et contenues
par une forte puissance, qui trouvoit dans
la stricte équité sa meilleure garantie. Les
grands moyens de commander aux hommes,
et de se faire pardonner cette domination en
l'employant à leur bonheur, appartenoient
à l'individu, et non aux couronnes dont il
étoit surchargé. Les couronnes passèrent
sur plusieurs têtes, au lieu de rester sur
une, et malheureusement sur des têtes bien
différentes de la sienne. Dès ce moment les
révolutions étoient indiquées par la marche
nécessaire des choses. Appelées par l'ambition, par l'orgueil, par la jalousie, par
la vengeance, elles ne pouvoient manquer
de paroître ; et la funeste habitude des partages leur en fournissoit l'occasion. Elles

emomencèrent sous Lothaire, petit-fils de Charles. Des souverainetés se formèrent des débris de celle qui s'étoit affoiblie en se partageant. L'exemple une fois donné devoit promptement avoir des imitateurs ; et en effet, à la mort de Louis III (en 912), c'est-à-dire un siècle après celle de Charlemagne (en 814), plusieurs États se maintenoient déjà dans leur indépendance : le sceptre impérial étoit sorti de la maison de Charlemagne ; il avoit passé aux Allemands, et la couronne étoit élective.

Ces quatre révolutions se soutenoient l'une l'autre en se prêtant un secours mutuel. Les grands dignitaires, qui s'étoient rendus indépendans, croyoient ne pouvoir conserver leur nouvelle souveraineté qu'en maintenant l'exclusion de l'ancienne maison régnante. Les Allemands, fiers d'avoir choisi un empereur parmi eux, vouloient soutenir et le fait et le droit de leur élection. Enfin, l'empereur élu par eux ne pouvoit ramener l'hérédité sans aller contre le titre même auquel il devoit la couronne : aussi quelque puissans que fussent Henri

l'Oiseleur et les Othons, se contentèrent-
ils d'obtenir qu'on donnât à l'hérédité les
formes de l'élection. Ces mesures étoient
sages ; et si elles eussent pu être suivies
paisiblement pendant quelques règnes glorieux, on auroit revu en Allemagne ce qu'à
la même époque on voyoit en France.

Mais une révolution d'un autre genre
avoit jeté au milieu de l'empire un brandon
incendiaire. Rome élevoit sur son pouvoir
temporel des prétentions inconnues pendant plus de neuf siècles. L'exercice de son
pouvoir spirituel la rendoit partie nécessaire
dans la longue lutte des investitures. L'empire germanique se trouva alors dans un
état permanent de révolution. Les princes
changeoient de parti suivant les circonstances : ils servoient l'autorité pontificale,
quand leur intérêt passager les rendoit ennemis de la puissance impériale. Un des
Henri, avant d'être empereur, combattit
contre son père pour le pontife romain, et
tourna ses armes contre ce même pontife,
dès qu'il eut succédé à son père. Dans cette
confusion d'intérêts, de prétentions, de

succès, de revers, de fausses pacifications, la couronne impériale de jour en jour perdoit nécessairement quelques fleurons. Déjà ses droits sur une grande partie de l'Italie étoient ou anéantis ou contestés : ceux qu'elle avoit toujours eus sur l'Allemagne, mal soutenus par un gouvernement incertain, toujours attaqués par des sujets devenus souverains ou prêts à l'être, souvent gênés dans leur exercice par les intrigues romaines, avoient bien plus de chances pour se perdre ou pour se rétablir. Deux empereurs, les deux Frédéric, malgré leurs talens et leur énergie, n'avoient pu arrêter cette série de révolutions qui naissoient les unes des autres. Il s'en fit dans les revenus de la couronne, qui n'eut plus ni base pour asseoir les impositions, ni règles ni moyens pour les percevoir. Il s'en fit dans ses propriétés territoriales, qui, mêlées avec celles des ducs et des barons, se trouvèrent envahies par eux. Il s'en fit dans le sort de plusieurs villes, non-seulement de l'Italie, mais de l'Allemagne, qui, sous le nom de villes libres ou impériales, se mirent au rang de tant de co-souverains déjà reconnus dans l'empire.

Le désordre fut au point qu'après le règne très-court des deux successeurs de Frédéric II (de 1250 à 1256), il y eut un interrègne de plus de seize ans ; et il est facile de pressentir combien, pendant ce temps, devoient augmenter toutes les pertes de la couronne impériale. Le sceptre de Charlemagne n'étoit plus qu'un fardeau inutile ou gênant, qu'on n'étoit point jaloux de porter, lorsqu'en 1273 il fut remis entre les mains d'un prince dont la souveraineté ne s'étendoit que sur un territoire très-circonscrit. Ce fut même là ce qui détermina l'élection en faveur de Rodolphe de Habsbourg, qui n'eût certainement pas été nommé, si l'on avoit prévu la grandeur de Charles-Quint.

La Bulle d'or de Charles IV consacra une partie des révolutions qui se faisoient depuis long-temps, et donna une sanction légale à toutes les usurpations faites sur l'autorité impériale. Cette bulle devint la loi à laquelle se soumit tout empereur élu. Il ne pouvoit donc s'écarter de cette loi qu'en portant atteinte au titre en vertu duquel il régnoit.

Jusque-là toutes les révolutions, excepté celles qui déjà s'étoient effectuées au-delà des Alpes, avoient été des efforts de l'empire contre l'empereur. Sous le règne d'Albert II, la révolution des Suisses fut due à un effort, non-seulement pour se soustraire à la domination de l'empereur, mais aussi pour se séparer de l'empire. Cette scission, constamment soutenue par le corps helvétique, peu contestée par le corps germanique, ne fut cependant reconnue par celui-ci qu'à la paix de Westphalie, et par conséquent pouvoit déjà invoquer deux siècles de prescription quand elle fut sanctionnée à Munster.

Au milieu de tous ces déchiremens, des idées de liberté absolue, d'égalité parfaite, germoient dans des contrées où l'autorité étoit avilie, attaquée, impuissante. Il fallut répandre des torrens de sang pour éteindre un feu si susceptible de se propager. Les guerres civiles se succédoient : Frédéric d'Autriche en eut trois à soutenir pendant un règne de cinquante-trois ans, et al maison d'Autriche ne pouvoit encore se regarder comme solidement établie sur le trône impérial, lorsque le mariage de Maximilien I.er l'éleva tout-à-coup à un degré de puissance qui annonçoit à l'empire une grande révolution et un retour au temps de Charlemagne. Si cette révolution parut alors menacer l'empire, il dut la regarder comme inévitable, lorsque Charles-Quint monta sur le trône, tenant d'une main un faisceau de sceptres, et de l'autre les clefs d'or du Nouveau-Monde. Son génie, son activité, ses talens, réunis à tant de puissance, sembloient être les attributs exclusifs de l'homme privilégié, destiné à établir une monarchie universelle. J'ai fait voir, dans l'*Esprit de l'Histoire*, comment ce faisceau de sceptres ne fut qu'un poids embarrassant, au lieu d'être une arme facile à faire mouvoir; comment ces monceaux d'or frappèrent de stérilité le sol sur lequel on croyoit les accumuler; comment les obstacles que Charles trouva en Turquie, en Bohême, en Hongrie, secondèrent les efforts de la France et la résistance de l'empire.

Quoique Charles n'eût point réussi dans

son projet, il avoit toujours affecté de parler et d'agir avec les princes de l'empire, comme si ce projet eût été accompli ; toujours en vertu d'un pouvoir absolu, mais qui, n'étant pas reconnu, prenoit les formes d'un pouvoir révolutionnaire. On verra dans le troisième livre l'influence qu'eut la réforme sur l'accroissement, puis sur la décadence de l'autorité impériale. Elle nécessitoit une décision générale sur les questions qu'elle-même avoit élevées ; et l'empire, tourmenté pendant un siècle et demi, soit par des révolutions religieuses, soit par des révolutions politiques, devoit ou se dissoudre, comme nous venons de le voir au commencement du XVII.e siècle, ou sortir de cet état violent avec une constitution qui fixeroit enfin les droits et les devoirs de chacun de ses co-états. C'est ce que fit le traité de Westphalie, si long-temps et si justement appelé dans toute l'Allemagne *magnum instrumentum pacis*, parce qu'en effet il a décidé sans retour des questions qui avoient fait répandre tant de sang, et terminé des révolutions qui sembloient interminables.

En développant, dans l'*Esprit de l'Histoire*, les avantages que ce traité procura
à la Germanie, j'ai annoncé qu'il ne seroit
détruit que par de longs et terribles bouleversemens; que la route qu'il avoit ouverte
à la politique se trouvant alors obstruée de
décombres, il faudroit en chercher une
autre; et que cette pénible recherche ne
se feroit qu'au milieu d'une mer de sang.
Ce que l'on a vu jusqu'en 1814, n'a que
trop justifié cette annonce.

Le traité de Westphalie fit une révolution qui, ainsi que je viens de le dire, termina toutes les révolutions. L'établissement
de la confédération du Rhin en a fait une
de peu de durée, et qui en a nécessité
d'autres. L'un fut l'ouvrage du temps et de
toutes les puissances européennes réunies;
l'autre étoit l'ouvrage d'un moment et d'un
seul homme, qui ne vouloit plus en
Europe d'autre puissance que la sienne.
L'un, sous deux médiations, fut préparé,
discuté pendant cinq ans dans des négocia-
tions qui sont le plus beau morceau de l'histoire; l'autre fut dicté comme un décret,
envoyé dans les cours comme un décret

dans les départemens, exécuté de même. Il nommoit des rois, au lieu de nommer des préfets, et ceux-là aussi amovibles que ceux-ci.

CHAPITRE-XI.

RÉVOLUTIONS DE LA FRANCE.

Sous les trois dynasties qui, depuis le commencement du v.ᵉ siècle, ont régné en France, jusqu'en 1789, il y a eu quelques révolutions contre le monarque, jamais contre la monarchie. Ce n'est pas que la monarchie n'ait vu, par les changemens de ses formes, diminuer ou augmenter le pouvoir royal; mais ces changemens étoient graduels; et quand leur nombre ou leur ancienneté constatoit enfin une révolution, on pouvoit se convaincre qu'elle étoit commencée depuis long-temps. Il n'y a eu que la dernière révolution qui, dès le premier moment, ait directement attaqué la monarchie. Avant la fin de 1789, le pouvoir royal étoit anéanti; et le reste de formes monarchiques que l'on conservoit encore, n'étoit plus qu'une vaine décoration, que rien ne soutenoit, et qu'on laissoit là pour tromper ceux qui vouloient encore être trompés.

Ceci va devenir évident par une courte analyse des révolutions de la France.

Sous la première race, l'amalgame des trois nations fut tel, qu'il n'y eut aucune tentative de l'une contre l'autre; chose très-remarquable, et qui prouve que ces fiers conquérans, sortis des forêts de la Germanie, avoient connu et atteint le but politique de toute conquête d'invasion, qui est, non pas de combattre, mais de s'établir; non d'opprimer, mais de gouverner; non de perpétuer la diversité des intérêts, mais de les réunir et de les confondre tous : aussi cette diversité, qui, après une révolution de conquête, donne tant d'inquiétude au gouvernement, n'en donna aucune aux descendans de Clovis.

Il avoit malheureusement laissé, ou plutôt établi parmi eux un autre germe de révolution, les partages de la monarchie. Il en résulta les plus grands troubles, mais toujours dans la famille royale. Ni le

Gaulois, ni le Romain, n'eut l'idée de profiter de ces troubles (1). Les révolutions ensanglantoient le trône, mais ne l'ébranloient pas. Les Francs eux-mêmes ne songèrent point à en diminuer l'éclat, pendant que ceux qui y montoient étoient presque toujours en guerre les uns contre les autres. Dans les assemblées qui se tenoient régulièrement, on ne voit aucun effort contre le pouvoir royal. Les capitulaires de cette époque tendent tous à en assurer l'action, et à l'assurer également sur les trois peuples ; ce qui, je crois, est sans exemple dans aucune histoire. La constitution monarchique ne fut donc pas altérée par les dissensions de la maison régnante ; mais elle le fut par l'autorité que les rois laissèrent prendre aux maires du Palais. Pendant assez long-temps, ces maires se contentèrent de régner sous le nom du monarque. Leurs victoires sur les Sarasins leur donnèrent l'occasion et les

---

(1) On pourroit m'objecter l'expulsion de Childéric, père de Clovis ; mais elle prouveroit encore pour moi : 1.° parce qu'elle précéda la conquête, qui n'eut réellement lieu que sous Clovis ; 2.° parce que Childéric fut rappelé sans troubles par la sagesse de Viomandus.

moyens d'oser davantage. J'ai dit ailleurs comment ils usèrent de ces moyens, et parvinrent à supplanter la maison de Clovis.

Au reste, les révolutions personnelles qui eurent lieu trop souvent sur le trône de la première race, sont toujours accompagnées de trahisons, d'assassinats, de crimes. On verra la même chose en Espagne, sous la dynastie des Visigoths; en Italie, sous le gouvernement des Goths et des Lombards : comme si le crime étoit une production de tous les climats, et qui devient indigène par-tout où il y a des hommes qui se rassemblent.

La révolution qui éleva la seconde race, ne donna aucune secousse à la monarchie : elle étoit déjà faite par le temps, qui avoit usé l'autorité royale en la morcelant. Pepin, en prenant la couronne, ne fit que remettre cette autorité à sa place, dont lui-même l'avoit éloignée. Instruit par ce qu'il avoit fait, il sentit qu'il falloit rendre à cette autorité sa force et son unité. Charlemagne acheva ce bel ouvrage : par sa législation et la vigueur de son gouvernement', il lui avoit donné au dedans une grande solidité; mais ses conquêtes lui donnèrent au dehors une trop grande étendue, qui ne tarda pas à l'affoiblir. De plus, ce monarque, si justement nommé le Grand, succédoit à trois grands hommes, et pouvoit prévoir avec certitude que son successeur ne le seroit pas. La nature avoit déjà excédé de beaucoup ses bornes ordinaires, en faisant à trois générations cette brillante substitution de talens militaires et politiques, c'est-à-dire de tout ce qu'elle peut réunir de mieux, pour donner à un homme le droit de contraindre des peuples à être soumis et heureux.

La décadence et les révolutions de son bel empire commencent sous son fils même; et ces révolutions, opérées par des moyens ou sous des prétextes religieux, opérées par des ministres de la religion, opérées par un abus de ce que Charles avoit fait pour elle, préparent celles qui doivent ensanglanter les siècles suivans, et dans lesquelles la puissance spirituelle jouera un rôle si contraire à son institution.

Dans le dernier siècle de la race carlo-
vingienne, la révolution du gouvernement
est entière. Les bénéfices, d'abord donnés à
temps, restent aux bénéficiers pendant toute
leur vie, passent à leurs enfans et deviennent
une propriété héréditaire. A mesure que leur
pouvoir augmente, celui du Roi diminue,
et laisse, sans s'y opposer, s'élever un mur
de séparation entre le souverain et les sujets. Alors se compose et s'établit ce gouvernement féodal, dont je crois avoir donné
une juste idée dans l'*Esprit de l'Histoire*,
qui dissémina la monarchie en une foule
d'autorités, et qui finit par délaisser la race
régnante, pour en élever une troisième qu'il
sembloit devoir tenir toujours dans sa dépendance.

Ces deux révolutions du trône françois
eurent une cause absolument semblable;
l'une dans les invasions des Sarasins, l'autre
dans celles des Normands. Les auteurs des
Capets firent contre ceux-ci ce que les auteurs de Charlemagne avoient fait contre
ceux-là; mais il y eut une grande différence
dans les suites de l'une et de l'autre révolu-

tion. Sans répéter ici ce que j'ai dit ailleurs en les comparant ensemble, je me contenterai d'observer que Charles ayant repris tout-à-coup un grand pouvoir, mais lui ayant donné une trop grande portée, ses successeurs commencèrent tout de suite à perdre, sans jamais regagner; qu'au contraire, Hugues, Robert, Henri, ne reprenant que peu à peu, ne perdirent jamais, conservèrent et acquirent toujours. Quand ce pouvoir, presque réduit à rien, commença à s'étendre, ce fut partiellement, par des accroissemens graduels, qui ne se faisoient sentir que sur quelques individus, pour quelque temps, dans quelque partie séparée, et qui, par conséquent, étant moins connus, donnoient moins d'inquiétude, et rencontroient moins de résistance.

De là suit qu'il n'y a nulle comparaison à établir entre les deux grandes souverainetés réunies sur la tête de Charlemagne, l'empire, et le royaume de France. Le chef de l'empire le voit promptement se morceler, et n'est bientôt plus que le chef d'un corps fédératif. Le chef du royaume en voit

les parties se réunir presque toutes, **par**
des voies légales ou naturelles, et former
enfin un ensemble tellement fort de ses
proportions et de ce long amalgame, qu'il
résiste à la plus effroyable révolution,
et qu'au milieu d'un bouleversement sans
exemple, déchiré ou abandonné par ceux qui
pouvoient le soutenir, il réduit encore ses
ennemis à s'écrier avec une rage impuissante : *Mole suâ stat!*

Dans la longue révolution que vouloit
faire et qu'a faite la troisième race, elle
avoit sur Charlemagne deux avantages : le
premier, d'avoir sous les yeux un exemple
frappant du danger des trop grandes puissances ; le second, d'avoir connu, par expérience, le danger de l'extrême féodalité,
dont Hugues Capet lui-même avoit abusé,
et qui deux fois avoit placé ses ancêtres sur
le trône, avant de l'y placer lui-même.

Aussi, à travers les secousses que donnent
à l'État les deux maisons de Bourgogne, on
suit de siècle en siècle la révolution lente,
mais sûre, qui reconstitue l'autorité royale.
Par quels moyens ? par l'affranchissement

des serfs, les priviléges des villes, la rédac-
tion des coutumes, la réunion des justices,
l'établissement des tribunaux. Si, abusant
des bienfaits du monarque, des factieux
veulent attaquer, non plus les excès, mais
l'existence même de la féodalité sur laquelle
repose le trône, il prévient cette révolution,
en faisant à ces factieux une guerre telle
qu'ils la faisoient eux-mêmes : ils prêchoient
des principes destructifs de toute société,
ils violoient toutes les lois sociales ; on les
traite comme étant hors de la société qu'ils
veulent détruire. La Jacquerie offrit les principes, les folies, les horreurs que nous avons
revus depuis 1789 ; elle versa des flots de
sang : il fallut en verser autant pour l'anéantir, et l'autorité légitime reprit le plan de
gouvernement qu'elle suivoit auparavant.

Il faut observer que, pendant six siècles,
quelque redoutable qu'eût été le pouvoir
des grands, aucune tentative révolutionnaire n'avoit été faite contre la race régnante. Il y en eut une contre Charles VII,
mais elle fut faite par les Anglois ; encore
ne se présentoit-elle pas comme voulant

attaquer la loi de la succession, mais comme voulant au contraire l'exécuter. C'étoit en interprétant cette loi, et non en l'anéantissant, que Henri se déclaroit roi de France. Excepté la seconde dynastie en Chine, jamais on ne vit dans un grand État une même race occuper paisiblement le trône pendant aussi long-temps.

Au bout de six cents ans; une tentative bien constamment révolutionnaire fut faite pour couronner une autre race; mais on n'osa pas en manifester l'intention réelle; on la cacha sous des prétextes religieux. Cela est si vrai, que le cardinal de Bourbon, le seul catholique de sa branche, fut, sous le nom de Charles X, proclamé roi par les Guise, qui comptoient bien lui succéder, lorsque l'abjuration de Henri IV termina la révolution.

Lorsque commença celle de 1789, l'idée d'une république ne se trouvoit que dans quelques têtes fanatiques. Il est vrai que plusieurs constituans eurent bientôt celle de changer de dynastie; mais ils n'osoient l'avouer, et ne purent même s'accorder entre eux sur le choix d'une autre. Ce changement n'étoit pas même regardé par eux comme le but de la révolution, mais comme un moyen plus sûr de changer la constitution, et d'en faire une à leur gré. Cette révolution, qui a été la plagiaire de toutes les autres, mais qui les a surpassées, qui a copié tous leurs crimes, mais qui en a inventé de nouveaux, commença par être révolution françoise, fut au moment de devenir révolution sociale, et finit par être révolution territoriale sur le continent européen. Elle a été révolution françoise le 17 juin 1789, jour du serment du Jeu de paume; elle s'est annoncée comme révolution sociale le jour où l'on a décrété que ses principes seroient portés par-tout où ses armes pourroient pénétrer; enfin elle est devenue révolution territoriale, lorsque la tête incendiaire qui la maîtrisoit forma le projet d'asservir tous les souverains du continent, et trouva leurs cabinets disposés à assurer le succès de cette entreprise.

CHAPITRE XII.

RÉVOLUTIONS DE L'ESPAGNE.

DEVENUE province romaine après la ruine de Carthage, l'Espagne partagea les révolutions auxquelles Rome triomphante se dévouoit en détruisant sa rivale. Sertorius, qui vouloit arracher la république romaine à la corruption de l'Italie; les conjurés qui n'avoient pas su profiter, dans le sénat, de la mort de César; les restes du malheureux parti de Pompée, qui tentèrent vainement de le relever, avoient tous regardé la péninsule espagnole comme un lieu favorable pour en faire un point de résistance et d'observation : elle fut envisagée de même par les généraux qui voulurent s'élever sur le trône impérial, dès qu'il fut reconnu que c'étoit la force militaire qui seule en disposeroit. La tranquillité de l'Espagne fut donc fréquemment troublée, et dans les derniers temps de la république, et dans les trois premiers siècles de l'empire : d'autant plus malheureuse que ces révolutions venant toujours d'une cause

qui lui étoit étrangère, elle n'avoit rien à
espérer du résultat, quel qu'il fût; et qu'il
n'y a point de position comparable à celle
d'une nation qui voit préparer, faire ou
combattre chez elle des révolutions dont
elle n'est point directement l'objet, et dont
il faut cependant qu'elle se déclare l'agent
ou l'ennemi. Ce qui est très-remarquable
en Espagne dans les révolutions de ce genre
jusqu'à l'époque que je viens d'indiquer,
c'est la constance opiniâtre avec laquelle
les Espagnols (d'alors) soutiennent le parti
qu'ils ont une fois embrassé; c'est cette ténacité qui résiste toujours jusqu'à la dernière
extrémité, et qui même, dans quelques villes,
alla jusqu'à braver une entière destruction.
Lorsque l'on voit un caractère aussi prononcé
se montrer encore avec la même énergie dix-
huit siècles après, dans un pays qui a changé
plusieurs fois d'habitans, on ne sait si c'est
au sol ou à l'individu qu'il faut attribuer
un phénomène si difficile à expliquer.

Les Vandales et les Goths avoient déjà
enlevé l'Espagne aux Romains, et y avoient
porté une nouvelle population, quand les

Visigoths y portèrent celle qui subsiste encore aujourd'hui, et qui, pendant près de deux siècles, a eu une si grande influence sur les destinées du monde ; mais l'Espagne n'étoit arrivée à ce point de grandeur et de puissance qu'à travers une multitude de révolutions. A peine les Visigoths en étoient-ils tranquilles possesseurs, que, n'ayant plus au dehors d'ennemis redoutables, leur fierté semble s'appliquer à provoquer au dedans les plus grands troubles ; on parvient au trône, on en descend, par des révolutions presque toujours signalées par l'assassinat du roi régnant. Un de ces princes, Suintila, est déposé (en 623) avec des formes révolutionnaires. A cette longue et désastreuse époque, succède le beau règne de Recesuind. Fortement menacée par les Sarasins d'une révolution totale, l'Espagne devoit tenir plus que jamais à leur opposer, sous un gouvernement bien assuré, une grande force d'opinion. C'est ce que cherche vainement à lui donner le successeur de Recesuind, le brave et généreux Wamba: sa sagesse, sa valeur, ses brillantes victoires sur les Sarasins, n'empêchent point qu'il ne soit détrôné par l'usurpateur Ervige. Ce funeste exemple éveille par-tout l'ambition, dans un moment où l'on ne devoit avoir que celle d'éloigner l'ennemi commun. Sous Vitiza, une nouvelle révolte couronne Rodrigue. C'est alors que les fils du monarque détrôné font l'irréparable faute de se mettre dans la dépendance des Sarasins, et de provoquer l'affreuse révolution qui, par la bataille de Xérès, établit en Espagne leur domination.

La retraite combinée de la nation vaincue dans les montagnès, et le projet toujours arrêté de rentrer un jour dans ses foyers, lui faisoient une loi d'éviter à jamais la désunion qui l'avoit conduite à sa perte; mais, non-seulement cette désunion ne cessa pas, on pourroit même dire qu'elle augmenta avec le nombre des petits royaumes que l'on vit se former: leur jalousie mutuelle perpétuoit entre eux des troubles qui, pendant long-temps, affermirent l'empire des Sarasins, et qui auroient fini par leur livrer les restes de l'Espagne, si les Sarasins eux-mêmes n'eussent été chassés des Gaules par Charlemagne. Cependant, ces troubles même entretenoient toujours chez le Visigoth espagnol une habitude martiale et un desir d'indépendance, qui, de siècle en siècle, lui donna de l'avantage sur les conquérans; et chaque révolution qui rapprochoit les royaumes visigoths de l'unité, leur assuroit plus d'avantages sur leurs anciens ennemis. Ceux-ci, toujours vaincus, furent enfin trop heureux de se reconnoître sujets de la monarchie qu'ils avoient détruite; et le trône d'Espagne, resté seul au milieu de tant de débris, s'éleva rapidement à un degré de splendeur dont on n'avoit pas encore eu l'idée.

On peut demander si cette grande et belle révolution n'eût pas dû s'arrêter là, et diriger, au profit de la nation victorieuse, la soumission du reste de la nation vaincue; c'est ce qui n'eut pas lieu: une autre révolution vint poursuivre les Maures jusque dans le moindre hameau; et bientôt ils furent entièrement expulsés du continent. Malheureusement cette dernière révolution arriva dans un moment où il alloit s'en faire une dans la population espagnole, par la découverte de l'Amérique; et dès-lors, l'Espagne s'accoutuma à voir augmenter ses trésors et diminuer ses habitans.

Cependant, le règne de Charles-Quint, préparé par celui de Ferdinand, effraya l'Europe, qui se crut à la veille d'être écrasée sous tant de couronnes; et la terreur universelle auroit sans doute hâté cette révolution, si l'intrépidité chevaleresque ou politique de François 1.er n'eût fait voir que cette masse énorme de pouvoir n'étoit pas inattaquable. J'ai montré, dans l'*Esprit de l'Histoire*, que c'étoit à lui qu'il falloit reporter le commencement des révolutions qui, sous Philippe II, III et IV, ont constamment tendu à diminuer la puissance espagnole. C'étoit en effet une révolution très-importante pour l'Espagne et pour le continent, que l'affoiblissement graduel en Europe de cette redoutable monarchie, lorsque la richesse et l'étendue de ses possessions américaines sembloient l'avoir mise à jamais au-déssus de tous les États européens; et la preuve, c'est qu'ayant, depuis ce temps, toujours conservé (1) ou même augmenté ses possessions en Amérique, elle n'a pu reprendre en Europe son ancien ascendant.

Unie au sort de la France par l'avénement de Philippe V, l'Espagne s'est trouvée, lors de notre révolution, dans la position où j'ai dit qu'elle étoit sous la fin de la république romaine, exposée à des convulsions que peut-être elle eût prévenues par une conduite ferme et invariable, mais qui, une fois commencées, la mettoient dans la dépendance du superbe voisin à qui elle avoit révélé sa foiblesse. En vain a-t-elle cru que cette dépendance pourroit se borner à la contraindre de donner son or. On a commencé, il est vrai, par lui demander *son or* pour l'appauvrir, et sur-tout pour l'avilir ; mais on ne s'en est pas tenu là : ce n'étoient que les deux préliminaires de la révolution que l'on méditoit ; le dernier sur-tout étoit de nécessité absolue. Il s'imaginoit avoir calculé avec certitude l'avilissement du trône et de tout ce qui l'entouroit, celui qui, en faisant signer au

(1) Excepté la Jamaïque, elle n'avoit pas fait d'autre perte jusqu'à la paix de 1763.

roi et aux ministres un acte sans exemple dans l'histoire, a pu se flatter d'en recueillir le prix que sa perfidie s'en étoit promis. Cette révolution, qui, sous nos yeux, a mis en captivité toute la famille royale, n'a été terminée qu'avec la nôtre, et sans cela peut-être n'eût-elle fini que par l'anéantissement total des Espagnols. Mais la nation ainsi séparée de la famille à qui le ciel ordonnoit de la gouverner, occupera toujours une grande place dans l'histoire, moins encore par ce qu'elle a fait dans les jours de sa gloire, que par ce qu'elle a fait dans des temps de calamités, et pour avoir, lorsqu'elle ne trouvoit plus chez elle ni souverain, ni gouvernement, ni armée, ni finances, osé résister à l'iniquité, et se défendre quelquefois avec succès, toujours avec honneur, quand tous les rois de l'Europe ne savoient plus se défendre qu'à force de complaisances pour celui qui avoit juré leur ruine.

Il est évident que des faits aussi étonnans ne peuvent appartenir qu'à la constance, à la ténacité dont j'ai parlé au commencement de ce chapitre; et en même temps il faut observer que l'Espagne n'a jamais eu un esprit révolutionnaire, même au milieu de quelques désordres, de quelques troubles momentanés, inévitables dans un grand empire. On ne voit point en Espagne ce desir vague de changement, cette habitude inquiète, qui donne tant de moyens pour faire ou du moins pour commencer des révolutions. J'excepte cependant la Catalogne, qui, seule de toutes les provinces espagnoles, a eu depuis long-temps cet esprit révolutionnaire. Charles-Quint ménagea ce caractère irascible, qui inquiéta souvent la toute-puissance de l'orgueilleux Philippe; qui, sous ses deux successeurs, fit tant de diversions utiles à la France et à l'indépendance des Pays-bas; qui, dans la guerre de la succession, sans aucun mécontentement contre Philippe, se déclara pour l'archiduc Charles, et repoussa long-temps les bienfaits du premier, pendant que ses bienfaits, ses revers et son courage lui attachoient toute l'Espagne. Parmi les provinces de cette monarchie, il y en eut de plus difficiles à gouverner les unes que les

autres; mais il n'y en eut point où l'on
trouve, à des époques et dans des circonstances très-différentes, des retours aussi
fréquens d'insurrections, de demandes, de
tentatives révolutionnaires, de tout ce qui
indique un peuple assez malheureux pour
n'être jamais content de son état, pour
croire qu'il sera toujours mieux en changeant, et à qui on peut justement appliquer
ce que le Dante a dit avec raison du
peuple de Florence :

> Vedrai te somigliante a quella inferma
> Che non può trovar posa in su le piume,
> Ma con dar volta suo dolore scherma.

CHAPITRE XIII.

RÉVOLUTIONS D'ANGLETERRE.

C'EST une chose très-remarquable que
la Grande-Bretagne, île située à une extrémité de l'Europe, ait été, plus qu'aucun
autre État européen, exposée à tous les
genres de révolutions. Il n'y en a point
dont on ne trouve chez elle de fréquens
exemples. Cette petite portion du globe,
qui, depuis plus d'un siècle, influe si for-

tement sur les destinées du monde entier,
que nous avons vue seule résister à une puissance incommensurable, devant laquelle
toutes les autres s'humilioient, fut, pendant plusieurs siècles, condamnée à être
envahie ou dévastée par toutes les nations
qui vouloient l'attaquer. Lorsque César en
commença la conquête, il la trouva gouvernée par les Druides, qui, nulle part, n'a-
voient aussi solidement établi leur pouvoir.
Ministres de la religion et administrateurs
de l'État, législateurs et exécuteurs des
lois, instituteurs de la jeunesse, toujours
armés d'un fer sacré contre ceux qui ten-
toient de leur résister, et mettant toujours
au rang des lois politiques et religieuses les
sacrifices humains, dont ils faisoient à leur
gré des châtimens ou des récompenses, ils
exerçoient l'empire le plus absolu et le
plus arbitraire que puisse donner la réunion
des deux pouvoirs; réunion bien plus durable entre leurs mains que si elle eût été
dans celles d'un seul individu, parce
qu'appartenant à une association, et à une
association religieuse, elle acquéroit toute

la force du temps, de la superstition et d'une continuité de principes constamment suivis par une succession d'êtres qui se renouvellent sans changer. Ce fut dans le pouvoir des Druides que la domination romaine trouva les plus grands obstacles. Elle étoit inconciliable avec l'empire qu'ils exerçoient, et qui donnoit à la nation une grande force d'union, exigeoit et obtenoit d'elle de grands efforts : les Romains, qui ne se méprenoient guère sur les moyens de consolider leurs conquêtes, sentirent bientôt de quel intérêt il étoit pour eux d'affoiblir graduellement l'autorité de ces prêtres. Ils firent lentement cette révolution, que jamais ils n'avoient faite chez aucun peuple conquis, et qui fut achevée par l'établissement du christianisme.

Grâces à cette révolution, les Romains furent plus puissans en Angleterre, mais les Anglois perdirent la force d'union que les Druides avoient si soigneusement établie et conservée. Dès-lors, ils durent craindre la révolution dont l'empire romain étoit menacé par les irruptions des bar-

bares : elle commença en Angleterre par
l'invasion des Pictes et des Scots, puis par
celle des Saxons. Arrêtée quelque temps
par l'ancienne discipline des légions romaines, elle reprit son cours lorsque de
nouvelles invasions obligèrent ces légions
d'abandonner l'île à elle-même.

Les dernières irruptions des Saxons furent terribles. Elles opérèrent une révolution universelle dans les choses comme dans
les personnes. La destruction presque totale
des Bretons, de leurs lois, de leurs usages,
des usages et des lois des Romains, précéda
l'établissement de l'heptarchie. Dans les
irruptions, dans les conquêtes des autres
peuples, il se fait un mélange de lois, de
langage, d'habitans; ici il n'y en eut pas.
Après un siècle et plus de ravages et de
destructions, la race bretonne fut anéantie.
Quelques restes se retirèrent dans le pays
de Galles, s'y maintinrent à la faveur de
montagnes et de bois impénétrables, et y
conservèrent de leur ancienne existence
un souvenir que l'on y remarque encore.
La même chose s'est vue lorsque les

Européens conquirent le Nouveau-Monde; et les Caraïbes y sont aujourd'hui ce que les Gallois ont été pendant long-temps.

L'heptarchie présenta momentanément l'aspect d'une confédération; mais entre tous ces États, fondés, troublés, détruits par l'injustice et la violence, l'union ne pouvoit être ni longue ni sincère. Dans l'histoire des sept royaumes, on marche habituellement de révolution en révolution; c'est un hasard quand on trouve quelques intervalles de repos : la succession à la couronne est fréquemment interrompue par l'ambition et les rivalités, parce qu'elle est mal assurée par les lois; la seule succession que l'on voie régulièrement suivie, est celle des crimes, des usurpations; et l'Angleterre offre dès-lors, notamment dans les royaumes de Wessex et de Northumberland, l'exemple des rois déposés ou assassinés par des factions.

Toutes ces révolutions, en épuisant les sept royaumes, leur faisoient cependant sentir la nécessité de n'en plus former qu'un, pour repousser les fréquentes inva-

sions des Danois. Egbert eut le bonheur
de les réunir, et le bonheur plus grand
encore de bien connoître et bien employer
les moyens que cette réunion lui donnoit.
Ces moyens étoient à peine suffisans contre
la grande révolution dont les Danois menaçoient l'Angleterre ; elle s'annonçoit avec
les caractères effrayans de celle que les
Saxons eux-mêmes y avoient faite deux ou
trois siècles auparavant. C'étoient aussi des
hommes du Nord qui paroissoient appelés
à la faire, et à qui les préjugés, l'éducation, l'esprit national, la religion même,
imposoient le rigoureux devoir de combattre avec une fureur, un dévouement
qui, sans doute, n'étoit pas de l'héroïsme,
mais à qui on en donnoit le nom, et qui
en produisoit les effets.

Egbert avoit suspendu la marche de cette
révolution ; Alfred la prévint, et rendit
l'Angleterre indépendante du peuple étranger qui la comptoit au nombre de ses conquêtes : il en fit une, et une mémorable,
dans la nation dont il avoit assuré la liberté ;
il établit au milieu d'elle un ordre admi-

rable , une législation dont son génie seul pouvoit lui donner l'idée, mais qu'il eut la sagesse de combiner avec celle de deux rois de l'heptarchie ; Offa, roi de Mercie, Ina, roi de Wessex. Ainsi, l'Angleterre, heureuse sous un gouvernement ferme, paternel et prévoyant, affranchie du joug que des étrangers lui avoient trop souvent imposé, ne sembloit plus avoir à craindre leur retour, lorsqu'ils y furent encore ramenés par des troubles dont l'origine étoit toujours dans l'incertitude de la succession au trône. Les conditions de l'hérédité, mal fixées ou mal observées, rappelèrent des idées d'élection, que l'ambition d'un compétiteur ne craignoit pas de faire valoir, si elles pouvoient lui assurer pour le moment une couronne dont elles rendoient cependant la possession plus précaire.

Cette couronne venoit d'être portée par plusieurs princes danois, lorsque l'avénement d'Édouard le Confesseur fit espérer le retour d'une race royale angloise ou du moins saxonne : sa mort fit évanouir cette espérance ; l'Angleterre fut encore condamnée à être gouvernée ou conquise par une race étrangère ; et nous verrons en effet que ce sort a toujours été le sien.

La question décidée par la bataille d'Hastings, paroissoit ne tenir qu'à une rivalité personnelle entre Harold et Guillaume ; mais l'audacieux Guillaume projetoit et fit une révolution nationale : le prétendant au trône fut vaincu ; la nation fut asservie, et cet asservissement devint l'origine de toutes les révolutions qu'elle a éprouvées. C'est parce qu'elle avoit été réduite à une extrême servitude, qu'elle fit souvent des efforts mal calculés pour s'en affranchir. Honteuse d'avoir été esclave, elle chercha souvent la liberté dans la licence ou dans l'anarchie : frémissant d'avoir porté des fers, elle vit souvent des chaînes dans ce qui n'étoit que des liens avoués par la raison et par la loi ; et dans toutes les révolutions qu'elle a subies depuis Guillaume I.er en 1066, jusqu'à Guillaume III en 1688, c'est-à-dire, pendant plus de six siècles, nous voyons qu'elle a successivement supporté tout ce que le despotisme peut imposer, essayé tout ce que la liberté peut entreprendre, avant de trouver le calme dont elle jouit depuis cent vingt ans.

Guillaume sembloit craindre de laisser oublier à l'Angleterre qu'elle avoit été conquise : sa rigueur fut extrême et porta sur tout, sur les lois, sur le langage, sur les actions, et la vie domestique. Il éprouva de fréquentes réactions, germes de celles que devoient éprouver ses successeurs. Il en triompha, et crut les avoir détruites, parce qu'il les avoit comprimées. A toutes ces fautes il en ajouta une, dont il auroit pu se préserver en observant l'expérience que lui offroient les fastes de l'heptarchie : non-seulement il ne fit aucune loi pour assurer l'hérédité du trône usurpé ; mais au lieu de régler l'ordre de la succession, il la rendit arbitraire. Il avoit trois fils : mécontent du premier, il laissa la couronne à Guillaume II son second fils. A la mort de celui-ci sans enfans, Henri I.er, qui n'étoit que le troisième fils du conquérant, succède, au détriment de Robert, qui étoit l'aîné. Cette interversion de l'ordre naturel occasionne des guerres. Robert, vaincu, est pris et meurt en prison ; et l'Angleterre s'accoutume à penser que des conquérans, toujours armés les uns contre les autres, lui donneront des occasions de profiter de leurs jalousies mutuelles.

La première occasion se présente à la mort de Henri, et à l'instant tombe le gouvernement tyrannique que Guillaume avoit établi à force de sang. Henri reçoit le serment des seigneurs pour reconnoître l'enfant de Mathilde, son petit-fils, qui n'étoit pas alors en Angleterre ; mais son neveu, Étienne de Blois, étoit présent ; et pour l'emporter sur le jeune prince, il convoque une grande assemblée des barons, qui, soit de leur premier serment, soit du fait même de cette assemblée, tirent bientôt la conclusion que leur consentement est nécessaire ; révolution qui doit en amener beaucoup d'autres. Ils font plus : jugeant avec raison que celui qui leur demande une couronne n'a rien à leur refuser, ils exigent et obtiennent l'abolition des lois de conquête et le rétablissement de celles d'Édouard.

Ce n'est point personnellement à Étienne qu'ils veulent arracher cette concession, c'est à la couronne; et la preuve, c'est que lorsque Mathilde, ayant vaincu et pris Étienne, vient à Londres pour faire reconnoître son fils, on lui demande de confirmer la concession; elle s'y refuse; elle est obligée de se retirer. La guerre civile continue, et ne cesse que lorsque la mort du fils unique d'Étienne facilite un arrangement qui assure la couronne à Henri II.

Le règne de ce prince est sans cesse troublé par ses démêlés avec Thomas Becquet, par ses guerres contre Louis le Jeune, par les guerres intestines que lui suscitent ses enfans, toujours armés contre lui. C'est ainsi que débute sur le trône d'Angleterre la maison d'Anjou ou de Plantagenet.

Les grandes qualités de Richard Cœur-de-lion, son esprit chevaleresque, la hardiesse de ses entreprises, maintiennent au-dedans la tranquillité pendant la courte durée de son règne; mais à sa mort, Jean Sans-terre veut exclure Arthus, qui étoit son aîné : il a recours au même moyen qu'Étienne de Blois ; et voilà encore la succession adjugée par la nation ou par ceux qui se disent ses représentans : aussi l'archevêque de Cantorbéry , en mettant la couronne sur la tête de Jean , ne manqua-t-il pas de le féliciter sur le choix qu'on venoit de faire , et sur la préférence qu'on lui donnoit à l'exclusion d'Arthus.

Pour qu'un prince ainsi parvenu relevât la dignité royale , il auroit fallu qu'à un grand caractère il joignît une grande adresse, et que son gouvernement fût toujours ferme et juste. Jean n'eut rien de ce qui lui eût été nécessaire. Les seigneurs réunis lui firent bientôt connoître à quel prix il avoit été choisi : ils demandèrent des priviléges , le rétablissement des lois de S. Édouard et de la charte de Henri I.er La concession à laquelle Jean fut réduit est devenue célèbre sous le nom de Grande-Charte. Au premier tort de l'accorder, Jean en ajoute un second, celui de revenir contre , et de demander au pape d'en déclarer la nullité. L'intervention de l'autorité pontificale, et la nullité qu'elle prononça , déterminèrent la révolution :

elle fut entière, lorsque le fils de Philippe-Auguste, mari de Blanche de Castille, petite-fille de Henri II, fit son entrée à Londres en signant tout ce qu'on lui présenta. Elle eût été durable, si la mort de Jean n'eût pas ramené l'intérêt national sur son fils Henri III, qu'il laissoit encore enfant. La nation parut honteuse de le punir des fautes de son père, et de lui préférer un étranger. Une nouvelle révolution replaça ce jeune prince sur le trône ; mais elle maintint la première, en exigeant de lui la confirmation de la Grande-Charte. Aussi imprudent, mais espérant être plus heureux que son père, Henri revint aussi contre cette confirmation ; et dès-lors il s'établit entre la nation et lui un état de guerre, qui étoit réellement un état révolutionnaire. Le mécontentement donna naissance aux ligues qui se formèrent. Il y eut quelques raccommodemens, qui n'étoient qu'une intermittence, mais non une cessation de la maladie politique ; celle-ci devint habitude. Le parlement refusa les impôts, même ceux qu'on lui demandoit pour soutenir la guerre contre la France : il voulut nommer lui-même les membres du conseil du roi.

Quelle étoit l'origine de ce parlement ? le secours qu'Étienne et Henri Ier avoient demandé aux barons contre les rivaux qui prétendoient au trône. Quels étoient ses droits ? ceux que ces barons assemblés avoient fait reconnoître ou confirmer. Quels sont les résultats de son opposition avec le monarque ? des factions qui se combattent mutuellement, une guerre sanglante dans laquelle le roi est pris par le comte de Leicester, délivré par son fils (Édouard Ier), qui a l'adresse de désunir ses ennemis, l'audace d'attaquer Leicester tout-puissant, le bonheur de le tuer dans un combat, la gloire de délivrer son père, de lui procurer une fin de règne tranquille, et de régner lui-même paisiblement sur un peuple fatigué de tant de secousses. Mais ce peuple, ce parlement, ont connu leurs forces, et, même dans les intervalles de repos, songèrent à profiter de nouveaux troubles.

Aucun souverain ne fut plus fait pour en exciter qu'Édouard II. Sa foiblesse pour

Gaveston et les Spencer, son extrême sévérité envers le comte de Lancastre son cousin, et vingt-deux seigneurs, qu'il fait exécuter; sa mésintelligence avec la reine son épouse, Isabelle de France; les intrigues de cette princesse avec Mortimer; son projet d'ôter la couronne à son mari et de la faire passer sur la tête de son fils : toute cette suite de mesures impolitiques et de moyens révolutionnaires, rend une grande révolution inévitable. La reine, qui s'étoit retirée en Flandre avec son fils et Mortimer, repasse avec eux en Angleterre. Elle est reçue à Londres avec transports; elle y assemble un parlement, qui vote pour la déposition d'Édouard. Des députés sont nommés pour lui demander d'abdiquer en faveur de son fils. Ces députés ne manquent pas de lui vanter la condescendance du parlement, qui veut bien conserver la couronne au jeune Édouard. Ils lui signifient qu'il ne tenoit qu'à eux d'expulser les Plantagenet et de les remplacer par une nouvelle famille. Édouard, qui avoit été excessif dans ses vengeances et tenace dans ses foiblesses, s'avilit devant ceux qui veulent l'abaisser. Il remercie le parlement de n'avoir pas enveloppé son fils dans son malheur, et se laisse renfermer dans la Tour, où l'attend un supplice horrible. Le droit de déposition est ainsi invoqué par la famille royale, exercé par le parlement, consenti par le roi.

Cette révolution portoit un coup funeste à l'autorité. Ses principaux auteurs éprouvent le sort réservé à presque tous les chefs révolutionnaires : le comte de Kent, qui avoit agi sous Mortimer, est accusé par Mortimer lui-même, et décapité; Mortimer, qui a fait couronner Édouard, est livré par Édouard au parlement, condamné, exécuté. Ce même Édouard, qui profite du crime de sa mère, veut avoir l'air de la punir ou de la craindre, et la confine dans une prison où elle finit ses jours.

Édouard III sut illustrer un règne commencé sous de si malheureux auspices. Fils et père de rois détrônés, il donna à l'Angleterre une belle époque de gloire et de prospérité; époque que rendent peut-être encore plus brillante les malheurs dont elle fut précédée et suivie ; qui reçoit encore un nouvel éclat des vertus et des exploits du prince de Galles, si connu sous le nom de prince Noir, et qui se fût sans doute prolongée, si une mort prématurée n'eût pas enlevé ce jeune héros à l'admiration de l'Europe et aux vœux de l'Angleterre.

Sous son fils Richard II, commencent ces terribles rivalités des Yorck et des Lancastre, rivalités qui devoient faire verser des flots de sang. Sous lui se répandit, en Angleterre, cet esprit d'égalité absolue qui déjà avoit causé tant de désordre dans quelques États du continent. La doctrine de l'égalité souleva alors, comme nous l'avons vu de nos jours, un peuple toujours crédule, et toujours victime de sa crédulité. Les dévastations, les incendies, le massacre des gentilshommes, des juges, des grands seigneurs, appuyèrent les argumens des fanatiques qui, au nom d'Adam, ne vouloient admettre aucune différence entre ses descendans. Il fallut exterminer ces bandes d'insensés furieux, aussi ennemis des lois que de la raison.

Obligé d'employer contre eux une juste sévérité, Richard pouvoit tirer parti de ces circonstances, et faire sentir la nécessité de donner une grande force à l'autorité monarchique pour le maintien de l'ordre social. Il eut le tort de se livrer à des favoris et de mal choisir ses ministres; il eut ensuite la foiblesse de les abandonner : enfin, le duc de Glocester, qui, peut-être avec des intentions perfides contre lui, s'étoit toujours élevé contre eux, fut enlevé secrètement, conduit à Calais, où on le fit périr. Ces mesures illégales excitent l'intérêt en faveur des coupables mêmes qui en sont victimes, et inspirent la terreur, tout en annonçant les craintes du souverain, qui devroit se croire assez fort pour ne punir qu'au nom de la loi. Le comte de Derby (Lancastre), redoutant un sort pareil, profita des dispositions dans lesquelles la nation lui parut être, et se mit à la tête d'un parti nombreux. Par un de ces événemens qu'on voit sans les comprendre, Richard, qui venoit de triompher en Irlande, fut abandonné par son armée en arrivant en Angleterre; il se mit à la discrétion de Lancastre, qui exigea son abdication.

La cause du Roi étoit perdue; mais le parlement, fidèle au plan de conduite qu'il avoit toujours suivi depuis la mort de Guillaume le Conquérant, attaqua directement l'autorité, et se rendit le juge de celui à qui il en avoit laissé l'exercice. Trente-trois chefs d'accusation furent admis contre Richard. Un jugement prononça sa déposition et le condamna à une prison perpétuelle. Peu après on publie sa mort, et vingt-deux seigneurs sont exécutés pour avoir défendu le monarque qui a succombé. Cet exemple n'effraie pas ceux qui lui restoient fidèles. Pendant huit ans Henri IV (Lancastre) voit des conspirations se former contre lui; il a le bonheur d'échapper à toutes, et il croit devoir à sa sûreté de multiplier les exécutions. C'est ainsi que commence son règne, et que se passe celui de Henri V son fils. Leurs grands succès, notamment contre la France, réduisent au silence ce parlement, qui ne fut jamais audacieux que contre les rois trop débonnaires. C'est leur successeur Henri VI qui doit encore faire l'épreuve de cette triste vérité.

Édouard IV se fait reconnoître comme héritier des Yorck, dépouillés par l'usurpation des Lancastre. Ceux-ci sont à leur tour proscrits par le même parlement qui leur avoit été si dévoué. Leurs biens leur sont enlevés pour être donnés à leurs ennemis. Henri VI est renfermé dans la Tour; mais à peine le fier Warwick, raccommodé avec Marguerite d'Anjou, a-t-il obligé Édouard de s'embarquer, que le parlement change le nouvel ordre de choses qu'il venoit d'établir, déclare les Yorck ennemis de l'État, développe contre eux le système de confiscation et d'exécution, toujours réservé au parti qui succombe, et remet Henri sur le trône; puis, esclave des circonstances, qui lui tiennent lieu de principes, il va, dès qu'Édouard sera revenu en Angleterre, lui rendre cette même couronne, dont il s'arroge la disposition, applaudir à la nouvelle captivité du malheureux Henri, et même à sa mort et à celle de son fils, parce qu'elles deviennent nécessaires à la tranquillité d'Édouard.

La sanglante couronne que celui-ci transmet à son fils Édouard V ne sera pas plus assurée sur la tête de ce prince; elle lui sera enlevée par son oncle, qui, proclamé sous le nom de Richard III, fait périr son rival avec ses deux enfans, n'épargne pas même Buckingham, à qui il devoit ses succès, dicte au parlement des jugemens de mort contre une partie de ses ennemis, proscrit, exile ou assassine les autres, et laisse échapper le comte de Richemont, qui, à la bataille de Bosworth, lui arrache la victoire, la couronne et la vie.

Cette révolution fut prompte et facile, parce que Richard ne s'étoit jamais fait un ami, et n'avoit jamais manqué d'être perfide ou ingrat envers ceux à qui il donnoit ce nom. Elle fut durable, parce que Richemont (Henri VII) réunit, par son mariage, les prétentions des deux maisons d'Yorck et de Lancastre, parce qu'il versa peu de sang, parce qu'il eut la sagesse de reconnoître que la lassitude universelle l'appeloit à un pouvoir absolu, et qu'il en usa en législateur éclairé qui veut réparer de longues années de calamités. Tous les obstacles disparurent devant ses volontés, et disparurent si bien, qu'il ne s'en trouva même pas devant les caprices et le despotisme de son fils Henri VIII.

C'étoit sous ce monarque impérieux que l'Angleterre, après avoir tant combattu pour sa liberté, devoit donner l'exemple de la plus grande abjection. C'étoit en se rendant l'esclave et l'instrument de sa cruelle lubricité, que le parlement devoit sanctionner ses divorces, condamner deux de ses femmes à perdre la tête, déclarer bâtardes les deux princesses auxquelles ensuite il sera humblement soumis, enfin abandonner sa religion, adopter celle que se fait le fougueux Henri, vouloir que toute l'Angleterre l'adopte aussi, sévir contre les partisans de l'ancienne doctrine, et signaler, par de monstrueuses et sanglantes exécutions, la révolution contre laquelle il va bientôt employer les mêmes moyens ; car ce que Henri lui demande contre l'église romaine, il le fera aussi pour elle sur la demande de Marie; il le fera encore une fois contre, sur la

demande d'Élisabeth ; jusqu'à ce qu'enfin ,
ayant entièrement proscrit la foi catholique,
n'ayant plus à choisir qu'entre les sectes
qu'il aura créées, admises ou tolérées, il soit
par elles lancé dans une révolution dont il
croira être le directeur suprême, et dont il
finira par être le jouet et la victime.

Cromwel le traita avec plus de mépris
que n'avoit jamais fait Henri VIII ; et lorsqu'il l'eut avili, il le chassa honteusement.
Dans l'*Esprit de l'Histoire*, j'ai assez parlé
de cette révolution, qui d'ailleurs est bien
connue, et qui l'est sur-tout depuis que la
nôtre en a suivi si exactement la marche,
qu'on pourroit l'écrire avec des extraits pris
dans Hume, en ne changeant que les noms.
J'aurai fréquemment occasion d'en parler
dans cet ouvrage; elle est une source éternelle de méditations pour quiconque veut
étudier les hommes en révolution; elle est
une preuve que leur sort est d'être toujours
menés, et le plus souvent à un but tout
différent de celui qu'ils se proposoient.

La violence, les secousses, les crimes
dont elle fut remplie, forment un contraste

14..

intéressant avec le calme qui accompagna la restauration de Charles II. Dans la première, on frémit des terribles convulsions par lesquelles il faut passer pour intervertir l'ordre légal d'une société; dans l'autre, on s'étonne et l'on jouit de toutes les facilités que présente le retour à l'ordre, même lorsque ce retour paroissoit le plus opposé aux prétentions, aux intérêts, aux craintes de ceux qui croyoient l'avoir proscrit à jamais.

Aucune tentative ne se fit pour empêcher Charles de monter sur le trône sanglant de son père; quand il y fut, aucune ne se fit pour le forcer d'en descendre. A sa mort, Jacques y monta aussi paisiblement : sa brillante valeur, ses victoires navales, flattoient l'orgueil d'une nation à qui Cromwel avoit révélé le secret de sa grandeur maritime. Les reproches que faisoient à Jacques les ennemis du catholicisme, ceux même qu'il pouvoit mériter pour l'imprudence de sa conduite, n'auroient pas amené la révolution de 1688, si elle n'eût été préparée de longue main par l'ambitieux Guillaume. Jacques fut trompé jusqu'au dernier moment; mais on seroit tenté de croire qu'il voulut l'être, en se refusant aux avertissemens qui lui venoient de toutes parts. Il en résulta qu'un changement qui devoit faire verser des flots de sang, s'exécuta sans opposition. Le parlement eut l'air de prendre la fuite de Jacques pour une abdication, et, partant du fait que le trône étoit vacant du moment que le roi et son fils avoient secrètement passé sur le continent, il y plaça Marie et Guillaume, ou plutôt il déclara que leurs Majestés y étoient placées par droit d'hérédité (1); il évita même un écueil auquel il sembloit s'exposer dans le statut appelé *la Déclaration de droit;* il éloigna toute idée de faire un gouvernement nouveau: au contraire, pour revendiquer les droits et les libertés de la nation, il se

---

(1) Les pairs et les communes, conformément aux statuts de Marie et d'Élisabeth, déclarent que, dans leurs Majestés, les prérogatives légales de la couronne sont pleinement et à bon droit incorporées, unies et annexées; que, de la stabilité dans l'ordre de la succession, dépendent, sous la protection de Dieu, l'unité, la paix de la nation; ils promettent de s'y soumettre et de le défendre ainsi que les personnes de leurs Majestés.

Voyez, plus bas, liv. IV, chap. II.

reporte à ce qui a toujours été fait en pareil cas. Ce n'est point un peuple neuf qu'il veut créer, c'est un peuple ancien, qui, depuis sa Grande-Charte, suit toujours la même marche, pour reprendre et conserver un héritage qu'il regarde comme lui étant substitué. En lisant avec soin les lettres et les mémoires politiques du temps, on peut se convaincre que le grand véhicule de cette révolution a été dans l'impulsion que Guillaume vouloit donner aux affaires générales de l'Europe ; que l'Angleterre reçut bien plus qu'elle ne fit cette révolution ; qui, cependant, consolida chez elle celle que Henri VIII avoit faite dans la religion. L'une fut aussi paisible que l'autre avoit été sanglante. On en profita pour régler légalement l'hérédité de la couronne, si longtemps le sujet de tant de guerres : cet acte fut fait avec une sagesse, une prévoyance dont l'Angleterre a recueilli le fruit ; mais il est à remarquer qu'il fut fait dans un moment de calme, lorsque la révolution étoit terminée. Ce fut en conséquence de cet acte, qu'à la mort de la reine Anne, la couronne passa sur la tête d'un descendant de Jacques I.er Et en moins de vingt ans, la Hollande, le Danemarck, le Hanovre, envoyèrent trois souverains à l'Angleterre.

CHAPITRE XIV.

RÉVOLUTIONS DE L'ÉCOSSE ET DE L'IRLANDE.

IL y a des pays que leur position topographique relative condamne ou du moins expose perpétuellement aux révolutions ; il faut alors que les lois, tant constitutives qu'administratives, de cet État, aient principalement pour but d'éviter l'écueil sur lequel il semble devoir être jeté. Telle fut, pendant plusieurs siècles, la position de l'Écosse, respectivement à l'Angleterre. Obligée d'être habituellement son ennemie, ou menacée de n'être plus qu'une de ses provinces, elle ressentoit souvent les contrecoups des grandes commotions si fréquentes chez les Anglois ; et non-seulement sa constitution la mettoit peu à l'abri de ces secousses, mais elle l'exposoit en même temps à s'en donner à elle-même, et à joindre ainsi tous les inconvéniens des troubles étrangers à ceux des troubles intérieurs. Ceux-ci furent en Écosse plus forts, plus fréquens, souvent même plus sanglans qu'ailleurs; ce qui n'est pas étonnant dans un État où l'âpreté du climat, la rudesse des mœurs, l'excès des vertus guerrières, un régime féodal exclusif des modifications qui, chez d'autres nations, parvinrent à le tempérer, tendoient à entretenir une fierté toujours irritable, que rien ne pouvoit satisfaire, que tout pouvoit blesser.

On retrouve cette fierté dans toutes les dissensions des Écossois. Bien dirigée contre l'ennemi commun par Robert I.er, elle servit (en 1306) à chasser les Anglois, déjà maîtres d'une partie de l'Écosse. Elle les avoit encore repoussés, malgré la captivité de David II, pris par eux après plusieurs défaites. Réglée par une sage politique, pendant l'extrême agitation que maintinrent si long-temps en Angleterre les funestes querelles d'Yorck et de Lancastre, elle eût profité de ce long intervalle pour détruire chez les Écossois tous les germes de dissensions, et pour leur donner une grande force défensive, la seule qu'il leur convînt d'opposer à l'Angleterre. Au lieu de cela, cette fierté, qui avoit besoin d'aliment, se rabattit sur elle-même, pour se nourrir de ses propres fureurs. Jacques III en fut la victime; il périt dans une guerre qu'il eut à soutenir contre ses sujets. Que leurs plaintes eussent alors, ou n'eussent pas de motifs bien fondés (en 1460), ce fut là le premier triomphe des principes qui, deux cents ans après, les armèrent si imprudemment contre Charles I.er Dès 1488, ils avoient avec acharnement opposé ces principes à Jacques IV, que sa piété, sa justice et sa valeur eussent dû leur rendre cher, et qui, à la gloire de les vaincre, ajouta la gloire plus grande de leur pardonner. L'infortunée Marie Stuart, née, élevée, mariée, mère et veuve au milieu des révolutions, en devient enfin la victime, et semble les appeler sur sa postérité, à qui elle imprime le cachet du malheur. A la mort d'Élisabeth, assassin de Marie Stuart, c'est le fils de cette même Marie, qui, déjà roi d'Écosse, monte sur le trône d'Angleterre. Quoique les deux royaumes ne fussent pas alors réunis, Jacques, et plus encore Charles son fils, trouvent dans tous les deux de grands ennemis. Les Écossois, sans mesure, sans réflexion, viennent se précipiter dans la révolution qui poursuit Charles I.er : ils ont cru la conduire, ils sont entraînés par elle ; ils n'en retirent d'autres fruits que d'être les geoliers de leur roi, pour le vendre à ses bourreaux ; et toujours en secondant la profonde hypocrisie d'un ambitieux, assez habile pour profiter du fanatisme, du délire, puis de l'avilissement de deux nations révolutionnées.

A la vérité c'est de l'Écosse que sort celui qui doit glorieusement terminer cette affreuse révolution ; mais l'Écosse ne partagera pas sa gloire, et Monck sera même obligé de lui cacher son projet, pour en assurer le succès. Alors l'Écosse aura perdu sans retour son existence politique ; elle n'aura plus que celle d'une province d'Angleterre, et s'accoutumera avec peine à faire, sous le nom collectif de la Grande-Bretagne, partie d'une puissance contre laquelle elle a lutté pendant tant de siècles.

Circonscrite par la nature dans des bornes peu étendues, l'Irlande sembloit ne devoir occuper dans l'histoire qu'une place très-secondaire. On l'y voit d'abord éprouver, pendant près de deux siècles, les révolutions attachées à tout ce qui excitoit la cupidité des Danois, des Norwégiens et des autres peuples transmigrans du Nord. Lorsque l'établissement ou l'anéantissement de ces peuples eut fait cesser leurs invasions, l'Irlande fut long-temps agitée par des dissensions domestiques, dans lesquelles l'acharnement, la continuité des haines individuelles, trop fréquentes dans les petits États, semblent encore augmentés par la férocité naturelle à ces nations hyperboréennes, dont la religion leur ordonnoit de braver la mort pour satisfaire à la vengeance, et chez qui le christianisme n'a opéré qu'avec peine une révolution dans les mœurs et les idées sociales.

Dans le XII.e siècle, ces dissensions facilitèrent à Henri II la conquête de l'Irlande. Depuis ce temps, elle n'a plus été que le satellite de l'Angleterre; rarement admise à jouir avec elle de quelques momens de prospérité, et trop souvent entraînée dans ses guerres civiles : position d'autant plus fâcheuse pour l'Irlande, qu'en se trouvant forcément immiscée dans les troubles de sa métropole, elle n'eut pas la prudence d'étouffer ceux qui lui étoient propres ; et qu'ainsi, quelle que pût être l'issue des uns et des autres, elle ne pouvoit jamais en retirer quelque utilité ; c'est-à-dire que, chez elle, ces troubles étoient toujours une maladie, et jamais un remède ; et je ferai voir, dans la suite de cet ouvrage (1), que cette position est une des plus funestes calamités dont un État puisse être affligé.

L'Irlande se trouva dans une situation encore plus dangereuse, lorsqu'elle fut, comme dépendance de l'Angleterre, asservie au despotisme religieux de Henri VIII, qui, néanmoins, ne put jamais lui faire abandonner sa croyance. Elle eut d'autant plus de mérite à y rester attachée, que cette cruelle révolution, reçue par l'Angleterre, pouvoit n'être pour elle qu'une révolution religieuse.

_____

(1) Liv. VII, chap. X.

mais, combattue par les Irlandois, devenoit contre eux une révolution politique, dans laquelle, en succombant, ils se trouvoient une seconde fois la conquête d'une puissance rivale.

Dans la première conquête, on n'avoit point eu l'idée d'amalgamer les deux peuples; on pouvoit encore moins l'avoir dans la seconde : au contraire, l'oppression et la résistance devinrent plus fortes, parce que toutes les deux doivent augmenter quand elles portent sur des objets religieux. Cela fut bien manifeste lors de la conspiration des poudres. A tout ce que peuvent inspirer la vengeance et la haine politique, le gouvernement effrayé ajouta toutes les recherches inquisitoriales de la haine religieuse. Les lois faites à cette époque sont celles de Dracon ; j'aurai occasion d'en parler en traitant des lois révolutionnaires.

Cette terrible révolution pesoit fortement sur l'Irlande, lorsque celle de 1649 vint encore aggraver ses malheurs. Dans celle-ci, elle se vit en opposition avec tous les partis. Elle pouvoit trouver dans cette opposition les moyens de faire pour elle-même une nouvelle révolution, et de s'affranchir du joug de l'Angleterre : c'est ce qu'elle ne fit pas; et tous les partis ayant été vaincus ou réunis par Cromwel, il l'écrasa du poids de son énorme puissance, et la réduisit à une véritable servitude.

Cependant l'Angleterre tiroit de grands avantages de l'Irlande et de ses côtes; et sa force politique ayant beaucoup augmenté dans le XVIII.ᵉ siècle, les Irlandois demandèrent avec raison à jouir des mêmes droits politiques que les Anglois, et à n'être plus vexés par des loisqui devoient s'éteindre ou changer avec les circonstances qui les avoient dictées. Cette double révolution auroit absolument identifié les deux peuples. Elle étoit amenée par le temps, le seul grand régulateur des révolutions utiles. Elle ne se fit pas toute entière; et lorsque l'homme se refuse à une révolution que le temps a mûrie; il est à craindre que l'homme n'en fasse une autre, sans égard au temps. Les deux religions anglicane et catholique, et sur-tout le serment du *test*, présentoient

des obstacles, mais qui n'étoient pas insur-
montables. Le parlement et le ministère
britannique crurent qu'ils parviendroient à
les lever, et cela devoit être. Rien n'est
mieux suivi, rien n'est mieux marqué au
coin de la prudence, que leur conduite
mutuelle à cet égard. C'est-là que l'on peut
apprendre comment on fait une révolution
sans être révolutionnaire. La réunion de
l'Irlande à l'Angleterre s'opéra sans trouble
à la fin du xviii.ᵉ siècle : le nombre des membres qu'elle doit envoyer au parlement ayant
été réglé, elle se trouva représentée comme
elle vouloit et devoit l'être ; et l'Europe vit
avec étonnement cette paisible révolution
s'effectuer au milieu même des violentes secousses que communiquoit par-tout la révolution françoise. Mais l'entière tranquillité
de l'Irlande, et les premiers principes du droit
des gens, demandoient une autre révolution dans sa législation religieuse, civile et
criminelle. Pour celle-là, le parlement, qui
la desiroit, et les ministres, qui l'avoient
promise, trouvèrent dans l'opinion personnelle du roi une opposition que rien ne put

vaincre, et qui arrêta tout. La révolution
fut ajournée. Il est probable que cette
opposition finira avec lui : alors l'Irlande
n'aura plus à craindre les révolutions intérieures, que, sous des prétextes religieux,
les différens partis peuvent susciter chez
elle, et qui depuis vingt ans ont été souvent fomentées par la France. Elle n'aura
plus à craindre que de partager celles que
l'Angleterre elle-même pourroit éprouver.
Et de son côté, l'Angleterre, n'ayant plus
à redouter les factions que ses ennemis entretenoient en Irlande, pour y attaquer la
puissance angloise, qu'ils ne peuvent attaquer chez elle, ne mettra plus aucune
distinction entre les intérêts, les lois, les
droits des deux nations, qui, alors, n'en feront réellement plus qu'une.

CHAPITRE XV.

RÉVOLUTIONS DU DANEMARCK ET DE LA SUÈDE.

Les premiers documens de l'histoire
du Danemarck et de la Suède, annoncent
une identité d'origine, d'habitudes, de lois

politiques, de trône électif. A mesure que l'on avance dans l'histoire des deux peuples, on trouve le même esprit d'insubordination dans les deux premiers ordres de l'État; esprit qui augmente avec leurs richesses et leur pouvoir, toujours au détriment de l'autorité royale et de la tranquillité publique. Quand l'archevêque d'Upsal, quand les sénateurs les plus opulens de Stockholm et de Copenhague, disposoient arbitrairement de la couronne, c'étoit avec des conditions qui les rendoient maîtres du roi lui-même, et d'après lesquelles il falloit que ce roi, s'il ne vouloit pas être leur esclave, s'empressât d'être leur tyran. C'est le parti qu'il prenoit souvent, et qui tenoit dans un état précaire les deux nations, toujours placées entre la servitude ou une révolution, et pendant long-temps ne sortant de l'une que pour se jeter dans l'autre.

Cette malheureuse identité de la position politique des deux États, qui les exposoit souvent aux mêmes révolutions, les exposa souvent aussi à être gouvernés par le même monarque, c'est-à-dire, à ne faire qu'un État avec des intérêts différens, et à paroître amis, sans cesser d'être ennemis; existence pénible pour tous deux, mais sur-tout pour celui contre qui il y eut presque toujours une infériorité marquée : ce fut le sort de la Suède. Si l'union avoit pu être durable et bien cimentée, elle l'eût été par les soins de Marguerite, et par les précautions qu'elle prit dans le fameux acte de Calmar. Le moment avoit paru à cette grande reine, tel qu'il étoit en effet, favorable pour opérer, par une dernière révolution, un amalgame qui devoit étouffer le germe de tant de révolutions. Fatigué des prétentions toujours croissantes de la noblesse et du clergé de Suède, Albert avoit, conformément à ce que je viens de dire, redoublé de vexations et de violences pour établir un pouvoir absolu : les deux ordres crurent s'y soustraire en demandant à Marguerite de les soutenir. Victorieuse, maîtresse de la personne du roi et de son fils, elle se hâta de faire l'acte de 1397; mais elle regardoit la révolution comme incomplète, tant qu'elle laissoit aux deux premiers ordres

des droits si dangereux pour le gouvernement. Cependant c'étoit avec eux qu'elle
avoit vaincu, c'étoit pour eux qu'elle avoit
paru vaincre; et les ménagemens que cette
position exigeoit d'elle, rendoient la révolution bien plus difficile à finir qu'à commencer : elle ne vécut pas assez pour la
consolider. A sa mort les troubles se renouvelèrent : de secousses en secousses, on arriva jusqu'au Néron du Nord, qui n'avoit
pas besoin de prétextes pour substituer
sa féroce et sanglante tyrannie à un gouvernement absolu, mais juste. En gémissant
sous le joug de Christiern II, la Suède sentit
enfin le danger de se réunir au Danemarck, et s'affranchit pour toujours de cette
servitude.

La révolution de la réforme qui s'établit
en Suède et en Danemarck au commencement du XVI.ᵉ siècle, offroit l'occasion et
les moyens de faire une révolution dans le
gouvernement. Gustave-Wasa en fit une,
avec une adresse et une patience que j'ai dé-
veloppées ailleurs. Il établit l'hérédité, qui
cependant, après lui, ne put se maintenir

sans troubles. Le Danemarck resta encore près de cent trente ans agité par toutes les commotions inséparables d'une élection orageuse, d'une hérédité contestée, d'un gouvernement incertain. Enfin, en 1660, une révolution prompte et paisible établit, sans effusion de sang, une monarchie absolue et héréditaire. Depuis ce moment, le Danemarck a été assez heureux pour ne plus paroître dans l'histoire des révolutions; et même de nos jours, lorsque le roi se crut obligé de faire arrêter la reine, et de faire exécuter des ministres et des grands de sa cour, la tranquillité publique ne fut pas altérée un moment par un événement qui autrefois eût armé une partie de la ville contre l'autre.

La Suède ne fut pas aussi heureuse, quoique l'héroïsme de Gustave-Adolphe eût rendu à la royauté la force qu'elle avoit perdue depuis Gustave-Wasa. Cette force se soutint encore sous Christine : on respectoit en elle la mémoire de son père, un grand caractère, et l'attitude imposante qu'elle donnoit à la Suède dans le congrès d'Osnabruck ; mais son impolitique abdication fut une véritable révolution pour l'État. Le sénat dicta des lois à son successeur ; et une couronne portée et illustrée par deux héros, ne fut plus reconnoissable sur le front du nouveau monarque, qui ne l'obtint que par sa foiblesse.

Les lois qui lui avoient été imposées, furent révoquées par Charles XI, qui, en assurant de nouveau l'hérédité, voulut ôter au pouvoir royal toutes les entraves; mais les folies de Charles XII, l'épuisement dans lequel, à sa mort, il laissa la Suède, ne donnèrent que trop d'avantages à ceux qui vouloient réduire ce pouvoir. A la mort de Charles, le sénat reprit celui dont il avoit tant abusé, et dont il abusa encore plus que jamais. La révolution se fit sans le moindre obstacle, parce qu'il est dans la nature de l'homme, quand il veut changer de position, de ne jamais calculer que les inconvéniens de celle d'où il sort.

C'est à compter de ce moment que la Suède perdit les provinces qui faisoient réellement sa force et sa défense, et que la

corruption étrangère y devint une spéculation pour tout ce qui tenoit au gouvernement. Plus la Suède s'affoiblissoit, plus cette
corruption augmentoit, parce que chacun
vouloit compenser à son profit personnel,
par l'or qu'il recevoit de l'étranger, les pertes
que faisoit l'État. Cette nation, qui, le siècle
précédent, avoit joué un si beau rôle dans
la guerre de trente ans et à la paix de
Westphalie, qui avoit été médiatrice à Ni-
mègue et à Riswick, partagée en deux partis
à qui les différentes cours de l'Europe pro-
diguoient l'or et le mépris, toujours agitée
quoique avilie, avoit encore des factions,
et n'avoit plus d'énergie.

Le jeune Gustave III avoit assez de
force de caractère, d'esprit de chevalerie,
même assez de vues politiques, pour tenter
de faire remonter sa nation au rang qu'elle
avoit occupé avec honneur : il falloit pour
cela une révolution; Gustave la médita en
France, où il apprit la mort de son père.
De retour dans ses États, il la commença
et la finit en vingt-quatre heures. Profondément conçue, savamment combinée, heu-

reusement et sagement opérée sans effusion de sang, elle présentoit à la Suède l'assurance du bonheur dont le Danemarck jouissoit depuis plus d'un siècle. Ce bonheur fut détruit par l'assassinat de Gustave, événement qui devoit être encore plus funeste pour la Suède, lorsque les excès de la révolution françoise alloient amener la révolution européenne. La couronne perdit tout-à-coup l'éclat qu'elle avoit reçu d'une paix glorieuse faite avec la Russie, après une guerre sanglante. Une longue minorité livra la Suède à ses anciennes factions, à la régence d'un prince que l'on osa soupçonner d'avoir contribué à la mort de son frère. Catherine le jugea assez foible pour lui défendre de faire épouser au jeune roi la princesse que son père lui avoit destinée, et le régent obéit.

Gustave IV prit, sous ces malheureux auspices, les rênes de l'État, dans les temps les plus orageux. Son caractère, qui avoit de la noblesse et de l'élévation, faisoit un grand contraste avec l'avilissement des autres souverains; mais ce caractère n'étoit pas soutenu par la conduite ferme et suivie que les circonstances auroient exigée. On profita d'une guerre malheureuse pour faire contre lui une conspiration qui le détrôna ; et la Suède, déjà entraînée malgré elle dans la révolution qui décomposoit l'Europe, se jeta volontairement dans des révolutions intérieures dont on ne peut prévoir le terme.

Mais il est difficile de croire qu'elles puissent se terminer avantageusement pour la Suède, où il y a toujours eu beaucoup de divisions, et une grande corruption. Quand une nation est infectée de ces deux vices, elle est apte à recevoir toutes les révolutions, et ne peut guère le devenir à en faire une. En se révolutionnant elle-même, elle pourroit, à force de précautions et d'énergie, se régénérer dans sa révolution ; mais en se laissant révolutionner, c'est-à-dire, en abandonnant ses plus grands intérêts politiques à des intrigues ou à des vengeances étrangères, elle annonce hautement qu'elle ne tient pas plus à son indépendance qu'à son honneur.

CHAPITRE XVI.

RÉVOLUTIONS DE LA RUSSIE.

Jusqu'au XVIII.e siècle, les révolutions de la Russie offrent peu d'intérêt à l'observateur. Ce vaste empire est resté dans la barbarie long-temps après que tous les États européens avoient fait de grands progrès dans les arts de la civilisation. Cette barbarie influoit sur ses révolutions, en leur donnant toujours le même caractère de cruauté, et s'opposant toujours à ce que tant de crimes fussent compensés par quelque changement heureux pour l'humanité, ou avantageux au gouvernement. C'est aussi à la Russie qu'il faut appliquer ce que j'ai déjà dit et ce que je serai souvent obligé de répéter, relativement aux révolutions qui ne portent que sur les gouvernans : les individus qui ont ou veulent avoir la souveraine puissance, se succèdent ou se supplantent et s'entre-détruisent; mais ces mutations ne sont jamais que personnelles; elles laissent subsister les choses. Un seul exemple du contraire fut donné vers le milieu du dernier siècle; mais cet exemple ne dura qu'un moment : une révolution aussi facile que soudaine ramena les choses au point où elles avoient toujours été; et le retour à l'ancien ordre, après un changement momentané, prouva qu'en Russie l'ordre des choses tendoit toujours à se maintenir, lors même que celui des personnes tendoit toujours, par sa nature, à être violemment et fréquemment interverti.

Les partages que nous avons vus, en France, produire tant de calamités sous la première et la seconde race, étoient d'usage en Russie au xe siècle, et ne pouvoient manquer d'être une source de crimes dans un temps et dans un pays où le meurtre et la cruauté paroissoient une habitude dont personne n'étoit surpris ni indigné. Wolodimir, qui avoit, comme Clovis, embrassé le christianisme, en gardant, comme lui, la férocité du Sicambre, ne tarda pas à faire périr ses deux frères, avec lesquels il avoit été obligé de partager l'empire; et le cruel exemple qu'il venoit de donner ne l'empêcha pas de diviser, en

mourant, ses États entre ses douze fils, c'est-
à-dire, d'établir entre eux une guerre sanglante, qui ne cessa que lorsque, de meurtres en meurtres, Jaroslaw fut parvenu à
régner seul.

Soit qu'épouvanté lui-même par le souvenir de tant de crimes, il ne voulût pas
transmettre à sa postérité l'usage qui sembloit les provoquer, soit qu'en reconnoissant l'avantage de l'unité héréditaire pour
le trône, il ne crût cependant pas devoir en
laisser la disposition à la nature seule, ce
fut sous lui que s'établit la loi qui autorise
le souverain de la Russie à nommer son successeur ; si toutefois on peut donner le nom
de loi à un genre de succession sujet à tant
d'abus, et qui a été plus souvent interrompu
que suivi.

Ce choix, fait par un souverain mourant,
étoit encore une plus grande source de
troubles, quand il intervertissoit l'ordre de
la nature, en excluant l'aîné pour placer
un cadet sur le trône. L'orgueil humilié
et l'espoir déçu donnoient alors un caractère
plus cruel aux haines et aux jalousies de

famille, comme cela se vit dans les XIIe et XIIIe siècles, lors des choix arbitraires que firent Basile et Démétrius. Au milieu de ces dissensions, l'État étoit exposé à d'autres révolutions, que sa foiblesse sembloit provoquer: les Polonois lui enlevèrent de belles provinces; fatales conquêtes qui devoient être cruellement expiées! Il fut obligé de se reconnoître tributaire des Tartares, que les victoires de Gengis et de Tamerlan avoient rendus si redoutables; et c'est dans le XVIe siècle seulement qu'on voit la Russie reconquérir son indépendance, que depuis elle a toujours conservée.

Jusque-là, elle avoit été regardée comme étrangère à l'Europe; mais c'est vers cette époque que l'on peut placer le premier anneau des révolutions politiques qui l'ont rendue puissance européenne. Sous le règne de Gabriel Basile, Maximilien traita avec elle comme avec une puissance égale; et depuis ce temps, l'Autriche a toujours eu pour système de présenter la Russie comme un fidèle auxiliaire, dont elle se servoit surtout pour influer sur les affaires du Nord.

Les cruautés d'Iwan-Basilowitz, fils de Basile, n'occasionnèrent aucun trouble en Russie. Telle étoit encore la barbarie de ce peuple, qu'il n'étoit jamais plus tranquille que sous un gouvernement barbare. Ces fiers boïards ne s'indignoient point d'être condamnés aux plus cruels supplices, d'être tués de la main même de leur souverain. Iwan égorgea de la sienne son propre fils, et cette affreuse tragédie n'offrit aux spectateurs d'autre idée qu'un acte ordinaire de l'autorité. Théodore, un autre de ses fils, lui succéda; et sous ce prince vertueux, mais foible, commencent les révolutions qui conduisent jusqu'à l'avénement des Romanow.

Le ministre et le favori de Théodore, Boris-Godounow, fut le premier moteur de ces révolutions : ambitieux et cruel, il ne se refusa aucun des crimes qui pouvoient le conduire au trône. Les plus grands malheurs sont prêts à fondre sur un État, quand le souverain, bon et foible, donne toute sa confiance à un homme audacieux, fourbe et méchant : le mal s'opère alors, et se propage, toujours au nom d'un prince qui ne veut et ne connoît que le bien ; erreur funeste dont il est rare que le prince ne soit pas victime.

Cette triste fin devoit être celle de Théodore : il avoit vu périr son frère Démétrius ; Godounow, qui avoit eu l'adresse d'en paroître le vengeur, après en avoir été l'assassin, finit par empoisonner Théodore. Ainsi s'éteignit la race de Rurik ; et Godounow, parvenu à ses fins, fut proclamé czar ; mais les moyens secrets qu'il avoit employés pour se défaire de Démétrius, favorisèrent les aventuriers qui voulurent prendre le nom de ce malheureux prince. Ils trouvèrent de grands secours dans la crédulité d'un peuple ignorant et superstitieux, qui, par cela même, doit toujours être la dupe et la proie d'un imposteur ; ils en trouvèrent dans les dispositions des mécontens, pour qui une révolution, quelle qu'elle soit, n'est jamais que l'espoir de se délivrer d'un ennemi, ou de se procurer un accroissement de fortune. C'est ainsi que Griska fut en peu de jours couronné et assassiné ; que Zuiski fut proclamé et déposé. A cette époque, l'influence étrangère vint augmenter en Russie les calamités inséparables de tant de révolutions. Sigismond, roi de Pologne, aspiroit au trône des czars; il fit arracher Zuiski de la retraite qu'on lui avoit accordée, l'emmena en Pologne avec sa femme et ses frères, et eut la barbarie de les faire tous périr.

Ces crimes, par lesquels il croyoit s'ouvrir le chemin du trône, furent ce qui l'en éloigna. Il ne put même y faire monter son fils ; et Michel Romanow prépara à la Russie le mémorable règne de Pierre le Grand, son petit-fils. Alexis, fils de Michel, avoit jugé que le temps arrivoit où les Russes devoient se placer au rang des peuples civilisés. Il avoit de grandes vues, qu'une santé foible et la courte durée de son règne l'empêchèrent de suivre ; mais il mourut avec l'espoir que Pierre les réaliseroit. Il avoit deviné ce jeune prince, à travers les jeux et les goûts de l'enfance ; et l'événement prouva que ce jugement étoit encore plus celui d'un homme d'État que celui de la tendresse paternelle.

C'est qu'en effet le génie de Pierre for-

moit un trop grand contraste avec les
mœurs, les habitudes, les préjugés dont il
étoit entouré. Il avoit besoin de s'affranchir
de cette gêne. Dans l'élan qu'il prit pour
parvenir à ce qui étoit pour lui une nécessité, il eut deux intentions : la première,
de se rapprocher lui-même de la civilisation européenne ; la seconde, de forcer son
peuple à s'en rapprocher aussi, en l'entraînant après lui. C'étoit une double révolution, l'une personnelle à Pierre, l'autre
dépendante de sa nation : celle-là se fit
promptement, et se fit toute entière, parce
que l'ame de Pierre se trouva tout de suite
à la hauteur de tout ce qu'il se proposoit
de saisir. Il entra dans la politique européenne au moment où elle étoit dans la
plus grande agitation : après la victoire de
Pultawa, il tendoit à y jouer un rôle pré-
pondérant, qu'il y auroit en effet joué quelques années après, si Albéroni fût resté
ministre d'Espagne.

L'autre révolution, celle de son peuple,
lui présenta beaucoup d'obstacles, parce
qu'un grand homme, qui peut bien se

révolutionner lui-même par une forte volonté et des efforts soutenus, ne révolutionne pas aussi facilement une nation qui
lui oppose l'inertie d'une volonté contraire,
et qui se refuse aux efforts qu'on lui demande. Pierre, l'œil toujours fixé sur les
avantages que ses vastes projets devoient
procurer à la Russie, s'irrita des difficultés
qu'il rencontroit; et la marche habituelle
du gouvernement russe ayant toujours été
celle d'un pouvoir révolutionnaire, il la
suivit dans les changemens qu'il vouloit
faire. Il s'imagina qu'un peuple qui s'en-
dormoit indolent et sauvage, pourroit, à
la voix de son souverain, se réveiller culti-
vateur, guerrier, commerçant, navigateur
et civilisé. Cette erreur, excusable peut-
être dans un monarque absolu, accoutumé
à trouver par-tout une obéissance aveugle,
pouvoit d'ailleurs, en Russie, être plus ad-
missible que dans tout autre pays. On pouvoit croire qu'il falloit une continuité de
mouvemens brusques, nouveaux et mul-
tipliés, pour opérer une seconde création
dans une nature engourdie. Frappé des pro-

grès que l'Europe avoit faits dans tous les genres de connoissances, et indigné de laisser la Russie si fort en arrière, Pierre, avec son ame de feu, son caractère entreprenant, son génie créateur, a dû penser que la Russie ne pourroit rentrer en ligne que par des marches forcées. Il semble avoir voulu ne devoir qu'à lui-même ce qu'il auroit pu obtenir du temps ; et une de ses plus grandes conceptions est d'avoir eu la hardiesse d'étonner tous les yeux par la construction subite d'un édifice imposant, en laissant à ses successeurs le soin d'en reprendre et d'en assurer les fondations.

Cependant, et c'est-là ce qui prouve la justesse de ses combinaisons, ces fondations étoient déjà assez solides pour résister à un ouragan. Peu de temps après sa mort, la révolution qu'il avoit faite fut attaquée par une révolution contraire ; mais celle-ci ne dura qu'un moment. L'orgueil des boïards, et l'ignorance fanatique du clergé, après avoir persécuté les étrangers à qui la Russie alloit devoir sa splendeur, les virent, en frémissant, ramenés en triomphe par le

génie de Pierre, qui planoit encore sur son
ouvrage, et commandoit à ses successeurs
d'en achever l'exécution.

Il est bien vrai que la marche qu'il avoit
suivie dans sa révolution, étant, pour une
grande partie de la nation russe, trop en
opposition avec la nature, et celle-ci ten-
dant toujours à conserver ou à reprendre
son empire, cette partie de la nation qui
ne prenoit point part à la révolution, se
trouva tout de suite à une grande distance
de l'autre; mais cet inconvénient, qui, au
reste, diminue tous les jours, ne devoit être
ni aussi sensible, ni aussi dangereux qu'on
pourroit d'abord le croire, dans un pays où
le peuple, réduit à un état absolu de servitude, n'en connoît et peut-être n'en desire
pas d'autre. Non-seulement la révolution
de Pierre a subsisté, mais elle a fait des
progrès rapides; elle a pris une consistance
qui a agrandi et fixé l'existence politique
de la Russie. Dans le siècle même de Pierre,
cette puissance a été reconnue puissance
européenne; elle a été admise à la garantie
du traité de Westphalie, de ce traité fait

dans un temps où on ne parloit pas de la Russie ; et long-temps même avant cette garantie, elle avoit fait une révolution dans la politique du Nord, en forçant la Suède de lui abandonner l'Ingrie, la Livonie, une partie de la Finlande et de la Poméranie.

La révolution qui, après la mort de Pierre II, porta sur le trône Anne Iwanowna, en faisoit réellement une dans le gouvernement. On imposa à l'impératrice des conditions qui alloient faire de la Russie une aristocratie à-peu-près républicaine. Anne eut l'air de les accepter sans hésiter; mais elle eut l'adresse de se faire demander, par un parti puissant, le rétablissement de l'ancien gouvernement; et les Dolgorouki expièrent d'abord dans un exil rigoureux, puis dans les supplices, la témérité d'avoir voulu faire une révolution à laquelle s'opposoient, et l'immense étendue de la Russie, et la diversité des peuples qui l'habitent.

Depuis ce temps, les trois révolutions que nous avons vues, celles d'Élisabeth, de Catherine II et de Paul, se sont passées dans l'intérieur du palais. Quelques compagnies du régiment des gardes proclament le nouveau souverain ; l'autre est enfermé ou tué ; c'est l'affaire de quelques heures, et le lendemain tout va comme à l'ordinaire. Dans Pétersbourg cela fait à peine le matin quelque sensation ; mais cela n'en fait aucune dans l'empire.

A travers ces différentes révolutions, le gouvernement suivoit avec ténacité toutes les entreprises qui étoient dans les principes ou dans les projets de Pierre le Grand. Au milieu du chaos dans lequel l'Europe s'enfonçoit volontairement depuis 1792 jusqu'en 1814, on ne pouvoit calculer ce que deviendroit la Russie. On n'auroit pas osé, dans ces calculs, énoncer la possibilité de voir deux fois, en quinze mois, les Russes maîtres de Paris ; encore moins auroit-on pu prédire que ces Russes, encore barbares au commencement du XVIIIe siècle, seroient, dans Paris, cent ans après, les vainqueurs les plus humains et les plus généreux ; que leur souverain conquerroit tout-à-coup dans l'histoire une gloire qui n'avoit encore appartenu à personne, et couronneroit cette conquête sans exemple, en faisant adopter à ses co-alliés les bases d'un traité par lequel son immortalité est bien plus assurée que par sa conquête même.

A compter du règne de Pierre le Grand, la Russie avoit toujours visé à être puissance européenne ; elle l'est devenue aujourd'hui, elle l'est devenue pour jamais par des moyens extraordinaires, et dont les prédécesseurs d'Alexandre n'avoient jamais eu la pensée. Le règne de ce prince sera une grande époque pour l'empire russe : il commence une nouvelle ère ; il la commence sur des bases qui doivent être stables, parce qu'elles sont justes ; il la commence avec des principes qui, tant qu'ils seront suivis, écarteront toutes les révolutions. Il ne doit plus avoir en vue que deux choses : la première, suivant le beau mot de Montesquieu, de ne jamais s'abuser sur *les inconvéniens de la grandeur ;* la deuxième, de préparer, mais de n'opérer qu'à force de patience et de temps, la révolution devenue nécessaire parmi quelques-uns des peuples qui, quoique sujets de son empire, n'en sont pas encore à la hauteur.

CHAPITRE XVII.

RÉVOLUTIONS DE LA HONGRIE.

LA civilisation des Hongrois, commencée vers la fin du XI.ᵉ siècle, lors de leur conversion au christianisme, fut suivie par deux souverains bienfaiteurs de la nation, Geysa et Étienne I.ᵉʳ Leur constitution, comme celle de toutes les peuplades du nord-est qui s'établirent en Europe, portoit l'empreinte d'une société plus nomade ou guerrière que politique, plus jalouse de maintenir sa liberté personnelle que la tranquillité publique, et ayant peu l'idée d'un gouvernement qui les concilie toutes deux. C'étoit donc seulement par des révolutions sagement préparées que ce peuple pouvoit atteindre et garder une position politique analogue aux circonstances et aux voisins dont il étoit et alloit être entouré; mais il étoit bien vraisemblable que ce peuple, dont la fierté et l'indépendance

avoient tenu d'abord à la barbarie, conser-
veroit long-temps, dans ses révolutions,
l'empreinte de son premier caractère, et
qu'on y reconnoîtroit toujours ces Huns si
redoutables pour l'empire romain, vaincus,
il est vrai, par Charlemagne, mais à peine
contenus par lui ; qui, sous ses successeurs,
inondèrent plusieurs fois l'Allemagne et
l'Italie, et qui, rentrés dans leur patrie,
pour y frémir de leurs défaites ou abuser
de leurs victoires, étoient aussi difficiles à
gouverner après les unes qu'après les autres.
C'est, en effet, ce qu'on peut remarquer dans
leurs révolutions.

Elles commencent sous le successeur
d'Étienne I.er, et déjà elles sont signalées
par l'élection, la chute, le rétablissement,
l'expulsion de Pierre I.er De 1034 à 1173
son premier compétiteur Aba est, après sa
victoire, massacré par son armée. Le second,
André I.er, plus heureux, s'empare de Pierre
et lui fait crever les yeux ; mais son bonheur
est de peu de durée ; détrôné par son frère
Béla, il est obligé de fuir, et périt dans sa retraite. Un même sort attend son fils Salomon.

Les mêmes troubles continuèrent jusqu'au XIIIe siècle, sauf quelques intervalles de calme : et si ce siècle s'écoule sans voir renouveler ces troubles, c'est que deux fois en moins de quarante ans, les Tartares, pénétrant jusqu'au cœur de la Hongrie, y exercent les plus horribles ravages, et répandent par-tout la consternation, la misère et la mort.

La descendance d'Étienne Ier finit dans la personne d'André III. Jusqu'alors les élections (car elles avoient toujours lieu), tomboient constamment sur un prince de la famille royale; mais elles devinrent encore plus une occasion de révolution, lorsqu'il fallut choisir dans une autre famille, lorsque ce choix tomba sur des étrangers, lorsque les papes s'arrogèrent le droit de disposer de la couronne, lorsque le sceptre, pouvant être la dot d'une fille, passoit à celui qui obtenoit sa main.

Ces quatre changemens, qui arrivèrent en moins d'un siècle, étoient pour la Hongrie une véritable révolution, ou du moins l'exposoient souvent à en avoir une. Pour s'en préserver, il auroit fallu, dans les assemblées de la nation, un grand accord, une conduite suivie, une homogénéité de principes que l'on y cherche en vain.

Sigismond de Luxembourg, parvenu au trône en épousant la fille du dernier roi, règne encore après la mort de sa femme. Un soulèvement lui ôte la couronne, un autre la lui rend : et c'est alors qu'il est élu empereur. A sa mort, les Hongrois, effrayés du pouvoir que ce titre lui avoit donné, exigent, en nommant Albert, qu'il se soumette à ne jamais accepter la couronne impériale. Il promet, est nommé roi, se fait peu après élire empereur : sa mort prématurée délivre la nation de ses nouvelles alarmes.

Ici la position de la Hongrie change encore, et semble lui commander de prendre plus de précautions que jamais contre les factions que pouvoit faire naître au milieu d'elle l'éligibilité du trône. L'empire grec étoit fini : les Turcs, maîtres de Constantinople, méditoient la conquête d'une partie de l'Europe, et regardoient la Hongrie et la Transylvanie comme des avant-postes dont il leur étoit important de s'emparer. Mathias Corvin, au lit de la mort, recommande aux Hongrois de se garder des étrangers. Il expire, et son fils est exclu par des cabales étrangères. Celle de Ladislas, roi de Bohême, l'emporte ; il est élu, et fait avec ses concurrens un traité qui annonce à la Hongrie que l'élection ne sera plus pour elle qu'un vain nom, sans autres effets que des guerres perpétuelles.

Elle pouvoit d'avance en voir la certitude dans le prodigieux accroissement qu'avoit pris tout-à-coup la maison d'Autriche ; dans l'intérêt que cette maison avoit à faire de la Hongrie le boulevart de la chrétienté contre les Turcs, et à se donner sur elle les droits d'une souveraineté héréditaire. Enfin, la réforme, qui devoit avoir une si grande influence sur toutes les révolutions des pays où elle pénétroit, avoit déjà, parmi les Hongrois, de nombreux partisans, et mêloit par conséquent un nouveau germe à tous les germes révolutionnaires déjà répandus dans la Hongrie. La politique extérieure en semoit encore d'autres. Les ennemis de l'Autriche cherchoient à exaspérer contre elle une nation dont la population, les productions et la bravoure lui offroient de grands avantages. Ainsi, Turcs, protestans, catholiques, Allemands, François, Hongrois, tous avec des intentions différentes, se réunissoient pour ôter à la Hongrie la possibilité de jouir en paix de sa liberté, ou d'en faire le sacrifice à l'Autriche, pour trouver au moins dans un état de calme le prix de sa soumission; et je ne crois pas qu'un peuple puisse se voir dans une position plus malheureuse.

Il est bien vrai qu'il auroit pu la rendre moins pénible, en renonçant franchement à une éligibilité que le temps rendoit impossible ou dangereuse, et reconnoissant le droit d'hérédité dans la maison d'Autriche; mais cette abjuration d'anciennes idées, d'anciennes habitudes devenues inconciliables avec un nouvel ordre de choses, ce calcul exact et calme des circonstances étrangères, cette comparaison, cette balance de tous les intérêts, excepté l'intérêt

personnel, qu'à peine on pourroit attendre
de l'homme d'État le plus probe, le plus
sage, le plus instruit, ne se trouvent point
dans une assemblée tumultueuse : elles se
trouvoient encore moins dans la diète hon-
groise, qui, bien éloignée de s'avouer ses premières fautes, se condamnoit par cela même
à en commettre d'autres ; dont le temps
avoit diminué les forces, sans diminuer
sa fierté ; et qui vouloit toujours régler son
sort, sans voir que désormais il dépendoit
des fluctuations de la politique européenne
et des intrigues du sérail ou du divan à
Constantinople.

Aussi que voit-on pendant près de deux
siècles dans l'histoire de la Hongrie, c'est-
à-dire, depuis le milieu du xvie jusque vers
1725 ? des guerres entre plusieurs concurrens ; des traités non moins funestes à la
Hongrie que ces guerres elles-mêmes ; la
Porte paroissant quelquefois prendre les intérêts des Hongrois, et les sacrifiant à l'espoir d'une paix momentanée, afin d'attaquer ensuite ces Hongrois trop désunis
entre eux pour retirer un avantage durable

des dissensions de la maison d'Autriche, sur-
tout de celles de Rodolphe et de Mathias; ces
peuples croyant avoir recouvré leur liberté,
parce qu'en couronnant le rebelle Mathias,
ils lui font signer des conditions que ni lui
ni ses successeurs ne prétendent observer ;
soutenus quelque temps par les exploits de
Gabor et de Ragotzki ; puis réduits à cons-
pirer, non plus comme des guerriers, mais
comme des conjurés ; prenant des moyens
révolutionnaires pour arrêter une révolution , et par-là donnant à Léopold , sinon
le droit, au moins le prétexte, de faire sur
eux une révolution de conquête, et de leur
imposer des lois comme à des ennemis
vaincus.

C'est en effet ce que Léopold ne manqua
point de faire. Il parle en conquérant : tout
ce qu'il ordonne , c'est toujours *vi accersitæ*
potestatis et dominii nostri ; ex plenitudine
regiæ potestatis. La révolution est entière : il
change tout le gouvernement; il abolit
l'élection ; il détruit l'institution du palatin;
il établit un vice-roi révocable à sa volonté;
il répare ou fait bâtir des forteresses, et

les remplit de troupes allemandes ; il mul-
tiplie les proscriptions, les confiscations,
les exécutions, et toujours en substituant
les formes révolutionnaires aux formes juri-
diques ; toujours en posant pour principe
que quiconque lui est suspect, doit perdre
sa liberté, sa fortune ou la vie. Une indignation générale fermente au milieu de
tant d'horreurs. De cette longue chaîne de
victimes, quelques-unes s'échappent et
crient vengeance : le jeune Tékéli les
rassemble, est proclamé roi ; puis, à la paix
de Carlowitz, abandonné par le Turc, il
est réduit à gémir dans l'inaction et dans la
retraite, sur les malheurs et les dissensions
de sa patrie. Elle ne manque pas de guerriers qui se dévouent pour la défendre elle-
même contre toutes les factions qui la
déchirent. Tékéli est remplacé par le brave
Olgosky, dont les grands succès ne peuvent
la sauver. Un nouveau Ragotzki s'élève et se
forme à force de revers : deux fois il a la
grandeur d'ame de refuser la couronne de
Pologne, parce qu'il ne croit pas qu'il
puisse avec honneur régner sur un autre

pays, quand son devoir lui prescrit de venger le sien; et lorsqu'il est contraint de céder à des forces victorieuses, il prouve, par la noblesse de sa conduite, qu'il étoit digne de régner sur tous les deux.

La mort de Léopold, celle de Joseph, l'avénement de Charles VI, n'empêchent pas que le conseil de Vienne n'ait fréquemment recours aux moyens secrets qui peuvent consolider la révolution; et parmi ces moyens, il est douloureux de trouver l'enlèvement d'enfans au berceau (des premières familles hongroises), conduits dans d'autres provinces pour ignorer .toujours le rang et le nom de leurs parens. En 1723, sous prétexte de nouveaux efforts préparés en faveur des deux fils de Ragotzki, Charles renouvelle encore l'affreux spectacle de la ville d'Épéries: les exécutions recommencent, et prouvent aux malheureux Hongrois qu'ils sont toujours en révolution.

L'époque où cessa réellement cet enchaînement de révolutions, fut à la mort de Charles VI, lorsque sa fille Marie-

Thérèse n'eut plus pour défenseurs que les fils de ceux que ses pères avoient si cruellement traités ; que cette noblesse qui oublia tout pour combattre, et crut qu'*il étoit de sa gloire de périr et de pardonner* (1).

CHAPITRE XVIII.

RÉVOLUTIONS DE LA POLOGNE.

LA Pologne est le pays où les révolutions ont été, pour ainsi dire, naturalisées ; elles étoient devenues une production indigène chez la malheureuse nation qu'elles ont conduite à sa perte. Dès le temps des Piastes, la noblesse polonoise avoit éprouvé, avoit même cherché des révolutions ; elle les appeloit par sa vicieuse composition, par son insubordination, par la fierté même que nourrissoient de fréquens succès obtenus par sa brillante valeur contre les Russes, les Tartares et les Turcs. Cette insubordination devenoit de plus en plus dangereuse pour l'État, à mesure que, d'un

_____

(1) Montesquieu.

I.

côté, une extrême opulence, de l'autre, une extrême pauvreté, mettoient, par le fait, une énorme différence entre des républicains que la loi plaçoit sur la même ligne. Entre eux et les serfs, la loi ne reconnoissoit aucun intermédiaire; l'inégalité des fortunes produisoit un nombre toujours croissant de ces derniers, toujours dans la dépendance des hommes puissans dont ils tenoient leur existence. Dans les républiques anciennes, les lois admettoient, avec plus ou moins de précautions, la classe indigente à l'exercice de la souveraineté; et lorsque cette classe, repoussant toutes ces précautions, vouloit ou s'attribuer l'exercice entier de la souveraineté, ou le transmettre à un chef avide ou ambitieux dont elle se faisoit le satellite, l'État étoit en révolution. En Pologne, où la classe indigente, qu'on pourroit bien appeler *plebs sarmatica*, avoit, d'après les lois, autant de droits que la classe opulente, et se vendoit publiquement à elle, l'État étoit toujours menacé d'une révolution; il en cherchoit, disons mieux, il en trouvoit toujours en lui les élémens. Casimir le Grand avoit, dès le quatorzième siècle, prévu ce qu'ils produiroient un jour : il avoit combiné une législation et un mode de gouvernement pour remédier aux inconvéniens dont il étoit le plus frappé.

La mort détruisit l'effet de ses vues bienfaisantes ; elle fut de plus une véritable révolution. Comme il étoit le dernier des Piastes, l'élection reprit toute sa force. La noblesse polonoise, sans avoir égard à l'accroissement de puissance des États voisins, attacha sa liberté à cette même élection, qui devoit la lui ôter. Bientôt elle y attacha même sa corruption ; et dès-lors, le mal ne fit qu'augmenter : il fut porté à son comble par les *pacta conventa* et le délire du *liberum veto*. Ayant ainsi énervé l'autorité royale et décomposé le gouvernement, la noblesse s'accoutuma à ne voir dans le roi qu'un ennemi contre lequel elle devoit toujours avoir des gardes avancées. Et en effet, plus elle anéantissoit son pouvoir, plus elle devoit craindre qu'il ne cherchât à le rétablir.

L'influence étrangère qui avoit déjà com-

mencé à intervenir dans l'élection du roi,
la violenta ostensiblement sous Charles XII : il donna aux puissances voisines
l'exemple d'avoir auprès des électeurs un
camp d'observation, même de le faire agir
au besoin ; exemple que la Saxe, l'Autriche, et sur-tout la Russie, s'empressèrent
de suivre. Alors, chaque vacance du trône
devenoit une révolution : Leczinski en descend deux fois, plutôt que d'exposer sa patrie à de nouveaux troubles ; mais à la mort
de son rival, ces troubles renaissent ; ils
précèdent et suivent l'élection de Poniatowski, et annoncent l'agonie d'une république qui se jette dans les fers parce
qu'elle ne veut souffrir aucun lien.

Le règne de ce prince fut une continuité
de calamités pour la Pologne. Il marcha,
ou plutôt il fut entraîné de révolutions en
révolutions : toutes présentèrent les caractères les plus opposés que puisse
produire l'incohérence d'élémens toujours
rassemblés, sans avoir jamais été unis. Le
premier partage de la Pologne, en 1773, fut
le digne fruit d'une conduite aussi inconsé-

quente qu'impolitique ; mais il indiquoit en
même temps que la force qui le faisoit se
réservoit d'en faire d'autres. Cependant, la
Pologne, quoique dépouillée d'une partie
de son territoire, pouvoit, par de sages
réformes dans ses lois et sa constitution, se
dédommager, et même avec avantage, de
ce qu'elle venoit de perdre en étendue.
C'est ce qu'elle tenta en 1791. Il est sûr
qu'alors sa diète offrit un spectacle d'autant
plus beau, qu'il faisoit un contraste frappant avec toutes les folies de l'Assemblée
nationale en France. La constitution du
3 mai étoit réellement l'ouvrage d'une nation assez grande pour abjurer publiquement d'antiques erreurs, et en même temps
assez sage pour ne pas vouloir brusquer des
changemens qu'elle jugeoit ne devoir être
introduits qu'avec précaution. Les ordres
privilégiés avoient fait, avec un généreux
dévouement, des sacrifices dont l'État devoit retirer de grands avantages. On avoit
senti l'utilité de rendre à la liberté un peuple
serf, mais en même temps la nécessité de
ne l'admettre que graduellement à ce nouvel

état. Ces nuances avoient été parfaitement saisies dans un réglement de dix-huit articles, où les principes de l'équité naturelle se concilioient avec les précautions d'une politique prudente. L'organisation des municipalités leur confioit quelques parties de l'administration, sans compromettre la force publique et la surveillance toujours active du gouvernement. Enfin, l'hérédité du trône avoit été adoptée presque unanimement (1), et le choix de la maison à qui on déféroit la couronne, généralement approuvé.

Poniatowski avoit commencé à se prêter à tout; et l'on peut croire que c'étoit de bonne foi, parce que foncièrement il avoit l'ame honnête, et vouloit le bien; mais sa

_____

(1) Elle fut combattue avec force et obstination par le nonce de Kalisch, Suchorzewski, qui ne cessa de dire que ce seroit le tombeau de la liberté polonoise; et c'étoit ce même nonce qui avoit proposé, pour assurer graduellement la liberté du peuple, les dix-huit articles du réglement. Cet homme sembloit devoir être au-dessus des préjugés, et y étoit en effet quand il s'élevoit contre l'esclavage du peuple; mais il leur payoit le tribut de la foiblesse humaine, quand il combattoit l'hérédité du trône.

légèreté, sa foiblesse, son inconséquence, le jetèrent dans le parti opposé, dont Catherine, la Prusse et l'Autriche avoient excité et fomenté l'insurrection. Ces deux dernières cours sur-tout se conduisirent alors avec la plus basse perfidie.

Le roi de Prusse avoit, dès le premier moment, approuvé par une lettre, et même encouragé la diète dans ses opérations ; il fut le premier à l'abandonner, même à la menacer ; et Luchesini, qui lui avoit porté la lettre d'approbation, lui porta de même l'injonction de renoncer à tout ce qu'elle avoit fait. La cour de Vienne, en faisant la même signification, n'eut pas honte d'assimiler la sagesse des opérations de la diète à la fougue délirante de l'Assemblée nationale en France : *Il est temps*, dit-elle, *de mettre des bornes à cet esprit d'innovation qui a déjà causé tant de ravages, et qui menace de troubler toute l'Europe ;* et pendant ce temps elle observoit en France, sinon avec approbation, du moins avec complaisance, la contre-partie de ce qu'elle improuvoit en Pologne.

Enfin Catherine, qui, secrètement, avoit fait agir ces deux cours, s'autorisa de leur mécontentement pour se prononcer hautement contre la constitution du 3 mai : elle exigea de Poniatowski qu'il se mît lui-même à la tête des opposans. Il obéit honteusement ; et, en se déclarant chef de la confédération de Targowitz, il détruisit l'ouvrage auquel lui-même avoit paru s'honorer de travailler, et fut réduit à signer encore le second partage de la Pologne.

L'iniquité de cette seconde spoliation indigna ce qui restoit de Polonois attachés à leur patrie ; et l'indignation qui excite à la vengeance n'en calcule pas toujours le temps et les moyens : c'est ce qui arriva en 1794. On vit sur la Vistule l'énergie naître de l'excès de l'oppression, et produire les mêmes miracles que sur la Vendée. Malheureusement le moment étoit mal choisi. Les forcenés qui désorganisoient tout en France, qui y mettoient la terreur à l'ordre du jour, voulurent porter leurs affreux principes chez un peuple qui défendoit noblement son indépendance ; ils achevèrent de le perdre. Les grands succès de Kociusko finirent à Varsovie, parce qu'il ne fut plus le maître d'arrêter les désordres. La dernière révolution fut consommée. Un troisième et dernier partage donna aux trois puissances les restes de la Pologne. La justice et l'humanité sembloient n'avoir plus à implorer que la vengeance du ciel, et il leur fut permis de croire que ce ne seroit pas en vain, lorsque, de ces trois puissances, peu de temps après, on en vit une détruite, une autre dépouillée, et la troisième fortement menacée. Cette vengeance a été désarmée par l'heureux changement survenu dans les cabinets de l'Europe. L'état politique dans lequel elle se trouvoit en 1814, ne permettoit pas de rendre à la Pologne son existence ancienne; mais il permettoit de lui en donner une qui fût tout à-la-fois en harmonie avec les circonstances, et conforme à ses intérêts réels et stables. C'est ce qui a été en dernier lieu réglé au congrès de Vienne; et suivant que la Pologne sentira ou méconnoîtra ce qu'exige d'elle sa nouvelle existence, elle vérifiera ce que je dis à la fin de cet ouvrage, sur le sort d'une nation qui croît ou décroît après une révolution.

CHAPITRE XIX.

RÉVOLUTIONS DES PAYS-BAS.

LES Pays-Bas, qui avoient fait d'abord partie du royaume de France, puis du grand empire de Charlemagne, éprouvèrent toutes les révolutions auxquelles furent exposés les successeurs de ce puissant monarque. L'hérédité, l'indépendance des magistrats armés à qui Charles avoit confié l'administration de tant de provinces, le fatal usage des partages ; qui armèrent tous ses descendans les uns contre les autres, et enfin les invasions des Normands, amenèrent des changemens qui, là comme par-tout ailleurs, furent souvent plus subordonnés au hasard des événemens qu'à des combinaisons antérieurement préméditées, ou nées des événemens mêmes. Cependant, ceux qui eurent lieu dans les Pays-Bas offrent de très-bonne heure les caractères d'une liberté inquiète, ombrageuse, toujours attentive à saisir les occasions de s'assurer des immunités et des priviléges. Ce fut là, dès les premiers momens, la marche de l'esprit public; on peut même dire qu'on le retrouve alors tel qu'il étoit chez les anciens Bataves, attachés aux Romains sans être conquis par eux, servant, avec autant de bravoure que de fidélité, César et Germanicus, qui les traitoient en alliés, et repoussant avec Civilis les armées romaines qui vouloient les asservir.

Cet esprit public fut celui des villes les plus considérables, à mesure que le commerce et l'industrie augmentoient leurs richesses. Tout en reconnoissant les comtes auxquels elles étoient soumises, elles exigèrent et obtinrent peu-à-peu que leurs députés seroient admis d'abord dans des assemblées particulières, ce qui leur donna ensuite la prétention de s'immiscer dans le gouvernement.

Lorsqu'aux XIII.ᵉ et XIV.ᵉ siècles, une révolution presque générale dans les parties de l'Europe les plus civilisées, introduisit pour les parlemens, pour les états, pour les cortès, une sorte de représentation nationale, ces villes en profitèrent pour former de nouvelles prétentions, et souvent pour les faire accueillir. Les ministres chez qui elles rencontroient quelque opposition, étoient poursuivis par elles avec toute la fureur de l'orgueil et de la barbarie populaires; d'autant plus aisées à irriter sur le maintien des priviléges, qu'elles les regardoient comme une conquête faite par l'amour de la liberté. En 1297, Borselen, ministre de Jean, dix-septième comte, eut le malheur d'effrayer cette liberté: des soulèvemens éclatèrent de toutes parts. Jean et son ministre, réduits à se sauver par la fuite, furent pris et ramenés: un reste de respect pour le souverain lui conserva la vie; mais Borselen fut massacré avec ses principaux agens. Deux siècles après, le même esprit dicta la sentence de mort contre Hugonet et d'Imbercourt, ministres de Marie de Bourgogne; il parut même alors être encore plus fortement l'esprit de la nation, puisque ces deux infortunés furent condamnés avec un appareil juridique, et que tout le pouvoir de leur jeune souveraine ne put empêcher leur exécution.

Cependant les troubles que ces prétentions ne pouvoient manquer d'entretenir,
établirent entre leurs défenseurs et leurs ennemis une haine invétérée. Ils prirent bientôt les signes, les habitudes, les maximes
des factions les plus acharnées les unes
contre les autres; et sous le nom de Cabé-
liaux ou de Hoekins, de Bonnets gris ou
de Bonnets rouges, ils épuisèrent toutes
les recherches des animosités politiques et
des vengeances personnelles. Cette remarque est pleinement justifiée par tout ce que
l'histoire rapporte des révoltes sans cesse
renaissantes dans les Pays-Bas.

Lorsqu'ils passèrent, par droit de succession, dans la maison de Bourgogne, on
auroit pu croire que ces insurrections deviendroient plus rares sous le gouvernement
d'un souverain dont la puissance étoit aussi
redoutable : c'est au contraire à compter de ce
moment qu'elles deviennent plus fréquentes
et plus fortes, non-seulement sous Philippe,
Charles et Marie de Bourgogne, mais encore lorsque le mariage de cette princesse
avec Maximilien eut porté les Pays-Bas

dans la maison d'Autriche : comme si ces peuples, flegmatiques par tempérament, étoient d'autant moins disposés à la soumission, que la révolte devoit leur paroître plus difficile et plus dangereuse.

C'est sur-tout sur les Gantois que l'on peut faire cette observation : l'esprit révolutionnaire sembloit être là dans son centre, d'où il se communiquoit, soit en Hollande, soit en Belgique, mais le plus souvent avec tant d'agitation et d'inconséquence, que la ville de Gand a fréquemment essayé des révolutions, et n'a jamais pu en faire une. Vers le milieu du xv.ᵉ siècle, elle avoit réuni de grands moyens pour se soustraire à la domination des ducs de Bourgogne; elle fut vaincue par Philippe, qui ne lui pardonna qu'en révoquant tous ses priviléges. Elle prétendit les reprendre à l'avénement, et sur-tout à la mort de Charles. Maximilien, justement irrité, fit trancher la tête aux principaux rebelles, et brûler, sur la place publique, ces priviléges dont les Gantois étoient si jaloux, et qui leur étoient si funestes par l'abus qu'ils en faisoient. Les mêmes exécutions eurent lieu à Harlem et à Leyde, dont ils avoient provoqué et soutenu l'insurrection. Charles-Quint fut obligé de renouveler ces sanglans exemples : vingt-sept habitans de Gand furent exécutés ; une forte amende imposée à la ville, une citadelle élevée pour la contenir, et l'ancienne administration abolie. Ce fut alors qu'il donna la place de stathouder au prince d'Orange, dont, par une étrange vicissitude, le fils se trouva, en vertu de cette même place, à la tête de la révolution qui enleva une partie des dix-sept provinces au fils de Charles-Quint.

Mais c'est que, dans cette célèbre révolution, les mesures, le langage, les moyens révolutionnaires furent constamment employés par une autorité devenue tyrannique, qui ne vouloit plus reconnoître de bornes, pas même celles de la raison ; c'est qu'on est étonné de voir ces mêmes peuples, si prompts à s'exaspérer, lorsqu'ils croyoient que la moindre atteinte étoit portée à leurs priviléges, ne vouloir, pendant long-temps, que ramener à des principes sages une autorité qui n'en reconnoissoit d'autres que ceux d'un ministre implacable, et ne se décider enfin à se séparer d'elle, qu'après avoir épuisé tous les moyens de lui rester attachés.

Le plan de mon ouvrage me ramenera souvent sur cette révolution : j'en parle avec quelques détails dans le troisième livre, en l'examinant sous le rapport d'une révolution religieuse. Ici, je n'ai qu'à indiquer succinctement quelques faits, frappans par leur opposition.

Dans un temps où les opinions de Luther faisoient des progrès alarmans ; où elles offroient un trop grand contraste avec la conduite peu régulière du clergé, dont les membres les plus éclairés demandoient vainement une réforme, ce fut un malheur pour Philippe II d'être trop connu dans les Pays-Bas, et de n'y avoir laissé, en les quittant, que des impressions fâcheuses. Sa fierté avoit souvent été plus dure que noble et majestueuse ; sa piété ne prenoit que trop le caractère de la superstition. Marie, sœur de Charles-Quint et de Marguerite de Parme, par une piété plus douce et mieux entendue, par une administration plus paternelle, pouvoit retarder une scission que la majorité du peuple et les principaux membres de la noblesse ne vouloient point, tandis que le cabinet de Madrid sembloit se faire un jeu de la provoquer et de la braver. Le cardinal de Granvelle, dont les déréglemens faisoient rougir les catholiques, poursuivoit les sectaires avec une rigueur qui ne fut surpassée que par la cruauté du duc d'Albe. Les supplices se multiplièrent ; l'inquisition en fit des spectacles et des fêtes ; les terribles formes de son instruction criminelle répandirent par-tout la terreur. Lorsque les comtes de Horn et d'Egmont, lorsque le baron de Montigny, envoyé exprès en Espagne, ainsi que le marquis de Bergh et Florent de Montmorency, lorsque le jeune prince d'Orange et les seigneurs du conseil demandoient quelques adoucissemens pour éviter une révolution imminente, c'étoient eux qui la craignoient, qui supplioient le gouvernement de la prévenir. Dans le premier compromis qui fut fait à Bruxelles, sur les refus réitérés de la cour, on n'y parloit que d'obtenir la suppression de l'inquisition ; on la regardoit comme la source de tous les désordres que se permettoient des sujets opprimés, de toutes les injustices auxquelles se portoit une autorité vexatoire ; on renouveloit les protestations de fidélité, on en répétoit l'engagement, et tout cela avec une expression simple, avec une énergie sage, mais vraie, qui jamais ne peuvent se trouver dans un acte révolutionnaire. D'Egmont refusoit le généralat qu'on vouloit lui déférer ; le prince d'Orange vouloit donner sa démission et se retirer en Allemagne. A une réserve si constamment soutenue, qu'opposoit le ministère espagnol? En Espagne, il faisoit périr sur un échafaud ce généreux Montigny, qui n'y étoit allé que sur la parole du roi ; dans les Pays-Bas, il faisoit juger et exécuter les comtes de Horn et d'Egmont. Ce fut réellement leur supplice et celui de tant de milliers de victimes immolées par le duc d'Albe, ce furent les massacres exécutés à Maestricht, à Anvers, à Zutphen, à Harlem, qui produisirent enfin le fameux acte d'union, dans lequel, en déclarant leur indépendance, les provinces insurgées ne songeoient qu'à se donner un autre souverain. Cet acte conduisit à la trève de 1609, époque à laquelle cette grande révolution changea entièrement de caractère, ou plutôt fit place à une autre.

A compter de ce moment, l'Espagne ne conserva plus aucun espoir de reprendre ce qu'elle avoit perdu : mais deux partis se formèrent alors dans la république, et, de révolutions en révolutions, l'ont conduite à celle qui l'a anéantie. La mort tragique du prince d'Orange avoit fortement attaché à la maison de Nassau une multitude qui croyoit lui devoir son indépendance. Le vertueux Barneveldt, qui, pour arriver à la trève de 1609, avoit eu plus de peine à vaincre l'opposition du prince d'Orange que celle de l'Espagne même, voyoit toujours dans cette maison l'ennemi de la république qu'il avoit créée. Dès que les Provinces-Unies se furent souillées du sang de leur bienfaiteur, dès que le long interrogatoire de ce généreux martyr eut fait connoître le véritable motif de son arrêt de mort, il y eut un état de guerre plus ou moins déclaré entre le parti stathoudérien et le parti républicain. Le jeune stathouder Guillaume II venoit de faire arrêter cinq membres des États, lorsqu'il mourut à vingt-cinq ans. Plusieurs tentatives furent faites pour déférer le stathoudérat à son fils, et toujours par des mouvemens populaires ou des prédications séditieuses. Les célèbres et malheureux de Witt, dignes de remplacer Barneveldt, ne se laissèrent point effrayer par des menaces, qui cependant leur annonçoient leur sort : ils firent, par une loi des États, séparer les deux places de capitaine général et de stathouder, et supprimer celle-ci. L'invasion de Louis XIV détruisit toutes leurs mesures, et fournit à leurs ennemis des prétextes pour les attaquer. Déjà le grand pensionnaire avoit été assassiné ; mais sa blessure ne s'étoit pas trouvée mortelle. Corneille, son frère, avoit été grièvement insulté : des cris et des insurrections s'étoient élevés contre eux ; ils furent accablés de libelles. Enfin un scélérat

intenta contre Corneille une accusation di-
recte : il trouva des juges assez vils pour
l'accueillir, pour faire donner à de Witt
une question affreuse, que cet homme vé-
nérable souffrit avec un courage héroïque,
en récitant la belle ode d'Horace : *Justum et
tenacem propositi virum*. Un jugement inique,
en lui ôtant ses places et le condamnant
au bannissement, ne satisfit pas encore ses
persécuteurs : une populace, aussi féroce
qu'insensée, massacra les deux frères, in-
sulta leurs cadavres. Aucun des assassins ne
fut recherché ; plusieurs furent récompensés
par Guillaume, en faveur de qui le stathoudérat fut rétabli. Ainsi parvenu à ses fins
par ces moyens odieux, Guillaume avoit
encore d'autres vues. Non content de cette
révolution, il en méditoit une nouvelle. Il se
fit autoriser à exiger la démission de tout
magistrat qui lui seroit suspect ; pouvoir
inquisitorial et révolutionnaire qui ne se
trouve dans aucune monarchie bien réglée.
Il fit faire par une de ses créatures, le grand
pensionnaire Fagel, des tentatives pour
qu'on lui déférât la souveraineté sur quel-

ques-unes des Provinces-Unies, espérant bien qu'une fois celles-ci assujetties, les autres le seroient bientôt. Il eût suivi ce projet avec la ténacité qui étoit dans son caractère, si l'Angleterre n'avoit offert un autre objet à son ambition. Il ajourna celui-là dans la ferme intention de le reprendre quand il auroit humilié Louis XIV et détrôné Philippe V; mais il mourut dans un moment où la France alloit commencer avec gloire la guerre de la succession.

Les Provinces-Unies ne lui donnèrent point de successeur; elles avoient pu juger du sort qui les attendoit, s'il eût vécu. A la mort du grand pensionnaire Hensius, quelques démarches furent faites pour rétablir le stathoudérat: elles demeurèrent sans effet, au moins pour quatre provinces, dont l'opposition étoit très-prononcée; mais elles indiquoient que le plan d'une nouvelle révolution existoit toujours, et qu'à la première occasion, il s'exécuteroit par les mêmes moyens. C'est ce qui arriva, lorsqu'en 1747, la France, pour faire accepter la paix qu'elle offroit, fut obligée d'attaquer la Hollande.

Des mouvemens populaires qui eurent lieu en Zélande, et sur-tout à la Haye, annoncèrent le retour des horreurs de 1672. La terreur saisit les villes et les magistrats, et le stathoudérat fut rétabli sans aucune réclamation; à moins qu'on ne donne ce nom à un silence morne qui régna dans toutes les assemblées. Il y eut unanimité, parce que l'effroi fut universel. C'étoit la ville de Veere, qui, la première, avoit fait la proclamation; les États de la province y accédèrent, ceux des autres provinces en firent autant. On alla bien plus loin : le stathoudérat fut rétabli avec hérédité, et l'hérédité étendue jusqu'aux charges de capitaine et d'amiral général, même pour les filles. Voilà ce que sont les lois faites en révolution (1). On donnoit pour motif à celle-ci la nécessité de prévenir les malheurs d'une guerre que la Hollande forçoit Louis XV de lui déclarer: et à cette époque, le stathouder n'avoit qu'une fille encore très-jeune.

---

(1) *Voyez* liv. VIII, chap. II.

Au reste, grâce à l'accord apparent de tous les États, la révolution dans ce premier moment ne fut pas sanglante; mais quelque temps après, elle le fut par ses suites dans plusieurs villes, notamment à Amsterdam. On y vit, au mépris de toutes les formes, des exécutions militaires contre des citoyens et des magistrats, des destitutions arbitraires, et enfin, dans le conseil de régence, des menaces contre ceux qui refusoient leur démission.

Rien de plus dangereux dans un État, et sur-tout dans une république, que ces passages subits d'une constitution à une autre, qui laissent toujours autant de craintes au parti vainqueur que de regrets au parti vaincu. Celui-ci avoit été fortement comprimé en Hollande. Nous l'avons vu retrouver des forces après la guerre d'Amérique, les États de la province de Hollande suspendre le prince de ses fonctions de capitaine général, et un détachement d'un corps franc arrêter la princesse au milieu d'une route et la forcer de retourner sur ses pas. Ce coup d'État rendoit une nouvelle révolution inévitable. L'arrivée des troupes prussiennes la décida en faveur du stathouder, qui, rétabli dans la plénitude du pouvoir, fit annuller tous les actes qu'on auroit pu lui opposer.

Mais quelque force qu'il eût, il n'avoit pas celle d'annuller l'opinion ; il n'avoit pas celle de faire oublier que, depuis la mort de Guillaume II, les stathouders, pour se faire nommer, avoient toujours eu besoin d'une révolution ; que celle de 1787 avoit enlevé aux Provinces-Unies des sommes immenses, et les avoit, par le fait, soumises à une puissance étrangère. Ces souvenirs indélébiles entretenoient des idées de vengeance et de réaction ; et malheureusement ces idées étoient dans la plus grande fermentation, lorsque la révolution françoise parut leur offrir un point d'appui. Les Hollandois furent assez aveugles pour croire qu'en effet ils le trouveroient en elle. Ils y trouvèrent tous les principes de la spoliation, de la licence, de l'anarchie. Une fois entraînés par ce torrent, ils ne furent plus maîtres de leur sort ; et toujours asservis à la France, sous le nom de république

comme sous celui de royaume, ils s'asso-
cièrent à toutes ses révolutions, pour finir
par s'associer à son esclavage.

Un sort pareil avoit déjà accablé les
provinces qui, sous le nom de Belgique,
étoient restées soumises à l'Autriche. Joseph II, qu'un desir vague portoit à chercher
et à faire le bien, mais qui n'avoit ni assez
de patience pour le préparer, ni assez de
réflexion pour calculer le temps et les moyens
de l'opérer, voulut faire tout-à-coup, dans
l'administration tant civile qu'ecclésiastique,
des innovations dont aucune n'étoit foncièrement mauvaise, mais qui toutes avoient
le plus grand vice que puissent avoir des nouveautés, notamment en matière spirituelle.
Une grande partie du clergé cria à l'impiété, une grande partie de la noblesse
cria à la tyrannie. Deux avocats, Louck et
Van der-Noot, se mirent à la tête des insurgés, firent déclarer Joseph déchu de la
souveraineté, et confédérèrent toutes les
provinces par un acte du 11 janvier 1790.
Cette révolution, qui pouvoit enlever à
l'Autriche le reste des Pays-Bas, et qui

s'annonçoit par des succès, fut tout-à-coup
modérée par deux événemens qui lui étoient
étrangers : le premier fut la mort de Joseph,
le second fut la marche effrayante de la
révolution françoise. La plupart des insurgés
sentirent qu'ils alloient être emportés bien
au-delà de ce qu'ils appeloient les principes
de leur liberté : ils profitèrent des dispositions pacifiques de Léopold. Dès le 2 dé-
cembre de cette même année 1790 , tout
étoit rentré dans l'ordre, et les troupes au-
trichiennes occupoient Bruxelles : Van-der-
Noot et tous les partisans de la démocratie
françoise allèrent en Hollande ou en France
'exhaler leur impuissant désespoir.

Mais la noblesse, et sur-tout le clergé,
avoient donné le funeste exemple de faire
une révolution. Ces deux ordres avoient re-
noncé à un gouvernement garant de leur
existence et de leurs propriétés : on les a
vus assujettis, par droit de conquête, à un
gouvernement qui ne vouloit plus que le
clergé eût de propriétés, qui avoit vendu
ou envahi une partie de celles de la noblesse , qui lui avoit ôté l'existence hono-

ritique consacrée par une longue suite de siècles, et qui ne laissoit au clergé qu'une existence précaire, qu'un caprice pouvoit changer ou anéantir. Joseph II, quelque irrité qu'il fût contre la Belgique, avoit accordé une amnistie et retiré ses édits; Léopold, plus porté encore à l'indulgence, avoit tout rétabli sur l'ancien pied, et renouvelé l'amnistie; mais le souverain dispensateur des biens et des maux, qui n'avoit pas ratifié cette amnistie, parce que, s'il pardonne pour l'éternité, il châtie pour le temps présent, a voulu que la révolution des Belges fût punie par celle des François, en attendant que celle-ci le fût par l'instrument que sa vengeance tenoit en réserve.

CHAPITRE XX.

RÉVOLUTIONS DE L'ITALIE.

PLUSIEURS causes me semblent avoir concouru à faire pendant long-temps de l'Italie un théâtre de révolutions.

1.° L'affoiblissement, puis la chute de l'empire d'Occident, qui le premier eut à soutenir les efforts des barbares, et chez qui ces barbares eux-mêmes ne se succédoient qu'en se combattant les uns les autres : genre de révolutions dans lequel l'Italie avoit toujours à perdre et jamais à gagner, parce qu'elle y étoit purement passive ; et même, vu le peu de résistance qu'elle y opposoit, on pourroit dire qu'elle y étoit étrangère, excepté quant aux calamités inséparables de ces terribles invasions ;

2.° L'affoiblissement, les dissensions, les violentes et fréquentes mutations de l'empire grec, qui, au milieu de tant de causes de dissolution, avoit encore l'orgueil de conserver, mais n'avoit plus les moyens de soutenir, sur Rome, sur l'exarchat, sur la presqu'île, et en général sur toutes les villes maritimes, des prétentions dont il ne vouloit pas s'avouer la prescription ;

3.° Le pouvoir usurpé que, dès le moment même de la mort de Charlemagne, s'attribuèrent les comtes, les ducs, tous ces magistrats armés qui, en se disputant les débris d'un trop immense empire, auroient voulu anéantir jusqu'aux traces de leur ancienne dépendance ;

4.° L'extension que prit, malheureuse-ment pour la religion, la puissance spiri-tuelle des papes, et l'autorité absolue qu'ils voulurent exercer sur tous les souverains;

5.° Les longues et sanglantes guerres que firent naître des prétentions aussi nou-velles, soutenues par des armes d'autant plus redoutables, qu'elles frappoient l'ima-gination, et que les souverains qui entre-prirent de leur résister, avoient presque tous commencé par s'en servir eux-mêmes;

6.° Le scandaleux emploi que faisoient de ces armes, pendant les schismes des anti-papes, ceux qui se renvoyoient réci-proquement ce nom, et le long séjour des pontifes romains à Avignon;

7.° La confusion, les bouleversemens, les dévastations, l'oppression même, qui, dans le x.ᵉ siècle sur-tout, signalèrent les invasions des Hongrois et des Sarasins; et le règne anarchique de Bérenger, qui vou-loit retrouver dans ce chaos de quoi recons-truire en Italie l'empire de Charlemagne;

8.° Les désordres sans nombre, suites inévitables du choc continuel de tant d'intérêts attaqués ou défendus sans raison, sans bonne foi, souvent même sans une base fixe de politique, et pour lesquels on voyoit, dans une perspective dégoûtante de carnage, quand elle n'étoit pas fatigante par sa mobilité, les papes et les empereurs se réconciliant avec fausseté, ou se poursuivant avec acharnement; les villes en guerre contre eux, ou les unes contre les autres, pendant que des seigneurs, ou même de grands propriétaires, cherchoient à les assujettir; les Grecs chassés par les Sarasins; les Sarasins chassés par les Normands; et les Normands eux-mêmes, si peu accoutumés à savoir qui ils doivent traiter en amis ou en ennemis, que Robert Guiscard pille la ville de Rome, en arrachant l'irascible Grégoire VII à la vengeance de Henri IV;

9.° Les fausses idées d'une liberté absolue qui se répandirent aux XII.e, XIII.e et XIV.e siècles; idées aussi mal conçues que de nos jours, mais soutenues par les mêmes moyens, et dont la réaction étoit sur-tout à craindre dans un pays où le mot de répu-

blique flattoit encore l'orgueil national,
parce qu'il rappeloit de grands souvenirs;

10.° L'espoir enfin de former de petits
États, dont quelques-uns sembloient dessinés par une circonscription naturelle, pour
les villes qui commençoient à faire un commerce avantageux; l'espoir de profiter de
tant de troubles pour se rendre indépendantes, telles que les villes de la Ligue lombarde, qui résistèrent à l'empereur Frédéric
Barberousse, et le réduisirent à reconnoître
leur indépendance à la paix de Constance.

Pour peu que l'on veuille réfléchir en
lisant l'histoire de l'Italie, il est impossible
de ne pas être convaincu que toutes ces
causes, soit en se succédant, soit en coïncidant entre elles, soit même en se combattant, offroient toujours des chances de
révolutions; chances que des esprits ardens,
inquiets, ambitieux, ne manquent jamais
de saisir, et auxquelles souvent même ils
s'abandonnent sans en avoir préparé ni
calculé le succès. Aussi n'y a-t-il pas aujourd'hui en Europe de pays où l'on ait vu
autant d'États formés, détruits, changés,

soumis à des gouvernemens différens. Il ne faut en excepter que Venise, dont je vais parler plus bas, qui eut bien quelques révolutions sur elle-même, mais qui fut toujours république indépendante. Gènes voulut quelque temps prétendre à la même stabilité, mais ne put la maintenir.

Dans cette longue série de révolutions, on retrouve toujours, en Italie, l'acharnement d'un parti contre l'autre; de petits tyrans qui ne règnent que pour le malheur des peuples; des républiques sans lois ou sans liberté; une substitution indéfinie de vengeances particulières; une habitude de perfidies, de profanations, de sacriléges; l'abus révoltant ou la violation impie de tout ce que la religion a de plus auguste. On n'hésitoit pas à faire sur les évangiles le serment que l'on se préparoit à rompre le lendemain. Deux rivaux qui se juroient secrètement une haine implacable, signoient, au pied des autels, un traité de réconciliation, en communiant avec la même hostie. Dans l'effroyable conspiration des Pazzi contre les Médicis, Laurent et

Julien devoient être massacrés un dimanche, à la messe, au moment de l'élévation : le tout avoit été réglé par Sixte IV. Julien fut tué ; Laurent, blessé, échappa par miracle ; et Sixte eut bien l'audace de l'excommunier, avec quelques magistrats de Florence, dont le tort étoit, ainsi que celui de Laurent, de ne s'être pas laissé assassiner.

Dans le retour perpétuel de ces crimes qui se commettent en Italie, aucun grand intérêt, aucune grande commotion politique, ne viennent offrir un résultat durable, attachant par ses suites , par son influence sur les révolutions des autres peuples. Les seuls grands caractères que l'on trouve dans ces révolutions, sont ceux de trois des Médicis : sur un plus vaste théâtre, ils eussent pu contribuer à changer la scène du monde ; là ils ne changent que celle de leur patrie. Ceux de leurs établissemens qui tenoient aux arts portent une empreinte de grandeur et de stabilité , comme les ouvrages des Romains; mais tout ce qui tient à la politique, semble resserré dans les bornes étroites de leur incertaine domination. Lors même que des personnes de leur famille portent cette politique dans de plus grands États, elle y conserve ces mêmes proportions, ces mêmes mesures mesquines et sans élévation qu'on n'est point étonné de trouver en Toscane, mais qui, à la cour de France, devoient prendre d'autres dimensions. Telle fut la politique de Catherine et de Marie de Médicis, toujours au-dessous des circonstances dans lesquelles se trouvoient ces deux reines, et qui, sur-tout pour Marie, devoient donner à ses vues et à ses moyens un essor dont jamais elle ne parut avoir l'idée au milieu de tant de révolutions.

Tous ces États d'Italie, républiques, principautés, royaumes même, n'ont jamais pu, malgré ou avec leurs révolutions, acquérir une indépendance fixe et non contestée; ils ont toujours été le jouet d'autres États plus grands : ils ont servi de compensation, d'échange, d'indemnité. Leur durée, leur tranquillité, n'ont jamais tenu qu'à des combinaisons qui leur étoient étrangères, qu'à une politique générale qui, au milieu même de ses écarts, repoussoit toute idée de destruction. Mais du moment que cette politique a été remplacée par celle de l'envahissement et de la dévastation; du moment que le premier principe de celle-ci a été de tout révolutionner, elle a trouvé, dans l'intérieur des Etats de l'Italie, des secours, des moyens et des agens ; preuve qu'il y avoit toujours des factions travaillant sans cesse à se reproduire. Or, pour des factions qui, même avec un calme apparent, sont toujours dans un état d'irritation, un nouvel ordre de choses n'est jamais qu'un passage plus ou moins long pour arriver à un changement.

Une observation qui ne doit pas échapper au lecteur attentif, c'est que cette Italie, ce berceau, cette demeure du peuple-roi qui dominoit dans les trois parties du monde, après avoir été morcelée par toutes les invasions des barbares, n'a jamais pu se réunir et former un ensemble. Elle a subi plus de révolutions qu'aucune autre partie du continent; et toujours elle est restée partagée en une multitude d'Etats foibles, soumis à des circonstances extérieures, déchirés par des troubles internes, et par conséquent exposés à partager les convulsions des grands Etats, sans avoir aucun de leurs avantages. De nos jours (en 1811), au milieu des violentes révolutions que la France lui a fait subir, nous l'avons vue partagée en trois parties : les provinces forcément réunies à la France, le royaume de Naples, le royaume d'Italie. Il étoit vraisemblable que ce partage n'eût pas duré long-temps, que l'Italie entière auroit été réunie sous la même loi : mais cette loi eût été celle du plus fort ; et la réunion de tous ces États n'auroit pas eu pour but d'en former un seul, mais de les confondre tous dans la nomenclature des départemens du grand empire.

CHAPITRE XXI.

RÉVOLUTIONS DE NAPLES.

Naples et la Sicile, situées l'une et l'autre sur des volcans, ont fréquemment été agitées, quelquefois même bouleversées, ou par eux, ou par les révolutions. Les Sarasins enlevèrent à l'empire grec ces belles provinces, condamnées depuis ce temps à changer souvent de maîtres, et dont les premiers libérateurs devoient venir du fond de la Scandinavie. Les descendans du célèbre et terrible Odin, les Normands, qui, tant de fois, effrayèrent ou dévastèrent plusieurs contrées de l'Europe avant de s'y établir, étoient destinés à la défendre contre la redoutable puissance des califes. Toute la politique, toute la force, toute la prévoyance humaine, sont confondues et anéanties devant un rapprochement aussi peu vraisemblable. Lorsque les successeurs de Mahomet donnoient des fers à une partie de l'Afrique et de l'Asie, lorsque, maîtres de l'Adriatique, ils menaçoient toute l'Europe, et déjà avoient asservi la presqu'île de l'Italie, qui eût pensé qu'au milieu des glaces de la Norwége et de la Baltique, chez une nation barbare, se forgeoient les armes qui devoient vaincre ces fiers conquérans, se formoient les héros qui devoient leur succéder? Cette révolution fut réellement romanesque ; et douze gentilshommes normands, en fondant le royaume de Naples, sans autre guide, sans autre secours que l'esprit de religion et de chevalerie, firent admirer à leurs ennemis mêmes ce que ce double esprit pouvoit inspirer.

Ce nouveau royaume fut bientôt ébranlé par les secousses que produisirent les guerres sanglantes des papes et des empereurs. Il passa dans la célèbre et malheureuse maison de Souabe, qui bientôt finit elle-même dans la personne du jeune Conradin. Si cette révolution n'eût fait qu'enlever, par le sort des armes, la couronne à l'héritier légitime, elle ne présenteroit que ce qu'on voit dans tant d'autres révolutions; mais elle lui ôta la vie par un crime dont la postérité ne parle encore qu'avec horreur; mais ce crime fut commis par un vainqueur qui, né lui-même du sang des rois, donna l'exemple d'outrager et de violer la majesté royale. Charles monta sur le trône, en prouvant, par un assassinat, que celui qui a le plus de droits à y monter est coupable s'il échoue : principe odieux, qui peut également armer tous les rois les uns contre les autres, et armer tous les peuples contre tous les rois.

Ce meurtre fut puni par des milliers de meurtres, parce que la vengeance, et surtout celle des nations, ne connoît aucune mesure. Dans la révolution des vêpres siciliennes, le sang françois coula par torrens. Elle fournit à la maison d'Aragon des moyens et des prétextes pour se substituer à la maison de France. Les passions et les imprudences de Jeanne firent le malheur de ses États, qu'elles entraînèrent dans de nouvelles révolutions; et, au milieu des guerres longues et sanglantes que se firent la France et l'Espagne, le royaume, objet de leur ambition, fut sans cesse pris, perdu, reconquis, révolutionné.

Gonsalve, le grand capitaine, en expulse les François. Les mariages de la maison d'Autriche lui ont à peine donné cette couronne, qu'elle est au moment de la perdre par l'audace insensée du misérable Aniello, qu'on ne peut même pas appeler un aventurier ridicule. Le peuple napolitain, non moins insensé que lui, élève et brise en quelques jours cette monstrueuse idole ; mais l'ébranlement étoit donné, et la monarchie napolitaine échappoit à l'Espagne, si le cardinal Mazarin eût fourni au duc de Guise les secours nécessaires pour faire valoir les moyens dont un homme de la lie du peuple venoit de lui laisser l'emploi.

A la mort de Charles II, ce royaume fut entraîné dans l'agitation générale qui tendoit à opérer en Europe de grands changemens. Des mains de Philippe V, il passa dans celles de Charles d'Autriche (depuis empereur sous le nom de Charles VI). Vingt ans après, il lui fut enlevé par l'heureuse intrépidité de don Carlos, fils de Philippe. Cet État parut alors fixé pour jamais dans la maison de France (1) ; mais cette maison elle-même, dont quatre princes possédoient en Europe quatre souverainetés,

_____

(1) Lorsque ce jeune prince fut reconnu roi de Naples et vint se fixer dans ce royaume, aucun des souverains qui l'avoient gouverné depuis l'expulsion de la maison d'Anjou, n'y avoit résidé ; et c'est principalement à cela qu'il faut attribuer la facilité avec laquelle passoient sous les lois d'un nouveau monarque, des sujets qui ne connoissoient pas le leur.

disparut presque entièrement au milieu du tourbillon révolutionnaire. Naples conquise, révolutionnée, inondée de sang, vient, sous le nom de république parthénopéenne, grossir la liste ridicule de ces républiques, enfans avortons de la monstrueuse république françoise. Une nouvelle révolution y ramène le souverain légitime; une autre l'en écarte encore. Cette fois, c'est l'empereur françois, le destructeur des républiques, qui distribue les couronnes. Celle de Naples est donnée à un homme inconnu, à qui on ordonne ensuite de la quitter pour en aller prendre une autre; et un autre roi, qui n'est de même qu'un roi de révolution, reçoit aussi l'ordre de se mettre en possession de ce trône précaire. Dans cette loterie de couronnes, il étoit impossible de savoir ce qu'elles deviendroient, non plus que la roue de fortune d'où elles sortoient, ou dans laquelle elles rentroient, suivant le mouvement que leur imprimoit au hasard le caprice, la vengeance, ou la colère. Ce dernier roi de révolution sembloit encore, à la chute de son créateur, pouvoir se flatter de rester sur le trône de Naples, quand il s'en est précipité lui-même.

CHAPITRE XXII.

RÉVOLUTIONS DE VENISE.

DE tous les États qui se formèrent en Italie des débris de l'empire romain, Venise est le seul où les révolutions aient été rares, peu sanglantes ; où elles aient successivement amélioré et affermi le gouvernement, et ne l'aient jamais mis dans la dépendance d'une puissance étrangère. A tous ces avantages elle en a ajouté un qui a conservé long-temps son existence politique, c'est de s'être aperçue à temps des révolutions de commerce qui se faisoient autour d'elle, comme en Afrique et en Asie ; d'avoir pressenti ce qu'elles exigeoient d'elle, et d'avoir su descendre assez à propos du rang où elle s'étoit élevée, pour empêcher que ces révolutions, contre lesquelles elle ne pouvoit rien, ne la confinassent dans la dernière classe des puissances de l'Italie, ou même ne la rayassent de leur insignifiante nomenclature. En lisant atten-

tivement son histoire, il est aisé de se convaincre que ces avantages réunis ont habituellement conservé chez elle la tranquillité, ont long-temps accru et maintenu ses
forces, et ont encore maintenu sa dignité,
lorsque des circonstances étrangères ont ôté à
ces forces le principe vital qui les alimentoit.
Enfin, dans ces avantages, toujours conservés ou renouvelés pendant onze ou douze
siècles, tandis que de tous côtés des mutations de tout genre affaiblissoient ou trou-
bloient tant d'Etats, il ne faut pas voir l'ouvrage de la fortune, *qui n'a pas cette sorte de
constance;* mais il faut reconnoître les effets
d'un sens droit et d'un bon esprit public.
Venise, à la fin du xviii.ᵉ siècle, a été incendiée en un moment; mais par un volcan
qui incendioit tout, pour n'avoir autour de
lui qu'un chaos et des débris.

La première association des îles vénitiennes fut l'ouvrage du malheur. Les infortunés, fuyant les invasions qui dévas-
toient l'Italie, trouvèrent, ou plutôt se
créèrent un asile au milieu des tempêtes
de l'Adriatique; mais bientôt ils se virent

exposés à celles que ne manquent jamais d'élever les rivalités de pouvoir. Chacune de ces îles avoit son tribun; dès la fin du VII.e siècle, la désunion de ces magistrats alloit livrer cet État foible et naissant à des ennemis redoutables, aux Lombards, alors victorieux par-tout. Pour ne pas être entraîné par la révolution qui se faisoit au dehors, il en fit une sur lui-même : le tribunat fut aboli dans une assemblée générale, et remplacé par l'établissement du doge.

La république, dirigée par ce magistrat, jouissoit d'une heureuse indépendance, lorsqu'elle eut le malheur d'envisager avec effroi ou avec jalousie le pouvoir à qui elle devoit sa tranquillité. Une inquiétude soupçonneuse et irréfléchie accompagne trop souvent une liberté nouvellement acquise. Le troisième doge, Urse, régnoit avec gloire depuis onze ans, lorsque cette gloire même servit de prétexte à des factieux pour lui ôter la vie, et pour supprimer la place de doge. Cette révolution ne dura point : cinq ans après, on reconnut la nécessité d'une magistrature unique; elle fut recréée ; et, comme pour expier l'erreur d'un moment et réhabiliter la mémoire du doge justement regretté, son fils, Théodat Urse, fut nommé par acclamation. Ce choix honorable, je pourrois même dire expiatoire, sembloit être, pour Théodat, le garant d'un règne glorieux et paisible ; cependant trois révolutions successives précipitèrent Théodat et ses deux successeurs : tous trois eurent les yeux crevés.

Le triste sort de ces trois victimes n'influa point sur la stabilité de leur place. Celui qui leur succéda, Maurice Galbair, osa le premier donner le dangereux exemple de s'associer son fils. Il falloit de grandes vertus et de grands services pour faire tolérer cette association, et empêcher qu'elle ne devînt funeste à l'Etat. Pendant plus de deux siècles, plusieurs doges durent successivement leur élévation et leur chute à un usage qui étoit évidemment en opposition avec l'esprit républicain : il en résulta des révolutions, toujours dirigées contre la personne du doge, jamais contre la dignité elle-même. Enfin, une de ces révolutions élève un de ses principaux agens à cette dignité ; et celui-ci, convaincu de la nécessité de proscrire un usage, source de tant de troubles, fait passer une loi célèbre, et depuis ce temps constamment exécutée, qui interdit à jamais toute association au dogat.

C'est-là bien évidemment savoir profiter des révolutions, savoir s'instruire et s'éclairer par ses malheurs ou par ses fautes, et conserver une institution utile en la débarrassant de tout ce qui est contraire à son établissement ; et l'on retrouve encore, dans les deux siècles suivans, trois exemples frappans de cette politique sage, toujours prévoyante, toujours immuable, toujours conservatrice.

Les relations politiques de Venise avoient acquis un grand accroissement. Son commerce, déjà avantageusement établi dans l'empire grec, prit un nouvel essor, lorsque les croisades donnèrent à l'Europe le goût des productions asiatiques. Dans ces saintes expéditions, les flottes vénitiennes se chargèrent souvent de transporter des armées entières. La fierté et l'insubordination républicaines augmentèrent avec la puissance de la république. Un doge, Michieli, ayant échoué dans une entreprise contre les Grecs, le peuple en fureur se souleva à son retour; il périt dans cette sédition, massacré avec la barbarie qui accompagne toujours la justice populaire. Les magistrats sentirent la nécessité de comprimer une licence aussi dangereuse : des changemens utiles furent faits dans le gouvernement, et ce fut l'époque de la création du grand conseil.

Ce nouveau frein déplut au peuple, dont il empêchoit les écarts. Les factieux ne manquèrent pas de déclamer et de s'élever contre une institution dont l'utilité étoit démontrée par leur opposition même. Plusieurs révolutions furent tentées pour la supprimer; l'activité des magistrats les fit échouer; les principaux coupables furent punis de mort; parmi eux se trouvèrent trois nobles, dont les biens furent confisqués au profit de l'État et les maisons rasées; enfin, pour consolider de plus en plus l'établissement du grand conseil, les places en furent rendues héréditaires, par une loi perpétuelle. On ne manqua pas de dire que c'étoit une usurpation de la part de la noblesse; mais cette usurpation sauva l'État, et assura la tranquillité publique.

Quelques années auparavant, à la mort du quarante-troisième doge, on avoit pensé avec raison que le vrai moyen de rendre plus respectable le chef de la république, étoit d'éloigner tout soupçon et même toute possibilité d'intrigue dans son élection. On y parvint par des mesures sagement combinées, qui, prises dans un temps d'interrègne, ne choquoient spécialement ni l'orgueil, ni l'intérêt de personne, et commencèrent ainsi à s'établir, sans participer aux deux grands inconvéniens de tout établissement fait dans un moment de troubles ou par des moyens révolutionnaires.

Celui du conseil des dix éprouva de fortes contradictions; on peut même dire qu'un pareil tribunal étoit une véritable révolution : mais si cette révolution étoit devenue nécessaire, le grand point étoit de la faire sans commotion, et d'empêcher ou de corriger des abus qui sembloient inévi-

tables. C'est à quoi l'on parvint successivement: des modifications indiquées par l'expérience furent jugées sans partialité ,
admises sans passion ; en les adoptant,
on partoit toujours du principe certain
qu'un État où, depuis long-temps, la noblesse
accumuloit de grandes richesses , devoit
principalement diriger toutes ses précautions contre elle, et, en lui laissant une
grande existence , lui interdire jusqu'à la
pensée d'en avoir une indépendante de lui.
Le conseil des dix ne convenoit peut-être
qu'à Venise ; mais alors il faudra dire qu'elle
a eu plus de mérite à l'imaginer , à l'établir,
à le modifier; il faudra le ranger dans le
petit nombre de ces lois constitutives dont
parle Montesquieu, et qui conviennent si
parfaitement à un peuple, *que ce seroit un*
grand hasard si elles convenoient à un autre.

Si l'on pouvoit douter que l'établissement
et la conservation du conseil des dix déri-
vassent du principe que je viens d'énoncer,
on en trouveroit la preuve dans l'examen
de ce qui se fit en 1628. Cinq commissaires
furent nommés pour statuer sur les plaintes

renouvelées contre la trop grande autorité du conseil. On reconnoît dans cette première mesure la sagesse du sénat, qui ne vouloit faire qu'avec connoissance de cause, et par des moyens légaux, ce que des factions avoient fait révolutionnairement contre lui. Les commissaires réduisirent leur opinion à deux points : le premier, sur le droit donné par d'anciennes lois au conseil des dix, d'annuller même les décrets du grand conseil ; ils proposèrent de le lui ôter, ce qui fut adopté sans difficulté ; et certes avec raison, parce qu'en effet ce droit lui donnoit les moyens de paralyser la législation, ou même de la révolutionner. Le second point étoit sur le droit de juger les nobles : ils furent d'avis de le lui laisser, parce que ce ne pouvoit jamais être qu'un moyen conservateur ; après quelques débats, Nani fit confirmer ce droit, en démontrant que c'étoit le maintien de la constitution aristocratique. Peu après, lui-même fut nommé membre du conseil des dix ; et dans son acte de nomination, on consacra la mémoire de l'important service qu'il venoit de rendre à la république.

20..

C'est ainsi qu'un corps permanent, chez lequel le vœu de conserver n'exclut pas l'intention de modifier ou même de changer à propos, sait, sans exciter des troubles, ou même pour les apaiser, éluder, préparer, ou faire une révolution, toujours en consultant le temps, la raison et l'expérience.

CHAPITRE XXIII.

RÉVOLUTIONS DES ÉTATS-UNIS.

La révolution des États-Unis a, sur-tout dans ses commencemens, beaucoup de rapports avec celle qui, deux cents ans auparavant, se fit dans les Provinces-Unies. Les Pays-Bas répugnoient à se séparer de l'Espagne; ils ne demandoient qu'à être gouvernés par elle suivant leurs lois : tout ce qu'ils réclamoient étoit juste; et quand ils firent leur acte d'union, il n'étoit pas vraisemblable qu'ils pussent le soutenir; eux-mêmes n'y comptoient que foiblement. Pendant plus de dix ans, les Américains ont constamment suivi la même marche; ils ont demandé à être traités comme les autres Anglois; ce qui étoit juste en soi, ce qui l'étoit encore plus vis-à-vis de la métropole, sur laquelle ils avoient l'avantage d'un territoire immense en comparaison du sien. Les refus ne leur ont point fait changer de principes ; les actes de sévérité ne les ont ni abattus, ni désunis. Pendant plus de dix ans ils ont opposé une grande force, mais simplement une force négative, à des actes regardés comme tyranniques par les plus grands hommes de l'Angleterre. Enfin, au bout de ce terme, ils ont solennellement proclamé leur indépendance, l'ont défendue par les moyens avoués de la défense naturelle, sans crimes, sans exagérations ; et en moins de sept années, ils sont parvenus à la faire reconnoître par l'Angleterre, qui, mieux éclairée sur ses vrais intérêts, a trouvé plus d'avantages dans le commerce d'un peuple allié que dans l'oppression de sujets mécontens. Cette révolution a cela de particulier, qu'elle se passe chez un peuple dont on a pu reconnoître l'enfance, dont on a pu suivre les progrès dans son adolescence et dans sa jeunesse, dont enfin on voit le développement entier dans l'âge mûr. La première population de ces vastes contrées étoit très-hétérogène. Des Européens, entre lesquels il y avoit une grande différence d'origine, de mœurs, de culte, de langage, se sont réunis pour former un État fédératif dont chaque partie avoit ses chartes particulières. Ils les tenoient de la mère patrie, et avoient droit de demander qu'elles fussent maintenues par elle, d'après les services qu'ils lui avoient rendus. Leur existence agricole et commerciale, fruit de leur industrie, leur procuroit un numéraire qui peu-à-peu s'étoit proportionné à leurs besoins. Leur existence politique contribuoit également à la gloire et à la richesse de l'Angleterre, en plaçant une si grande partie de sa puissance dans le Nouveau-Monde, entre les possessions espagnoles et françoises. Elle l'avoit bien éprouvé pendant la guerre de sept ans; les Anglo-Américains pouvoient, avec raison, s'attribuer la plupart des succès que les armes angloises avoient obtenus dans les îles, sur la mer et au Canada; et cependant ce fut à la fin même de cette guerre, que la mère patrie éleva contre eux les prétentions qui donnèrent lieu aux premiers troubles.

Plus frappée que reconnoissante de leurs services, elle les regarda, avec jalousie et inquiétude, comme une preuve des ressources et de la prospérité qu'elle ne croyoit pas être à un si haut point dans ces colonies. Elle en conclut qu'elles étoient en état de payer autant que les provinces de l'Angleterre. Les Américains ne songeoient point à nier cette conséquence ; mais ils en tiroient une autre, aussi conforme à la raison qu'à la justice : en payant dans la même proportion que les Anglois d'Europe, ils demandoient à être comme eux imposés par des représentans. Le refus de cette demande irrita les esprits ; et, tandis qu'aucune difficulté ne s'élevoit sur la quotité des impositions, les deux mondes s'ébranlèrent pour défendre ou repousser le mode de concession.

De grands intérêts politiques, des principes outrés, des vues révolutionnaires, ont pu dans la suite compliquer ou changer cette question ; mais c'est ainsi qu'il faut la voir et la juger. Elle n'étoit que cela, lorsqu'en 1764 la province de Massachuset demanda aux autres provinces de déclarer avec elle que l'imposition des taxes, sans leur participation, étoit incompatible avec les droits des Américains. Cet appel ne fut pas relevé, et l'Angleterre crut ou feignit de croire qu'il n'avoit pas été entendu; mais elle dut juger quel seroit son effet, quand, l'année suivante, les plus grands consommateurs de l'Amérique résolurent de n'acheter aucune marchandise de fabrique angloise, jusqu'à la révocation de l'impôt du timbre. Lorsque, pour résister à l'oppression, pour obtenir une demande juste, un peuple riche commence par s'imposer des privations, cette mesure calme, négative, mais forte de son inertie même, annonce une ténacité réfléchie que rien ne pourra vaincre. Ce n'est point là un de ces mouvemens révolutionnaires pour lesquels il faut agiter et séduire la populace, et qui, toujours semblables aux convulsions, s'épuisent et finissent comme elles; la populace n'est même pour rien dans une mesure de ce genre, qui porte bien moins sur elle que sur les autres classes.

On put croire d'abord que le parlement

avoit été frappé de cette mesure ; l'acte du timbre fut révoqué : mais les actes qui le remplacèrent, ne laissèrent aucun doute sur le parti pris dans le parlement de tenir l'Amérique sous une dépendance absolue. Un impôt fut, toujours avec les mêmes formes, établi sur le thé, et suivi de taxes sur le carton, le papier, le plomb, les verreries et autres objets de consommation journalière. Tous ces chargemens arrivoient à Boston ; et le parti que cette ville alloit prendre devoit décider du sort de la révolution. Elle en prit un parfaitement conforme au principe de résistance passive qu'elle avoit adopté. Les bâtimens furent renvoyés sans qu'on laissât rien débarquer : ceux qui s'obstinèrent à rester virent leurs cargaisons jetées à la mer ; et quoique prévenue de la vengeance à laquelle elle s'exposoit de la part du parlement, la ville de Boston l'attendit avec tranquillité, sans rien changer ni à ses maximes, ni à son attitude.

C'est ici que commence un des spectacles les plus instructifs que l'histoire puisse offrir : une puissante métropole, aux prises avec ses colonies ; l'une les attaquant avec toutes ses forces, les autres se défendant avec leurs mœurs. Quelque chose que l'on puisse aujourd'hui dire contre les Américains, il est constant que ce furent alors leurs mœurs qui les sauvèrent. Le parlement avoit interdit le port de Boston : cette ville trouva les plus grandes ressources dans toutes les provinces ; Marble-Head lui offrit son port, ses magasins, et de veiller, sans aucun droit de commission, au débarquement et à l'embarquement de ses marchandises. Le général Gage étoit, au mois de mai 1774, arrivé devant Boston, avec des ordres rigoureux, qu'il étoit disposé à exécuter avec sévérité : il vouloit transférer dans la ville de Salem tout le commerce de Boston. Salem refusa sans hésiter, et soutint son refus : *Il faudroit que nous n'eussions aucune idée de justice dans l'esprit, aucun sentiment d'humanité dans l'ame, pour nous élever sur la ruine de nos voisins opprimés.* Aucune promesse, aucune menace ne put la faire changer. L'année suivante, il fut fait une convention solennelle pour suspendre tout commerce avec les États britanniques, pour interrompre toute société et même toute correspondance avec ceux qui refuseroient d'accéder à cette convention. Enfin le parlement ayant supprimé l'ancienne charte de Massachuset, et nommé pour la province un conseil de trente-six membres, ne put parvenir à le mettre en activité. Quelques particuliers, qui avoient d'abord accepté, donnèrent bientôt leur démission : improuvés par l'opinion publique, ils ne purent résister à cet agent si puissant, parce que toute sa puissance est dans les mœurs.

La force armée que Gage avoit amenée eut d'abord des succès, et cela devoit être ; mais les insurgens en obtinrent à leur tour, et alors ils eurent l'avantage que leur donnoient leur position, leur union, leur persévérance, contre des troupes étrangères que l'Angleterre achetoit en Allemagne. Sur la proposition du comté de Suffolck, un congrès avoit été formé pour l'administration provisoire. Enfin, le 4 juillet 1776, l'indépendance des colonies fut prononcée à Philadelphie.

Cette scission, qu'on auroit dû craindre et prévenir depuis long-temps, fut l'ouvrage du parlement d'Angleterre bien plus que des Américains : non-seulement il n'avoit voulu rien accorder à des réclamations justes, mais il avoit sévi contre les réclamans, malgré l'opposition d'un grand nombre de ses membres ; le duc de Glocester en étoit un. Le fameux lord Chatam étoit à la tête de ce parti : il vouloit qu'on retirât les troupes, qu'on s'entendît avec des députés sur les moyens d'opérer une réunion. Quand le parlement déclara la ville de Boston rebelle à la mère patrie, il s'y opposa si fortement, que la chambre haute fut sur le point de l'envoyer à la Tour ; il y eut à ce sujet une délibération expresse, dans laquelle Chatam eut pour lui trente-six voix contre trente-cinq. Célèbre par ses talens, par son ministère, il l'étoit encore plus par sa haine contre la France : elle se manifestoit par des accès qui étoient quelquefois ridicules. Un de ces accès lui coûta la vie ; et ses derniers mots, dans une séance où il se fit porter mourant, furent des imprécations contre la puissance qui soutenoit des insurgens dont lui-même reconnoissoit les droits. Ceux-ci, en les défendant, avoient donc pour eux l'assentiment d'une partie de l'Angleterre, et pouvoient espérer que cette partie finiroit par obtenir en leur faveur une décision à laquelle ils ne renoncèrent qu'à l'extrémité.

Cette révolution qui, tôt ou tard, devoit avoir lieu dans les colonies, et sur-tout dans des colonies d'une aussi grande étendue, occupa fortement l'Europe politique, et n'auroit dû occuper qu'elle : mais l'Europe philosophe voulut s'en emparer ; elle crut trouver là l'occasion de mettre en pratique toutes ses idées de liberté et d'égalité absolues. Les Américains, séduits un moment par le prestige du temps, prestige auquel, par leur position, ils étoient plus excusables de se livrer, s'adressèrent à quelques philosophes pour leur demander une constitution. On en avoit fait autant en Pologne quinze ans auparavant ; mais Catherine et Frédéric ne flattoient les philosophes qu'avec la ferme intention de ne pas adop-

ter leurs principes. L'Amérique, après avoir
eu la foiblesse de les consulter, eut la sagesse de ne pas suivre leurs avis, et dut
bien s'en applaudir trente ans après, quand
elle vit les constitutions qu'ils donnoient à la
France. Celle qu'elle se donna elle-même eut
des imperfections, comme tout ce qui sort de
la main des hommes ; mais elle eut le grand
avantage d'être adaptée à la position d'un
peuple qui va commencer une nouvelle vie
politique ; de présenter des moyens de réforme, sans courir le risque de secousses
violentes, et d'ouvrir une carrière vaste et
sûre aux spéculations de l'agriculture et du
commerce. Les Américains ont vu l'Europe
incendiée : éclairés par cet incendie sans
en être atteints, ils se sont enrichis de toutes
les pertes de l'Europe, et, jusqu'à présent,
n'ont fait aucune démarche qui ait pu compromettre leur existence, ou même leur
dignité, quoique souvent menacés ou flattés
par deux grandes puissances qui vouloient,
à l'envi l'une de l'autre, les soumettre à un
système oppressif ou avilissant.

La sagesse qui jusqu'à présent avoit marqué tous les actes de leur gouvernement, a-t-elle été consultée quand ils ont ouvert leurs ports à l'écume de notre révolution? Nous les voyons aujourd'hui recevoir ou même appeler ces révolutionnaires furieux, sanguinaires ou insensés, que la France a enfin rejetés de son sein. Ils emportent avec eux l'or que leurs crimes ont accumulé; mais le foible avantage que cet accroissement de numéraire peut donner à la patrie qu'ils choisissent, doit-il jamais compenser les affreux principes qu'ils feront germer dans tout État, mais sur-tout dans celui qui s'est formé et qui s'augmente de l'émigration de vingt nations différentes? On peut prédire avec certitude qu'il n'aura pas impunément fermé les yeux sur l'immoralité de ceux à qui il tend les bras parce qu'ils lui portent des richesses. Lorsque sur-tout cet État est républicain, lorsqu'il a la prétention de rester république, tandis que ses vastes possessions lui pronostiquent que cela ne peut être durable; lorsque par conséquent il a dans son existence même un germe infaillible de révolution, on le voit avec peine en recevoir encore d'autres, qui un jour ne manqueront pas de féconder le premier. Ce qui arrivera alors sera pour la postérité une grande leçon, dont il est à présumer qu'elle ne profitera pas, parce qu'il semble écrit dans les annales du cœur et de l'esprit humains, que la cupidité de l'un est insatiable et que les erreurs de l'autre sont incorrigibles.

LIVRE III.

DES RÉVOLUTIONS DE RELIGION.

———

Sous le nom de religion, je comprends la religion, la philosophie et la morale : toutes trois ont entre elles une si grande affinité et un rapport si direct au bonheur de l'homme et de la société, qu'il est impossible de les séparer, sur-tout quand on veut connoître les changemens qu'elles ont éprouvés.

J'ai partagé ce livre en quatre parties, pour mieux établir et suivre les points de vue sous lesquels j'ai considéré ce sujet important.

PREMIÈRE PARTIE.

———

CHAPITRE I.er

IDÉES GÉNÉRALES SUR L'UNION DE LA RELIGION, DE LA PHILOSOPHIE ET DE LA MORALE.

L'HOMME ne peut faire usage de sa raison sans reconnoître que tout ce qui l'entoure,

tout ce qu'il voit, tout ce qu'il éprouve,
soit au dehors, soit au dedans, l'avertit de
la triple société nécessaire à son existence.
Né pour vivre avec lui-même, avec son semblable, avec Dieu, il ne peut connoître les
trois devoirs qui en résultent, sans attacher
une extrême importance aux principes et
aux opinions qui établissent et règlent ces
trois devoirs. Il trouve ces principes et ces
opinions dans la religion et la philosophie.
L'union intime de celles-ci est donc d'une
nécessité absolue, et toutes les histoires
attestent son antiquité.

Dans sa pureté primitive, la religion
seule suffisoit pour apprendre à l'homme
l'étendue de ses devoirs et la sublimité de
sa vocation. La religion, dégradée, corrompue par le polythéisme, ne suffit plus à
l'homme qu'elle conduisoit à l'erreur et
pouvoit conduire au crime. La philosophie
lui présenta le flambeau de la morale, sonda
son cœur, combattit ses passions, lui pres-
crivit des vertus; mais, dès ce moment, elle
sentit la nécessité de s'unir à une autorité
religieuse, pour sanctionner l'autorité de sa

morale. De toutes parts elle cria à l'homme que si la société, qui avoit besoin de lois, avoit aussi besoin d'une morale universelle, non-seulement les lois, mais la morale universelle elle-même, avoient besoin d'une autorité plus forte, plus absolue que la leur ; que cette autorité seule pouvoit maintenir l'ordre dans la société, en consacrant, protégeant, modérant le pouvoir des gouvernemens ; le consacrant, pour l'unir intimement à la religion, dont il ne peut se séparer sans danger pour lui ; le protégeant, afin que tous les sujets reconnoissent que c'est pour eux un devoir religieux de le respecter et de lui obéir ; le modérant enfin, pour l'avertir qu'il ne peut cesser d'être juste sans méconnoître la source divine d'où il dérive, et qu'alors, en reniant son origine, il n'est plus que l'ouvrage des hommes, qui peuvent détruire ce qu'ils ont pu élever.

Aussi l'union de la philosophie et de la religion, adoptée, protégée par tous les sages de l'Asie, de l'Égypte, de la Grèce, fut-elle un des premiers principes de tous les anciens législateurs. L'antiquité toute entière est unanime sur ce point : souverains, poëtes, orateurs, philosophes, depuis le code des Gentoux jusqu'aux lois de Numa, depuis Homère jusqu'à Horace; Isocrate dans ses discours, comme Platon dans sa République ; tous ont senti que c'étoit à un pouvoir au-dessus de l'homme qu'il falloit attacher les autorités morales ou politiques qui devoient le conduire.

Les raisonnemens les plus sages établissoient cette vérité, qui, chaque jour, étoit encore démontrée par l'expérience. De tous ceux que je pourrois rappeler ici, je n'en présenterai qu'un, parce qu'il tient plus immédiatement à l'esprit des révolutions. Il est au fond du cœur de l'homme un sentiment d'égalité primitive : l'orgueil abuse de ce sentiment pour s'élever, au moins en secret, contre les inégalités politiques nécessaires dans la hiérarchie sociale. Il faut que le pouvoir public comprime toujours ce sentiment, qui tendroit à l'anéantir. La religion fait plus : elle lui donne sa véritable direction ; elle lui ôte tout ce qu'il a de dangereux ; elle permet, elle ordonne même pour un temps les distinctions humaines ; mais, pour l'autre monde, elle n'admet plus d'autres distinctions que celles des vertus. C'est par la mort qu'elle remet tous les hommes au même niveau ; et dans cette vie même, elle établit une égalité religieuse qui ne trouble point la tranquillité publique. Au pied de ses autels, tout est égal, tout reconnoît un maître absolu ; tout s'abîme et se confond devant sa toute-puissance, se soumet à sa volonté, s'abandonne à sa justice, ou redoute sa colère. Ce législateur suprême, qui interdit aux sujets toute révolte, et même tout murmure, donne aussi aux plus grands potentats les plus sévères leçons, et leur crie, au milieu du fracas des empires qui s'écroulent : *Et nunc, reges, intelligite : erudimini qui judicatis terram.*

Tout gouvernement qui respecte et fait respecter ce maître universel, se donne donc et conservera une grande force. Tout souverain qui, aux yeux de son peuple, s'humilie devant la majesté divine, sort du temple plus majestueux et plus puissant :

son abaissement ajoute à sa grandeur, en donnant plus d'éclat à leur source commune. C'est alors qu'il est réellement l'oint du Seigneur; et sa couronne n'est jamais plus respectée que lorsqu'elle paroît entourée d'une auréole céleste.

CHAPITRE II.

DE L'ANCIENNE ET DE LA NOUVELLE PHILO-SOPHIE, CONSIDÉRÉES SOUS LEURS RAPPORTS RELIGIEUX.

DE ce que l'on vient de voir, il résulte que la religion et la philosophie, en tant que celle-ci est la science de la morale, n'auroient jamais dû être séparées. Toutes deux ont pour but le plus grand bonheur de l'homme dans ce monde et dans l'autre; et néanmoins, au nom de toutes deux, l'homme a été conduit à l'erreur, à l'absurdité, à l'aveuglement.

La philosophie des Socrate, des Platon, des Marc-Aurèle, trouvant une religion avilie, abrutie ou dépravée, étoit cependant obligée d'en soutenir ou au moins d'en tolérer les fabuleuses divinités, parce que,

quelle que fût cette religion, ces sages sentoient qu'il en falloit une ; mais ils remé-
dioient à sa corruption en sondant jusqu'aux derniers replis du cœur humain, en
y cherchant les principes d'une morale austère et bienfaisante, en développant cette
morale avec une force de raisonnement qui
ne permet aucune réplique, en l'appliquant
à toutes les actions de la vie par un enchaînement de conséquences irrésistibles.

C'étoit dans l'Inde que l'on avoit puisé
ces connoissances. Les Brâhmanes furent
les précepteurs des philosophes de l'antiquité : toute leur morale ne tendoit qu'à
porter l'homme au bien ; ils lui en faisoient
une nécessité pour son bonheur. Les ri-
gueurs excessives, ridicules même, auxquelles ils s'astreignoient, pouvoient tenir
à l'exaltation de leurs têtes ardentes ; mais
leur beau système de morale tenoit à ce
qu'ils regardoient l'ame comme une portion
de la divinité, soit que, par la force de la
contemplation, ils eussent fait cette sublime
découverte, soit que la vivacité de leur

imagination eût conservé l'empreinte de cette opinion, innée chez le premier homme. Aucune des révolutions politiques qu'a éprouvées ce pays n'a pu y faire, sur ce point, de révolution religieuse; et l'union intime de la religion et de la philosophie semble y défier la faulx et même la rouille du temps.

La nouvelle philosophie, trouvant une religion qui non-seulement perfectionnoit, mais sanctifioit cette morale, qui la faisoit descendre de Dieu même pour remonter vers sa source, a voulu détourner ou tarir cette source de toute justice, enlever à l'homme la noblesse de son origine et la dignité de sa fin : elle a tout tenté pour ne laisser que l'orgueil et les passions à l'être-machine dont elle auroit desiré anéantir l'immortalité. Un de ces philosophes, honteusement prôné par les autres, a poussé le délire au point de vouloir (pour faire, disoit-il, le bonheur de l'homme) lui ôter ses liens et ses rapports naturels; et dans un livre, heureusement inintelligible, Helvétius a essayé de nous prouver qu'en nous affranchissant du devoir si doux d'aimer nos pères et mères, il falloit même nous refuser au besoin d'aimer nos enfans (1).

Les fausses religions, pendant tant de siècles la honte de l'humanité, avoient besoin de la philosophie pour conduire les hommes, qui, au lieu de préceptes, ne trouvoient en elles que des invraisemblances et des contradictions. La religion qui, pendant ce temps, se perpétuoit chez un seul peuple pour se répandre ensuite chez tous les autres, n'avoit besoin que d'elle-même pour éclairer et conduire les hommes, parce qu'elle leur offre, dans un style simple et cependant impérieux, la morale, sans laquelle la société ne peut être heureuse.

La philosophie ancienne avoit cherché à suppléer, autant qu'il étoit en elle, à l'insuffisance d'une religion fausse : elle avoit,

_____

(1) Un de ces philosophes, si ennemis de toute autorité, disoit dans *les Mœurs* : « *La qualité de père est un* » *hasard, elle ne donne pas un droit ; la foiblesse de l'en-* » *fant a seule donné l'empire sur lui ; cet empire cesse avec* » *la foiblesse.* »

par la sagesse d'une marche droite et suivie, touché les frontières de la révélation ; et lorsque cette révélation est venue expliquer, démontrer, diviniser la morale de la philosophie, et l'élever jusqu'au dernier échelon que, seule, elle n'avoit pu atteindre, la philosophie nouvelle s'est séparée de ce qu'elle avoit tant cherché, tant annoncé. Au lieu de jouir avec les hommes du bienfait dont elle avoit pressenti la nécessité, inconséquente par orgueil, elle s'est efforcée d'aveugler ceux qu'elle avoit éclairés si long-temps.

Je dis inconséquente par orgueil ; car il est, ce me semble, une observation qui justifie ces mots. La morale des philosophes sembloit réservée pour les gens instruits ; elle supposoit des études dont une seule espèce d'hommes paroissoit susceptible. Les philosophes eux-mêmes se regardoient comme des êtres privilégiés, ne connoissoient, dans l'espèce humaine, que deux classes, leurs disciples et le vulgaire ; rangeant dans cette dernière classe tout ce qui n'étoit pas dans la première, et que Sénèque appelle un vil bétail. La religion révélée confondit cette orgueilleuse distinction. La morale évangélique est faite pour tous ; tout le monde peut entendre le commandement d'aimer son prochain comme soi-même, commandement dont l'entière exécution constitueroit une société parfaite. Cette morale appartient éminemment aux simples et aux ignorans, parce que celui qui la pratique possède la vraie science; parce que, ne donnant jamais que des idées justes et vraies, elle hâte l'intelligence des enfans : *intellectum dat parvulis*. Le traité de morale le plus sublime et le plus complet qui jamais ait été donné à l'humanité, le sermon sur la montagne, qui apprend à l'homme tout ce qu'il lui importe de savoir pour son bonheur et pour celui de la société, commence par les pauvres d'esprit, et leur assure une félicité qu'il place au premier rang.

Jamais aucun philosophe n'avoit eu le courage, ni peut-être même l'idée, de faire un pareil appel. Il ne pouvoit convenir qu'à celui qui, seul, enseignoit avec autorité.

Mais qu'on n'aille pas conclure de là, comme le voudroit la philosophie nouvelle, que le christianisme n'est que la religion des simples; on seroit confondu par cette foule de beaux génies qui se sont honorés, qui se sont agrandis en la défendant.

De cette vérité incontestable, il faut conclure que cette manière d'enseigner étoit un grand changement : tous les hommes se trouvoient appelés à recueillir et à pratiquer des leçons que, jusqu'alors, la philosophie n'avoit données qu'à un petit nombre. Ces leçons, dégagées des différens systèmes sous lesquels elles avoient toujours été présentées, réduites à un point central ignoré jusqu'à ce moment, à une simplicité qui auroit décrédité les anciennes écoles, à une pureté qui étoit sévère sans exagération, faisoient une révolution dans l'homme social, parce qu'elles en faisoient une dans l'homme individuel.

Nous verrons dans la seconde partie les effets de cette révolution : reprenons auparavant les points de vue généraux.

CHAPITRE III.

DANGERS DES CHANGEMENS DE LA RELIGION ET DE LA PHILOSOPHIE.

DE l'union de la religion et de la philosophie, il ne peut donc résulter qu'une grande utilité pour l'homme ; mais quand même les idées qu'il auroit reçues de l'une ou de l'autre ne seroient pas toujours vraies ou exactes, tout changement dans ces idées seroit ou pourroit être pour lui une révolution : car ce changement, portant sur tous les points de son existence morale et religieuse, c'est-à-dire, sur la partie la plus noble de son être, peut-on le détourner de la fin vers laquelle il doit tendre, ou l'y conduire par de nouvelles routes? Dans ces deux cas, la question qui se traite est pour lui le plus grand des intérêts : on ne doit pas s'attendre à ce qu'il l'écoute, qu'il l'agite, qu'il la décide sans passion ; il repoussera avec opiniâtreté, ou adoptera avec enthousiasme, ce qui lui sera présenté. L'enthousiasme et l'opiniâtreté auront leurs excès et leurs martyrs, produiront des vertus et des crimes, répandront dans la société des biens et des maux. Au milieu des uns et des autres, dans le doute et l'alternative, l'agitation de la société peut être extrême ; et tout homme qui, sur ces grands objets, voudra exercer un pouvoir absolu et réformateur, ne pourra garantir les secousses et les suites des coups qu'il aura portés, à moins qu'il n'y ait, ou qu'il ne parvienne à faire croire qu'il y a dans son entreprise quelque chose de surnaturel.

Tout cela deviendra de plus en plus sensible dans les chapitres qu'on va lire, et le sera, dès ce moment, par le rapprochement de quelques exemples anciens et nouveaux.

Je viens d'indiquer ce qui est généralement connu sur les législateurs et les gouvernemens anciens. Tous vouloient être inspirés ou conduits par la divinité. La Grèce recevoit des lois de l'oracle de Delphes, comme Rome naissante, de la nymphe Égérie ; et ce sénat romain, si habile dans l'art de gouverner un peuple-roi, ne prenoit les pontifes que dans son sein, et par eux consultoit ou faisoit parler les dieux dans les crises politiques.

Après le sénat romain, j'ai honte de citer l'Assemblée constituante et la Convention; mais ce contraste même rend l'exemple plus frappant. L'Assemblée constituante, dont la majorité portoit une haine impie à tout pouvoir religieux, ne put s'empêcher de proclamer, en présence de l'Être suprême, la folle absurdité de sa déclaration des droits de l'homme. Ennemie secrète de la religion catholique, mais ne se croyant pas assez avancée pour la proscrire, elle voulut avoir l'air de la protéger, et donna une constitution à son clergé. Sans doute elle se reprochoit intérieurement ces actes de foiblesse; mais elle les jugeoit nécessaires pour affermir son usurpation.

La Convention, plus conséquente, plus franche dans sa fureur anti-religieuse, et se croyant plus puissante, parce qu'elle avoit achevé de tout détruire, décréta qu'il n'y auroit plus d'autre divinité que la raison et la patrie. Elle constitua légalement l'a-théisme, ce qui jamais n'avoit été fait par aucune puissance législative. Robespierre, qui ne s'étoit jamais opposé à ces décrets, ne tarda pas à s'avouer à lui-même qu'ils étoient dangereux, à force d'être ridicules. En sacrifiant ses coopérateurs, il voulut faire tomber sur eux seuls l'indignation et le mépris publics, qui devoient tomber sur tous. Il crut affermir sa tyrannie en se chargeant de venger la divinité ; et ce monstre, qui ne méritoit pas le nom d'homme, osa être l'apôtre de Dieu. A la vérité, il recréa une divinité d'après ses principes ; il fit Dieu *à son image :* mais dans cette effroyable transformation , tout n'en prouvoit pas moins pour lui la nécessité de prononcer publiquement un nom qu'au fond de l'ame il ne pouvoit entendre sans frémir.

Les systèmes opposés de quelques sectes de l'antiquité pouvoient se détruire et se remplacer mutuellement , sans produire aucune révolution, tant que leurs disputes se passoient sur les bancs de l'école, et ne sortoient pas de son enceinte ; mais quand ces systèmes portoient , même indirectement, sur les mœurs privées, celui qui prédominoit ne pouvoit être long-temps sans influer sur les mœurs publiques.

Le sénat de Rome, toujours convaincu que, dans un État, les mœurs publiques garantissent l'exécution des lois, avoit long-temps porté un œil attentif sur les philosophes qu'amenoit en Italie la conquête de la Grèce. Huit ans après la réduction de la Macédoine, il ordonnoit au préteur Pomponius de les surveiller, et de les chasser s'il le jugeoit à propos; mais la corruption des mœurs affoiblit, puis annulla cette surveillance. L'effet fut à Rome aussi prompt que frappant, quand la secte d'Épicure l'emporta sur celle des stoïciens (1): celle-ci enseignoit à ne regarder comme un bien que ce qui étoit honnête, comme un mal que ce qui étoit honteux : *doctores sapientiæ*

---

(1) Fabricius, à la table de Pyrrhus, entendant faire l'éloge des principes d'Épicure, dit : Puissent nos ennemis adopter de tels principes !

Les Romains que Pyrrhus venoit de combattre, étoient alors bien loin de la philosophie d'Épicure. Plusieurs siècles après, dans le temps de leur plus grande corruption, ce fut à la philosophie stoïcienne qu'ils durent Antonin le Pieux et Marc-Aurèle.

sola bona quæ honesta, mala tantùm quæ turpia ; potentiam, nobilitatem, cæteraque extra animum, neque bonis, neque malis adnumerant. L'école d'Épicure attaqua cette doctrine, dont la bienfaisante sévérité défendoit l'homme contre lui-même. En n'admettant de bonheur que celui des sens, elle intervertit l'ordre qui soumet le corps à l'ame : la dépravation devint générale; le torrent ne put être arrêté par aucune digue, parce qu'Épicure avoit ôté la dernière, celle qui soutient toutes les autres. Je sais qu'il ne nioit point l'existence d'un Dieu ; mais il en vouloit un indifférent à toutes les actions humaines. En montrant aux hommes un Être suprême, auquel il ôtoit ou le pouvoir ou la volonté, il les avertissoit de n'obéir qu'à la leur. En séparant la créature d'avec le créateur, il composoit la société d'êtres isolés les uns des autres, parce qu'ils n'avoient plus de point de réunion.

Cela seul étoit une grande révolution, ou devoit en produire une; et cette révolution se développant chez un peuple dont

l'accroissement politique avoit, sinon détruit, du moins fortement altéré sa constitution, devoit produire ou augmenter tous
les déchiremens de l'État. Le propre des
grandes dissensions civiles, et sur-tout leurs
suites, sont de tenir dans un égoïsme apa-
thique tout ce qui n'a pas été ou n'est pas
factieux. La secte d'Épicure vint donc presser le développement du double vice qui
déjà corrodoit la société ; elle vint établir
comme théorie ce que de longs troubles
avoient mis en pratique. Le citoyen, à qui
la crainte et l'exemple avoient déjà appris
à s'isoler, apprit encore à s'isoler par système : ainsi dégradé, il tomba ou dans une
abjection servile, ou dans une corruption
dégoûtante. C'est ce que nous ne pouvons
nous lasser de voir dans l'inimitable tableau
que Tacite nous a laissé, et c'est ce que
la postérité verra dans celui que nous lui
laisserons, si un écrivain habile sait quelque jour manier le burin de l'historien
romain. Sénèque a bien montré ce qu'on
pouvoit attendre d'une philosophie qui des-
sèche l'ame : il avoit élevé Néron, et il

prouva qu'il étoit digne d'un tel élève. Il étoit déjà riche de plus de dix millions, lorsqu'il n'eut pas honte de s'approprier la dépouille du malheureux Britannicus. Il composa le discours que Néron devoit prononcer au sénat, après l'assassinat de sa mère. Il est bien clair qu'auprès de tels hommes il n'y a plus ni crime ni vertu; et la société qui ne hait pas l'un et qui ne prise pas l'autre, n'a plus de lien politique.

CHAPITRE IV.

CONCLUSION DES TROIS PREMIERS CHAPITRES.

EN considérant, d'après ces principes et ces réflexions, tous les événemens religieux et philosophiques, toutes les variations qu'ont éprouvées ces deux objets si intéressans pour l'humanité, on peut bien dire , *Voilà les révolutions;* car nécessairement c'est-là ce qui les prépare ou les produit. Et en effet, il n'y a point de révolutions remarquables dans lesquelles , plutôt ou plus tard, la religion ou la philosophie n'ait été cause ou occasion, agent ou victime.

De là naît une observation sur laquelle un
esprit sage ne peut trop réfléchir. La plupart des révolutions connues, je pourrois
même dire toutes (si j'en excepte les révolutions de conquêtes, ou celles d'irruptions
des barbares), ont eu la religion pour cause,
pour prétexte ou pour moyen. La révolution françoise est la seule qui ait eu pour
but de détruire d'abord la religion de l'État,
puis toute religion quelconque. Comme si
la terre n'eût pu suffire à ses horribles dévastations, elle s'étoit promis de les porter
jusqu'au ciel ! C'étoit peu pour elle de détrôner et d'assassiner des rois ; dans le délire de son impiété, elle auroit voulu renverser le trône de l'Éternel : mais toujours
repoussée par une force surnaturelle, elle
s'en prenoit aux ministres d'une religion
qui résistoit à ses attaques ; elle se flattoit,
avec une ironie barbare, de la détruire in-
dividuellement. Ce vœu, aussi absurde que
féroce, fut souvent émis dans ses assemblées,
dans ses journaux, et toujours accueilli
avec les honneurs de la séance ou de l'acco-
lade. Il ne faut pas oublier que ce vœu avoit

été long-temps auparavant celui de la philosophie nouvelle. Un de ses plus grands sectateurs avoit osé dire publiquement, dans un style aussi dégoûtant que la pensée étoit atroce : *Quand donc verrons-nous le dernier des rois étranglé avec les boyaux du dernier des prêtres !*

C'étoit bien là le fanatisme dans toute son horreur; fanatisme philosophique qui avoit tant déclamé contre le fanatisme religieux, et qui, en le remplaçant, en a dépassé tous les excès; et cela devoit être. Les causes de ces deux maladies de l'espèce humaine étant différentes, leurs effets doivent l'être aussi. Le fanatisme religieux a sa source dans un dévouement aveugle, qui craint toujours de n'en pas faire assez; le fanatisme philosophique a sa source dans un orgueil intolérant, qui punit les moindres résistances, parce qu'il les craint toutes : l'un s'irrite contre tout ce qui s'oppose à la régularité qu'il veut mettre par-tout; l'autre s'irrite contre tout ce qui peut arrêter la désorganisation générale, premier but de ses hautes méditations : l'un veut conserver avec des idées fausses de perfection ; l'autre veut tout détruire, tout disséquer, tout recréer : le premier s'use par les succès comme par les revers; le second ne peut être ni pleinement satisfait des uns, ni corrigé par les autres, parce que le propre de l'orgueil est d'être insatiable et incorrigible. Enfin, la superstition égare malheureusement les hommes; mais, même en les égarant, elle les retient entre la crainte et l'espérance : la fausse philosophie les affranchit de toute crainte, et ne leur laisse espérer que le néant.

CHAPITRE V.

DE LA RELIGION DE L'ÉTAT.

PAR-TOUT où il n'y a pas une religion de l'État, l'État annonce qu'il est indifférent à toute religion, ce qui est d'abord un très-grand mal ; car l'indifférence pour toutes les religions conduit nécessairement à conclure qu'il n'y en a aucune de vraie ; conséquence affreuse, qu'il faudroit, même quand on l'adopteroit, cacher soigneusement au reste des hommes. Quel est le gouvernement légitime qui osera publier, sans frémir, cette épouvantable découverte : dénaturer l'homme et révolutionner l'humanité?

Tout gouvernement où il n'y a point une religion de l'État, n'a pas achevé de se constituer ; c'est une ébauche. Dans ce qui est dégrossi, il peut y avoir de belles proportions ; mais la tête est encore à faire. Au contraire, quand il y a une religion de l'État ; quand l'ordre sacerdotal fait partie intégrante de l'État, quand il entre dans la constitution, quand il y est placé de manière qu'il la corrobore et ne peut lui nuire ; lorsque cette constitution lui accorde ou lui garantit des propriétés ; lorsque les premières dignités religieuses, outre le respect qu'elles doivent inspirer par elles-mêmes, se trouvent encore entourées d'une grande considération politique ; alors il y a amalgame parfait entre la religion, le gouvernement et les citoyens. La constitution a donné à ces trois élémens de la société la plus grande force d'union qu'ils puissent atteindre; et quelles que soient d'ailleurs ses défectuosités, elle est sûre de traverser les siècles avec gloire, même au milieu des révolutions que le temps amène avec lui.

La France avoit une religion de l'État lorsque ses deux premières dynasties perdirent la couronne. Ce changement si grand, qui dépossédoit les héritiers de Clovis et de Charlemagne, c'est-à-dire, des plus grands monarques que la France eût encore eus, n'ébranla point la monarchie, et la révolution féodale qui se développa sous Hugues Capet et après lui, avoit commencé sous Charles-le-Chauve ; mais lorsque cette même France proscrivit avec fureur la troisième dynastie, sous le roi le plus juste et le plus probe, elle éprouva pendant long-temps tout ce que les convulsions révolutionnaires peuvent avoir de plus horrible ; parce que, n'y ayant plus de religion de l'Etat, l'État se trouva tout-à-coup sans lien religieux et sans lien politique.

Les sanglantes révolutions dont l'Angleterre donna le spectacle jusqu'à Henri VIII, ne déconstituèrent jamais l'État ; au contraire, elles donnoient plus de force à ce que les Anglois appeloient leurs constitutions, parce que, dans ces disputes entre différens prétendans, la nation cherchoit toujours à étendre ses libertés. Pendant toutes ces révolutions, l'Angleterre avoit la religion de l'État; mais elle ne pouvoit plus dire qu'elle en eût une, quand les troubles préparés sous Jacques I.er éclatèrent sous son fils. Il est si vrai qu'elle n'en avoit point alors, que les presbytériens, les indépendans, les épiscopaux, vouloient chacun faire prévaloir la leur. Dans cette lutte entre plusieurs religions, il arriva ce qu'on vit en France cent cinquante ans après; elles furent toutes déjouées ou vaincues par la faction qui n'en avoit aucune, ou à qui toute religion étoit indifférente. La même espèce d'hommes, c'est-à-dire ce qu'il y avoit de plus vil et de plus atroce, sous le nom de *Levellers* à Londres, et de *Jacobins* à Paris, établit les mêmes principes politiques, employa les mêmes moyens, obtint les mêmes résultats; mais avec une différence sensible sous les rapports religieux. A Londres, la démagogie affectoit une dévotion, superstitieuse chez les uns, hypocrite chez les autres : à Paris, elle affichoit une impiété révoltante ; et chez les uns, c'étoit un effet de la terreur ; chez les autres, c'étoit pour avoir le ton du jour ; chez le plus grand nombre, c'étoit une profonde corruption. Cette opposition entre deux révolutions, qui ont d'ailleurs des ressemblances si frappantes, tient à la différence des temps. Au milieu du XVIIe siècle, l'Anglois le plus révolutionnaire auroit perdu tout son crédit, s'il eût été soupçonné d'athéisme ; à la fin du XVIIIe, le François le plus révolutionnaire auroit perdu le sien, s'il n'eût pas affecté un athéisme auquel peut-être il répugnoit au fond de son cœur.

Ce que je dis sur la religion de l'État, et l'application qu'on en voit dans les exemples que je cite, dérive toujours du principe d'unité qui doit être la maxime fondamentale de tout État. Pour qu'il soit un, il faut qu'il ait une religion qui soit celle de ses chefs et des corps qui constituent le gouvernement. La révolution qui, au XVIIe siècle, a établi deux religions dans la diète de Ratisbonne et dans

la chambre de Wetzlar, a détruit pour jamais l'union et par conséquent la force du
corps germanique, en rompant l'union du
chef avec ses membres; mais il est à remarquer que c'est précisément dans cette intention qu'elle a été faite, et c'est pour cela
qu'elle a réussi. Une grande partie du corps
germanique ne voyoit dans son chef qu'esprit
de conquête, usurpation, projets de souveraineté absolue; elle chercha par-dessus
tout à l'affoiblir. On y parvint, mais en affoi-
blissant l'État lui-même. Dans la guerre de
1741, de 1756, et sur-tout dans celle de
1792, on a vu bien évidemment que ce corps
avoit deux chefs. La cause remonte à l'époque
que je viens d'indiquer; l'effet ne pouvoit
être rendu sensible que par les circonstances.
Le grand électeur de Brandebourg sentit le
premier qu'il y avoit dans l'empire une place
vacante, et que c'étoit à la Prusse à l'occuper.

Cette observation est encore justifiée par
les événemens qui, au commencement
du XIXe siècle, ont anéanti la constitution germanique. Il a été bien démontré

que ce corps périssoit parce qu'il avoit deux chefs, qui, alors, se regardoient mutuellement comme deux ennemis.

En vain voudroit-on opposer l'exemple de la Saxe : elle avoit la religion de l'État, qui, à la vérité n'étoit pas celle de la maison électorale ; mais tout ce qui composoit le gouvernement et l'administration étoit de la religion réformée ; aucun catholique ne pouvoit être admis même dans la place la plus inférieure de la moindre légation. Si jamais un électeur eût projeté de faire en Saxe, par des moyens politiques, un changement en faveur de la religion romaine, il se seroit trouvé arrêté par tout ce qui l'entouroit. Il auroit fallu qu'il détruisît auparavant les constitutions de l'électorat. De cette opposition de la religion du chef avec la religion de l'État, il n'est jamais résulté en Saxe aucun trouble : on a vu peu d'États aussi sagement gouvernés pendant longtemps. Si l'on en excepte les fautes que fit, avant la guerre de sept ans, un ministre imprudent ou ambitieux, cet État avoit toujours prospéré : les pertes immenses, qui furent les suites de ses fautes, avoient été, pendant quarante ans, réparées avec une sagesse qu'on ne peut se lasser d'admirer. Ainsi cette exception unique ne peut être opposée au principe que j'ai établi; au contraire elle vient à son appui. L'électeur, comme simple individu, avoit sa religion particulière; mais comme électeur, il n'avoit que celle de l'État, puisque c'étoit celle de tout le gouvernement, et que tous les actes d'administration relatifs à cette religion émanoient de lui, comme tous les autres actes politiques.

Ce principe de l'union de la religion et de l'État, est un de ceux qui sont le plus universellement avoués par la raison et confirmés par l'expérience : on le trouve à la Chine, où il a survécu à toutes les révolutions qui, en couronnant plus de vingt dynasties, n'ont jamais altéré le gouvernement; chez les Romains, qui, dans toutes les affaires d'État, donnèrent toujours un si grand pouvoir à la religion; chez les Égyptiens, où le ministère sacerdotal étoit héréditaire; chez les Juifs, qui avoient emprunté de l'Égypte cette hérédité, attachée à une de leurs tribus, et qui, malgré de longues captivités, ne perdirent aucun de leurs pouvoirs religieux et civils.

Mais ce principe étoit peut-être en France plus sensible que par-tout ailleurs, tant qu'il y exista un ordre du clergé qui faisoit partie de l'État. Je sais, et je n'ai point dissimulé dans l'*Esprit de l'Histoire*, les écarts, les abus, les extensions de la richesse et de la puissance ecclésiastiques ; je pourrai avoir occasion d'en parler encore dans les chapitres suivans : mais quelle devoit donc être la force que le gouvernement trouvoit à s'unir aussi étroitement, sans cependant se confondre, avec la religion, puisque nous le voyons, pendant une longue suite de siècles, se former, se soutenir, s'agrandir, et enfin se perdre avec elle ! Ce dernier mot est à lui seul une démonstration. La révolution l'a reconnu, en attaquant, en renversant simultanément le gouvernement et la religion ; et même avant elle, son terrible précurseur, l'orgueil philosophique, le dissolvant universel du

XVIII.ᵉ siècle, avoit commencé par miner la religion, pour ensevelir le gouvernement sous ses ruines.

Je ne puis m'empêcher de placer ici une observation historique, que tout œil un peu exercé saisira aisément. Cet accord du pouvoir religieux et du pouvoir politique, même au milieu de quelques troubles apparens, avoit atteint en France le plus haut point de perfection et de fixité ; c'étoit l'ouvrage d'une sagesse de tradition, mûrie par le temps, éclairée par la raison, justifiée par les faits. Cette sagesse avoit, de siècle en siècle, trouvé, établi, maintenu les bornes des deux pouvoirs, sans jamais rompre avec l'église romaine, quoique les excès de la cour de Rome donnassent souvent trop d'avantages à ses ennemis, qui ne manquoient ni d'adresse ni d'audace pour en profiter (1). Entre ces deux écueils,

_____

(1) Dans le cours de cet ouvrage, j'aurai souvent occasion de parler des excès de la cour de Rome. On en a commis bien d'autres envers elle. Mais ceux-ci ne détruisent pas les inductions que je tire de ceux-là. Un gouvernement frénétique, qui passe comme un

dont l'un séparoit violemment la France de l'église, dont l'autre la mettoit peu-à-peu dans la dépendance temporelle de la puissance ecclésiastique, le temps marqua définitivement la route qu'on devoit suivre : elle avoit été ouverte par S. Louis, tracée par les Pithou, les Cugnières, les Pasquier, les plus grands magistrats ; elle fut achevée par Bossuet et Louis XIV. La déclaration de 1682 et l'édit de 1695 réglèrent irrévocablement, l'une, les libertés de l'église gallicane, qui devroient être le droit public religieux de toute la chrétienté ; l'autre,

---

torrent dévastateur, n'empêche pas qu'on ne juge ce qui l'a précédé. Sur cet article, je renverrai toujours à ce que j'ai déjà dit dans l'*Esprit de l'Histoire* ; je parlerai toujours de la puissance papale comme en parloit le saint et savant abbé de Fleury. « *Ses discours*, disoit la Harpe » revenu à des idées religieuses, *ont été loués par les enne-* » *mis même de la religion. Fleury, en devançant leur censure* » *sur tout ce que la corruption humaine a pu mêler à la sain-* » *teté d'une institution divine, leur ôtoit le mérite, quel qu'il* » *soit, d'un genre de critique très-facile, et gardoit pour* » *lui le mérite beaucoup plus rare de ne jamais confondre* » *la chose avec l'abus.* »

Ce dernier mot est plein de sens ; et c'est pour cela que, dans un moment où l'iniquité toute-puissante avoit l'effronterie d'attaquer bassement *la chose,* la meilleure manière étoit de ne pas dissimuler *l'abus.*

les droits et les devoirs de la justice ecclésiastique dans le royaume. Alors, malgré
les murmures, les désaveux, les tentatives
secrètes d'une superstition aveugle, ou d'une
ambition cupide qui se cachoit sous le voile
de la religion, la France eut, par ses lois,
une constitution civile et religieuse, telle
qu'on ne la trouve chez aucun autre peuple
de l'Europe; quoique, chez tous les peuples
catholiques, le catholicisme fût la religion
de l'État, et que cette religion eût des propriétés foncières.

Il est de plus une observation très-remarquable, c'est qu'il n'y a point de monarchie qui ait aussi souvent confié son
administration à des prêtres, à des évêques,
à des cardinaux. Quoique plusieurs d'entre
eux aient été premiers ministres, le gouvernement n'a jamais été sacerdotal; il a
toujours été religieux, sans se laisser atteindre par la superstition, lors même qu'il
sembloit devoir être conduit par elle; et
telle étoit l'antique et sage combinaison,
dans notre constitution, de la puissance
politique et de la puissance religieuse, que

toutes deux agissoient réciproquement dans leurs limites, même quand elles étoient réunies dans une main qui, peut-être, auroit été disposée à les confondre.

Car je viens de dire, et l'on aura remarqué, sans doute, que l'union de l'État et de la religion n'en est pas la confusion ; ce sont deux choses qu'il faut bien distinguer. Leur union les renforce toutes les deux, en leur assignant leurs droits incontestables, et en les maintenant dans leurs vraies limites : leur confusion annulle, ou du moins atténue la religion, qu'elle soumet ou qu'elle mêle aux intérêts temporels, et dénature le gouvernement, à qui elle donne une force qui n'est pas et ne doit pas être en lui. En effet, Dieu, qui a voulu que la religion étendît son empire jusque sur la pensée, ne lui a donné aucune arme séculière. Par un admirable accord de cet empire sur notre libre arbitre, tout ce qu'elle exige, tout ce qu'elle obtient de nous est accordé librement. Par cela même qu'elle peut commander à la pensée, elle ne peut contraindre les actions ; tandis que le gouvernement peut et doit contraindre à agir, parce qu'il ne peut connoître ce qu'on pense. Cet ordre si sage est interverti, si l'on met entre les mains de la religion une force temporelle, ou, ce qui seroit la même chose, si l'on réunit dans une même main les deux pouvoirs, politique et religieux.

Aussi Montesquieu observe-t-il avec raison que le propre du gouvernement despotique est de réunir le pontificat à l'empire. C'est ce que fit Mahomet, ce qui eut lieu après lui sous les califes, et ce qui seroit encore à Constantinople, si le muphti n'avoit pas une autorité indépendante du grand-seigneur, et que celui-ci est même obligé de ménager.

Il résulte de là que tout souverain qui réunira les deux pouvoirs, fera une révolution, non-seulement religieuse, mais politique. Le pouvoir royal en Angleterre devenoit pouvoir despotique, du moment que Henri VIII s'étoit déclaré chef de l'église anglicane. Le peuple anglois, qui, depuis trois siècles, avoit fait tant de révolutions, avoit tant attaqué, tant diminué le pouvoir royal, étoit moins fait que tout autre pour tolérer cet acte du plus violent despotisme. Il le toléra cependant, ce qu'il n'eût pas fait cinquante ans plutôt. Il est donc intéressant de connoître la cause et les suites de cette tolérance.

La cause étoit évidemment dans les progrès qu'avoit déjà faits la religion prétendue réformée ; dans les nombreux partisans que lui donnoit l'envahissement des biens du clergé ; dans les ennemis que suscitoient à la cour de Rome les exactions qu'elle exerçoit, sur-tout en Angleterre, et la conduite impolitique que Jules II et Léon X avoient tenue dans un temps où, pour leurs propres intérêts, ils auroient dû paroître au moins suivre d'autres maximes. Une partie du peuple anglois, aveuglée par les déclamations auxquelles tous ces abus donnoient une certaine force, regarda comme un acte de libération ce qui l'assujettissoit à la plus terrible servitude ; et tel étoit alors l'état d'irritation où les abus du pouvoir papal avoient mis l'Angleterre, que Henri VIII ne trouva de véritable opposition que lorsqu'il renonça aux dogmes de l'église romaine. On vit alors qu'au lieu d'émonder, il portoit la cognée à la racine de l'arbre ; et tout ce qui étoit réellement religieux, fut d'abord effrayé d'une scission avec le Saint-Siége ; mais le pouvoir et l'implacable sévérité de Henri l'emportèrent, et l'adroite Élisabeth consolida cette terrible puissance.

Les suites furent pour l'Angleterre un état habituel de révolution pendant près d'un siècle ; et durant cette longue série de calamités, il fut bien démontré que leur véritable source remontoit aux changemens faits dans la religion. Si l'Angleterre eût été uniformément prostestante dans le premier moment de la scission avec Rome, elle se seroit entièrement soumise au monarque pontife ; car, d'un côté, il n'y auroit eu aucune discussion religieuse, et, de l'autre, le désir de se soustraire à un joug étranger eût entraîné les Anglois sous un joug national. Ils n'échappèrent à ce danger que par la violence et l'animosité des factions que produisirent les diverses sectes appelées et propagées en Angleterre par cet esprit d'indépendance, qu'elle nommoit improprement l'amour de la liberté.

Je viens de dire que toutes ces factions vouloient faire triompher leurs rites et leurs dogmes. Voyez leurs premières réclamations sous Jacques I.ᵉʳ, et sur-tout sous son fils; elles portent toutes sur des objets religieux : les premiers troubles d'Écosse, origine des malheurs de Charles, n'eurent pas d'autre cause.

Ainsi Henri VIII, en se séparant de l'église romaine, fit une révolution religieuse; et celle-ci produisit pendant cent ans des dissensions ou des révolutions politiques.

Quand on songe au vil objet qui fut la cause réelle de ces grands changemens, on ne conçoit pas comment la fierté britannique ose parler de sa liberté.

CHAPITRE VI.

DE L'ORDRE SACERDOTAL.

J'ai dit que chez tous les peuples catholiques, la religion eut des propriétés foncières. J'aurois pu généraliser cette proposition, car chez tous les peuples policés il y a eu, de tout temps, un ordre sacerdotal; de tout temps la religion de l'État y eut des propriétés. Cela fut ainsi, parce que c'est une nécessité qu'on peut méconnoître ou écarter, mais qui revient sous quelque forme que ce soit.

En France, la révolution s'étoit acharnée contre cette nécessité avec une violence, une rapacité révoltante; et le consulat (de tous les pouvoirs révolutionnaires le premier qui ait eu quelques idées de gouvernement) a non-seulement toléré, mais revêtu du sceau de l'autorité publique, les donations faites par les particuliers à la religion. Le gouvernement impérial, succédant à un gouvernement provisoire, et ayant la prétention d'avoir fini la révolution, devoit encore plus favoriser ce retour à un ordre nécessaire; mais tous ses agens, encore plus anti-religieux que le chef lui-même, par une foule de vexations et d'obstacles de tout genre, entravèrent la tendance générale. Depuis la restauration, cette tendance doit reprendre sa marche naturelle en suivant les formes

légales ; et l'on peut assurer que, pour affermir la religion, elle donnera à l'ordre sacerdotal les moyens de devenir propriétaire.

C'est, comme je viens de le dire, une de
ces nécessités qui tiennent à la nature des
choses : on peut les comprimer pour un
temps, mais on ne peut les détruire ; et tôt
ou tard il faut les reconnoître.

Tous les anciens gouvernemens ont senti
cette vérité ; tous ont cru devoir assurer des
propriétés à la religion pour assurer son indépendance. Faite pour guider les hommes au
milieu des événemens, quels qu'ils soient,
elle a besoin de voir l'existence de ses
ministres indépendante de la variation des
événemens. Chez les Grecs et les Romains (1), on n'élevoit pas un temple qu'on

---

(1) Les Vestales, un des plus anciens établissemens
de Rome, subsistoient encore même après Constantin.
Théodose crut, avec raison, ne devoir pas laisser de
propriétés à une institution religieuse qui ne tenoit plus
à la religion de l'État. Il leur retira les legs et fondations
dont elles jouissoient ; mais ce qui arriva alors prouve
en faveur de l'emploi que les Vestales faisoient encore
de leurs biens. Symmaque, préfet de Rome, fut envoyé
à l'empereur, et chargé de réclamer pour elles, en donnant l'état des secours qu'elles distribuoient journellement aux indigens et aux étrangers.

ne lui donnât un territoire. La Grèce raya les Lacédémoniens de la confédération amphictyonique, parce qu'ils avoient pillé des territoires sacrés. Zoroastre, en établissant les mages dans la Perse, régla leur hiérarchie, et leur donna de grandes propriétés. Platon, dans sa République, veut que les ministres de la religion forment une corporation, ainsi que les instituteurs de la jeunesse : frappé de l'intérêt majeur des fonctions des uns et des autres, il a senti que la conservation des dogmes religieux et des principes de l'éducation ne pouvoit être abandonnée au caprice, à la légèreté, à l'indifférence ou à l'exaltation de quelques individus ; que ce double dépôt ne pouvoit être confié qu'à des corporations renouvelées sans cesse, mais par des changemens successifs qui les laissent toujours les mêmes ; qu'il importoit à la patrie et à l'humanité toute entière que l'ordre sacerdotal eût, dans son existence même, une garantie qui le mît à l'abri de la séduction ou du besoin, qui empêchât le pouvoir religieux (pouvoir essentiellement modérateur) d'être l'esclave d'un tyran ou l'instrument d'une faction.

En effet, quel que soit momentanément chez un peuple l'abattement de la servitude ou le délire de l'insurrection, on peut encore espérer de lui, tant que ses instituteurs et ses prêtres sont intéressés à maintenir les vrais principes, à conserver ce *feu sacré* qui est le principe vital des États. Mais lorsque, n'ayant rien à attendre, rien à exiger de la patrie; lorsque, livrés à leurs craintes ou à leurs passions individuelles, ils peuvent, suivant leurs espérances, ou s'avilir en rampant sous le crime couronné, ou s'élever en attaquant l'autorité, chez un tel peuple, la génération qui se forme ne réparera même pas les fautes de la génération qui périt : n'ayant plus pour guides, tant en morale qu'en religion, que des esclaves ou des rebelles, elle achevera de se perdre, soit en imitant la servile lâcheté des uns, soit en se livrant au fol orgueil des autres.

Je viens de dire que tous les peuples policés avoient un ordre sacerdotal; et en effet, cet ordre fait partie nécessaire de la société : il n'y a que chez quelques peuples barbares qu'on ne le trouve pas, parce que chez eux la société n'est pas encore constituée ; ce n'est qu'une ébauche plus ou moins informe. Aussi les révolutionnaires qui vouloient ramener la France à un état de barbarie, avoient-ils débuté par le massacre des prêtres. Il n'a pas tenu à eux *d'en purger*, disoient-ils, *le sol de leur république*. Un pareil projet n'étoit connu dans l'histoire que par le songe de Sabacon, qui avoit rêvé qu'il faisoit mourir tous les prêtres de l'Égypte. Le rêve atroce d'un insensé devint aux yeux de nos barbares législateurs une mesure de sûreté générale.

CHAPITRE VII.

DANGERS DES CHANGEMENS DANS LA RELIGION DE L'ÉTAT, OU MÊME DANS LE CULTE PUBLIC.

TOUTE religion, vraie ou fausse, est la propriété de celui qui la croit; c'est même la propriété dont il est le plus jaloux, parce qu'il trouve en elle des bienfaits et des espérances dont son cœur sent tout le prix;

et que personne n'a ni le droit ni le pouvoir
de lui ôter.

Il suit de là que de toutes les propriétés,
c'est celle à laquelle (même politiquement
parlant) il est le plus imprudent de toucher;
car les suites que cela peut avoir sont indépendantes de tous les calculs : elles tiennent à un certain degré d'imagination, de
sensibilité, d'enthousiasme, qu'il est difficile de déterminer, et dont il est encore
plus difficile d'arrêter l'explosion. Tel peuple
a vécu stupidement sous la tyrannie, qui
s'insurgeoit au moindre changement dans
une croyance ou même dans une cérémonie
religieuse. Il peut ne pas se croire né pour
les jouissances extérieures qu'on lui enlève;
mais il sentira toujours qu'il est né pour
celles qui se passent entre le ciel et lui.

Et de là naîtra encore une observation
importante; c'est que, moins on a laissé à
un peuple de liberté politique, et sur-tout
de liberté civile, plus il faut respecter sa
liberté religieuse; plus on courra de risques
en la gênant; plus, s'il s'exaspère une fois,
son exaspération sera difficile à calmer; plus,

si des factieux l'égarent, il leur sera aisé
de lui faire reporter sur les deux premières
libertés, l'inquiétude qu'on lui aura don- ·
née sur l'autre.

Quelques ennemis peu réfléchis de Julien
l'Apostat, croyant ne pouvoir trop s'efforcer
de noircir sa mémoire, ont affirmé qu'à son
retour de Perse, il devoit proscrire et per-
sécuter ouvertement le christianisme : toute
sa conduite antérieure dément cette asser-
tion. Il avoit trop bien jugé que toute
persécution ordonnée ou même avouée par
le gouvernement, ne feroit que propager
et affermir la religion chrétienne. Il avoit
pris des moyens bien plus efficaces pour la détruire, ce que, même politiquement parlant,
l'autorité ne pouvoit plus faire : elle étoit
devenue religion dominante avant même
d'être religion de l'État; et dès-lors toute
violence publiquement annoncée avec le
projet de l'anéantir, eût inévitablement
produit ou une révolte ouverte, ou une
guerre civile. L'Abyssinie offrit, sous deux
règnes consécutifs, deux grands exemples
du danger des changemens trop brusques

en fait de religion. L'église d'Afrique, si
célèbre pendant les trois ou quatre premiers
siècles de l'église, avoit porté jusqu'en
Abyssinie le flambeau de la foi chrétienne;
mais la doctrine des Eutychiens s'y étoit
établie et y avoit fait de grands progrès.
Des évêques et des patriarches avoient été
envoyés de Rome : leurs premières tentatives n'avoient pas été infructueuses ; mais
ayant ramené à la foi catholique le sultan
Ségud, ils exigèrent qu'il fît, par voie
d'autorité, ce qu'ils n'avoient obtenu de lui
que par la voie de la persuasion. Le patriarche Mendès eut en outre l'indiscrétion
de lui faire prêter serment de fidélité et
d'obéissance au pape, auquel, par le même
acte, ce prince soumettoit sa personne et
son empire. Cette mesure excita de grands
troubles ; Ségud les augmenta en donnant
un édit qui prononçoit peine de mort contre
tous ceux qui ne se réuniroient pas à
l'église romaine. Mendès, qui avoit provoqué cet édit, l'exécuta avec une rigueur
excessive. La révolte devint générale ; et
les deux partis s'acharnèrent l'un contre

l'autre avec la double rage de l'animosité des guerres civiles et du fanatisme religieux. Basilide, fils et successeur de Ségud, renvoya les patriarches, chassa les catholiques ; et une persécution sanglante poursuivit ceux qui osèrent rester.

Cette terrible leçon, qui devoit faire sur Basilide plus d'impression que sur tout autre, fut perdue pour lui. Il voulut admettre l'exercice du mahométisme. Dans une seconde révolte, il manqua de perdre la couronne et la vie, et ne put ramener la tranquillité qu'en renvoyant les docteurs musulmans qu'il avoit appelés ou tolérés.

Ce n'est donc qu'avec une réserve extrême qu'on doit, lorsqu'il y a nécessité ou utilité évidente, changer, supprimer ou modifier, je ne dis pas seulement les lois ou les maximes religieuses, mais encore les réglemens de discipline ecclésiastique, ou les signes extérieurs du culte public. Ce sont de ces choses que jamais on ne doit faire par la voie de la contrainte, quand on peut arriver au même but par l'exemple ou le conseil. Si l'on se croit obligé d'em-

ployer l'autorité politique, il faut prendre
les formes les moins propres à la faire
sentir; car, en pareil cas, il est presque
impossible qu'on la sente sans l'accuser de
tyrannie. C'est pour cela qu'il vaut mieux
alors faire agir l'autorité religieuse, sauf
à l'autre à la soutenir si elle éprouvoit quelque résistance.

De plus, il ne faut jamais faire marcher
ensemble les changemens utiles et ceux qui
ne le seroient pas; à plus forte raison ceux
qui seroient dangereux. L'esprit d'irreligion
triomphant, l'esprit de superstition effrayé,
confondront tout, rangeront dans la même
classe tout ce qui est bon, tout ce qui est
mauvais. Tous deux, avec des sentimens
bien différens, verront l'anéantissement de
la loi dans la réforme des abus : l'un se
croira affranchi d'un joug qui l'importune;
l'autre se croira privé d'une consolation
qu'il chérit; et le gouvernement, inquiet
entre des fanatiques et des impies, se trouvera exposé à prendre contre eux des mesures extrêmes, dans la crainte qu'ils n'en
prennent contre lui. La force religieuse

qui lui garantit la soumission des gouvernés, étant méprisée ou méconnue, il sera obligé d'y substituer une force politique qui fasse sur les individus ce que l'autre faisoit sur les opinions.

Enfin, dans des opérations de ce genre, les circonstances sont par-dessus tout à consulter; c'est presque toujours d'elles que dépend le succès d'un projet qui, dans la théorie, non-seulement ne présentoit aucun obstacle, mais offroit même des avantages incontestables. Le sage et grand Pie VI sentoit mieux que personne l'énormité des abus qui, depuis si long-temps, avoient pris en Italie les couleurs de la religion; personne n'étoit plus que lui en état de les corriger par l'empire de son exemple, par le poids de ses conseils, par l'ascendant d'une éloquence attrayante, persuasive, vraie, noble, majestueuse comme lui, et enfin par la force que donnoit à ses lois la vénération attachée à ses grands talens et à ses grandes vertus : mais malheureusement il se trouva placé entre Joseph II et la révolution françoise. Joseph vouloit extirper violemment des abus religieux, qui étoient devenus de longues, je dirois presque de saintes habitudes : la révolution vouloit extirper la religion même, parce que, pour elle, la religion étoit un abus. L'un abattoit indistinctement les branches parasites et les branches nourricières; l'autre vouloit abattre et déraciner l'arbre même. Pie VI jugea avec raison que ce n'étoit pas là le moment d'élaguer; et ce pontife ajourna ce que lui seul, peut-être, étoit capable de faire, aimant mieux différer le bien que de donner occasion de faire le mal. C'est le souverain pontife qui, dans des temps difficiles, a le mieux distingué et suivi les vrais devoirs et les vrais intérêts de la religion et de la politique; c'est celui que la longueur de son pontificat auroit mis plus à portée de consolider tout le bien qu'il auroit voulu faire; et cette réunion si desirable et si rare de tous les moyens qui pouvoient contribuer au bonheur et à l'instruction de l'humanité, fut perdue pour elle, par les circonstances politiques où se trouva ce respectable et malheureux pontife.

24..

Joseph II, qui comptoit les circonstances pour rien, qui faisoit abstraction entière de tout ce qui pouvoit être obstacle, a cruellement éprouvé la vérité des trois règles que je viens d'établir pour les changemens religieux. Irrité contre les abus, il s'abusa dans le desir de les détruire. Ses réformes, dont quelques-unes étoient au moins inutiles, furent faites à contre-temps, avec violence, contre l'opinion publique. Au lieu de mûrir ses opérations, il fut trop pressé d'en jouir : il fit plus, il voulut forcer d'en jouir un peuple qui donnoit le nom de vexation à ce que son souverain lui offroit comme un bienfait. Il est constant qu'il ne touchoit pas à la religion de l'État, mais le peuple le crut ; et ce qui n'étoit pas même une révolution religieuse produisit une révolution politique.

Sans doute il y avoit en Bavière, à la fin du dernier siècle, de grands abus dans l'exercice du culte catholique ; mais étoit-ce là le moment de les attaquer ? l'a-t-on fait avec sagesse ou avec passion ? sait-on précisément où l'on s'arrêtera ? a-t-on réfléchi sur ce qui remplaceroit ce qu'on détruisoit? a-t-on calculé si le paysan bavarois étoit susceptible d'un culte extérieur autre que celui qu'on lui ôtoit ?

Je dis d'un culte extérieur ; car sans ce culte, il n'y a point de religion pour le peuple, et il y tient autant et plus qu'à la religion même. Gibbon, qui assurément ne peut être suspect quand il parle en faveur de principes ou d'usages religieux, ne se permet pas même un doute sur cet article. *La dévotion* (1) *de l'homme éclairé peut se nourrir de la prière, de l'étude, de la méditation ; mais pour le peuple, il faut lui laisser l'habitude du culte public et de l'imitation : si on veut l'en priver, on peut, en un petit nombre d'années, opérer une révolution.*

Chez tous les peuples civilisés, le culte public a été reçu, honoré, a fait partie essentielle de la législation de l'État. Les cérémonies purificatoires pouvoient varier suivant les peuples ou le climat; mais elles étoient prescrites dans toutes les religions.

_____

(1) Gibbon, VIIe vol. pag. 52.

Rien d'impur ne doit entrer ici : inscription qu'on lisoit sur les portes du temple de Delphes. Ce temple étoit le rendez-vous de toute la Grèce. Un des premiers articles de son droit public reconnoissoit pour sacré le territoire adjacent. Nous venons de voir que Sparte fut rayée de la liste amphictyonique pour avoir osé le violer : elle avoit, pendant long-temps, violé avec impunité bien d'autres articles du droit des gens ; la violation de celui-ci excita la vindicte publique. Chacun crut avoir à se venger, parce que chacun se crut attaqué dans une jouissance inappréciable pour lui.

Ce sentiment étoit si fort dans l'antiquité, qu'il l'emportoit sur tous les autres, même au milieu des haines nationales, ou dans l'ivresse de la victoire. Les soldats romains, maîtres de Veies après dix ans de siége, ne demandoient que le sang et le pillage : leur fureur s'apaise en entrant dans le temple de Junon ; un silence religieux succède à leurs cris. Frappés de respect à la vue de la statue de la déesse et de tout ce qui tenoit à son culte, ils ne souffrent pas qu'il y soit porté la moindre atteinte, en attendant l'ordre du sénat pour transporter le tout à Rome, avec les marques de la plus grande vénération.

Tout cela tient au cœur humain : même dans la petite classe d'êtres privilégiés, on en trouvera très-peu chez qui l'homme intellectuel fasse abstraction entière de l'homme des sens. C'est donc toujours aux sens qu'il faut parler, pour la grande majorité des individus. C'est toujours pour cette immense majorité que les lois sont faites ; c'est par elle que les usages s'établissent ; c'est elle que l'on attache principalement à la religion par toutes les pratiques religieuses, par la majesté du culte, par la magnificence des temples. Les révolutionnaires eux-mêmes ont rendu hommage à cette vérité, quoiqu'ils en aient fait une application aussi impie que ridicule. Voyez les trois premières assemblées qui ont attaqué, persécuté, détruit le culte catholique : pourquoi lui ont-elles emprunté ses autels, ses cantiques, ses temples ? pourquoi cette constitution, qui ne devoit pas durer un an,

portée, proclamée, consacrée comme les
tables de la loi? pourquoi ces effigies de
la Raison, de la Liberté, de l'Égalité, subs-
tituées à la *folie* de la croix qui a éclairé le
monde? C'est que ne pouvant pas l'éclairer,
ces assemblées vouloient au moins l'éblouir;
c'est que, pour répandre leur erreur, elles
ne voyoient rien de mieux que les signes
extérieurs avoués par la vérité même.

On a dit et répété jusqu'à satiété, que
le culte étoit quelquefois surchargé de pratiques minutieuses ou frivoles qui en al-
tèrent la dignité: il vaudroit mieux, j'en
conviens, que cela ne fût pas; mais l'homme
foible qui saisit cette mauvaise écorce, s'attache en même temps au tronc de l'arbre;
mais c'est sur ce tronc qu'il faut absolument
le fixer, n'importe comment; et je ne sais
si, même en connoissant parfaitement l'esprit et la moralité d'un peuple, on pourroit
garantir avec certitude jusqu'où on suppri-
mera ou modifiera les signes extérieurs de
sa religion, sans courir le risque d'une *révolution religieuse, ou d'une révolution politique.*
Joseph, nous venons de le voir, éprouva

celle-ci en Brabant; et je ne serois point étonné que la Bavière fût destinée à donner un nouvel exemple de l'autre, sur-tout lorsque je vois qu'elle a été le berceau, et ensuite le réceptacle, d'une secte qui a juré haine à mort à toute autre autorité que la sienne.

Je dirai même plus; et quiconque aura observé la Bavière d'un œil attentif, dira comme moi: les changemens religieux, violemment opérés en Bavière à la fin du dernier siècle, y auroient produit une révolution politique, si des causes plus violentes encore, plus universelles, n'y en eussent produit dans le même temps une qui absorboit tout, qui neutralisoit tout, qui, entraînant la Bavière dans les tourbillons d'une comète incendiaire, ne lui laissoit plus la liberté de suivre d'autres mouvemens que ceux de cet immense météore.

Et cette observation, que je crois parfaitement juste, me conduit à une autre qui me paroît ne l'être pas moins. Si l'alliance subite de la Bavière et de la France avoit dû prendre de la consistance et se consolider par le temps, ce laps auroit pu user le mécontentement qu'ont produit les changemens religieux; mais si cette alliance, formée subitement, a dû être rompue de même; si, née au milieu des convulsions révolutionnaires, elle a dû se détruire avec elles et par elles, le levain qui auroit fermenté pendant ce temps agiroit alors avec d'autant plus de force, que le gouvernement, ébranlé au dehors par les secousses du chaos dont il chercheroit à sortir, sentiroit moins les secousses intérieures, et chercheroit même à se dissimuler des effets dont il ne pourroit trouver la cause qu'en lui seul.

L'observation que je viens de faire sur la nécessité de courir le risque d'une révolution religieuse, ou d'une révolution politique, en changeant le culte public, est justifiée à chaque page de l'histoire des empereurs grecs à Constantinople, et l'on en sera aisément convaincu si l'on veut seulement se rappeler toutes les révolutions dont la querelle des iconoclastes ne fut que le prétexte ou la cause : je dis la querelle, car il m'est difficile de donner un autre nom à une discussion qui ne touchoit en rien à la morale chrétienne, ni aux dogmes fondamentaux, ni aux mystères de l'église catholique; et cependant voyez quels maux cette querelle répandit sur tout l'empire, et notamment sur la capitale! C'est qu'elle portoit sur deux objets sensibles, dont chacun pouvoit, au gré d'une imagination plus ou moins ardente, apprécier la jouissance ou la privation; et lorsqu'une populace (telle sur-tout que celle de Constantinople) se laissoit entraîner par la crainte de perdre l'une, ou par l'ardeur de se venger de l'autre, il n'y avoit point d'excès dans lesquels ne pussent la précipiter ces deux mobiles mis en action par le délire d'un fanatique, par l'adresse d'un imposteur, ou par l'audace d'un ambitieux.

CHAPITRE VIII.

CONSÉQUENCES DU CHAPITRE PRÉCÉDENT.

Si je voulois faire un ouvrage volumineux sur cet article (comme sur beaucoup d'autres qu'on verra par la suite), je multiplierois les exemples et les citations; mais

quiconque voudra réfléchir tranquillement
sur les principes que je viens d'exposer, en
reconnoîtra bientôt la vérité.

En un mot, constante uniformité du
dogme, pureté de la morale, voilà les deux
caractères essentiels que doit avoir la religion de l'État; voilà ceux que le gouvernement doit maintenir de toute sa force.
Ce que la nécessité d'un culte extérieur, ce
que l'empire de l'habitude, ce que la vivacité de l'imagination peuvent y ajouter, ne
devroit peut-être pas leur être si indissolu-
blement attaché qu'on ne pût les en séparer:
mais l'expérience, supérieure à tout raisonnement, nous apprend que c'est-là ce qui
les conserve; c'est un guide ou un appui
qu'il faut laisser à la foiblesse humaine; il
y a bien moins de risque à se reposer sur
lui qu'à le repousser. Si les sentimens
moraux et religieux d'un peuple tiennent
aux signes extérieurs de son culte, ou même
à sa superstition, on ne doit songer à la
rectifier qu'à force de temps, parce que le
temps est la raison du peuple; mais en
l'attaquant violemment, on est sûr de faire

perdre à ce peuple ou sa soumission ou sa moralité.

Ces deux pertes sont capitales pour un gouvernement : encore la première peut-elle quelquefois se réparer; mais la seconde, jamais. On peut recommencer un empire; mais on ne régénère point une nation corrompue, sur-tout quand elle a été corrompue par son gouvernement lui-même.

CHAPITRE IX.

EFFETS POLITIQUES DES RÉVOLUTIONS RELIGIEUSES.

« Tu ne feras jamais rien de bien dans
» les choses humaines, si tu oublies le
» rapport qu'elles ont avec les divines; ni
» rien de bien dans les choses divines, si
» tu oublies le rapport qu'elles ont avec les
» humaines. »

Cette maxime étoit celle d'un sage couronné, d'un des plus grands princes qui aient jamais honoré le trône et l'humanité. En la consignant dans ses immortels écrits, Marc-Aurèle désignoit l'influence qu'une révolution religieuse, quelle qu'elle soit, doit avoir sur la politique, ou que la politique doit avoir sur elle; et en effet, il est impossible de connoître et d'approfondir une révolution religieuse sans l'examiner sous ce double rapport. La relation intime du pouvoir religieux avec le pouvoir politique est telle, qu'un changement, même graduel et peu sensible, dans le premier, en amène nécessairement un dans le second. Celui-ci pourra même alors ignorer ou confondre les vrais motifs qui changeront son action : il éprouvera une inquiétude vague dont il suivra au hasard les impulsions, avant même d'en pénétrer la cause.

La naissance miraculeuse d'un enfant dieu dans une petite ville de Judée, donne lieu à la mesure la plus horriblement révolutionnaire. Hérode craint une révolution, et tous les enfans mâles sont égorgés. A la naissance de Moïse, Pharaon avoit eu les mêmes craintes, avoit pris les mêmes mesures; et Marie, pour conserver la vie du sauveur du monde, le conduit sur les bords de ce même Nil à qui Jokabeb avoit confié le berceau du sauveur d'Israël.

Dans les gouvernemens théocratiques, si la religion foiblit ou change, l'État entre en révolution, parce qu'il y a ruine, déplacement ou diminution du premier pouvoir dirigeant; parce que des lois qui étoient bonnes dans un gouvernement théocratique, deviendront insuffisantes sous un gouvernement politique, quel qu'il soit.

Les effets de l'affoiblissement ou du changement de religion se feront de même sentir dans toute société où il y aura une religion de l'État. Dans les théocraties, la religion est visiblement pouvoir constitutionnel; dans les autres gouvernemens, elle est, mais moins visiblement, pouvoir conservateur et réprimant. Elle ne peut perdre une de ces deux qualités sans qu'il en résulte un danger imminent, ou d'insurrection contre les gouvernans, ou d'oppression sur les gouvernés. Ce dernier danger est, ainsi que nous l'avons dit, celui que court un gouvernement qui, pour détruire la religion, la confond avec lui.

L'autre danger peut être envisagé sous deux points de vue: si l'altération de la

religion se fait graduellement sans être
observée, le gouvernement pourra exté-
rieurement paroître avoir la même force ;
mais cette force aura perdu son point
d'appui ; et à la première résistance, le
levier manquera son effet, parce qu'il por-
tera sur le vide. Si le changement se fait
tout-à-coup, il faudra ou que l'État change
avec la religion, ou qu'il prenne contre elle
des moyens violens. Pourquoi ? pour rappeler l'ancienne, ou pour en substituer une
autre. Quelque parti qu'il prenne, la commotion devient terrible, et la crise peut
être sanglante : il voudra alors commander
aux consciences, c'est-à-dire, exercer la seule
tyrannie que l'homme ne puisse supporter.
L'État se trouve donc forcément livré aux
hasards des révolutions, sans pouvoir déterminer ni leur latitude, ni leur durée.

J'ai déjà parlé de ce qui se passa en
Angleterre quand Henri VIII rompit avec
l'église romaine ; et on se rappellera que les
Anglois furent plus d'un siècle à savoir ce
qu'ils mettroient à la place de ce qu'on leur
avoit dit qu'ils ne vouloient plus.

Cela s'est vu en Allemagne lors de la réforme; et indépendamment des calamités locales qu'elle a répandues sur plusieurs parties du corps germanique, le corps entier a subi trente ans de guerre avant de pouvoir reprendre une autre position politique. Cela se voit dans Hérodote, qui a renfermé en quelques lignes de grandes leçons, par la manière dont il a peint deux règnes impies entre les deux règnes dont ils furent précédés et suivis. Jusqu'à Rhampsinite, l'abondance et la justice avoient répandu le bonheur dans toute l'Égypte. Chéops, son successeur, ferme tous les temples, interdit tous les sacrifices, et l'Égyptien gémit sous la plus terrible servitude : elle se prolonge sous son frère Chéphren, qui proscrit avec la même fureur tout acte public de religion; et elle ne cesse que sous Mycérinus, fils de Chéops, qui fait rouvrir les temples, rend au peuple épuisé par un siècle de vexations, sa liberté civile et religieuse, et ramène le bonheur dans un pays où l'on n'osoit plus l'espérer. Mais cela s'est vu sur-tout dans la révolution fran-

I.

çoise ; et le délire révolutionnaire, après une profusion d'iniquités, de barbaries, de férocité sans exemple, trouvant encore dans la nation une opposition constante à la ruine de la religion de l'État, avoit enfanté l'effroyable projet d'exterminer un tiers de la nation même. C'est la suite de ce que je viens de dire. Ces législateurs convulsionnaires anéantissoient le pouvoir invisiblement conservateur et réprimant ; de toute nécessité, il falloit qu'ils en substituassent un autre. A la place de la terreur religieuse, qui défend l'homme contre lui-même, ils ne purent mettre qu'une terreur infernale, qui arme l'homme contre son semblable.

FIN DU PREMIER VOLUME.

TABLE

DES CHAPITRES

CONTENUS DANS CE VOLUME.

LIVRE II.

DES RÉVOLUTIONS SOCIALES.

LIVRE III.

DES RÉVOLUTIONS DE RELIGION.

PREMIÈRE PARTIE.

FIN DE LA TABLE DES CHAPITRES
DU I.er VOLUME.

Imprimé en France
FROC011458010720
24395FR00012B/188